初学者のための
金融論入門

茂木 克昭 著

現代図書

まえがき

　本書は、金融を学ぼうとする初学者のために、金融の基礎知識を読みやすく平易に解説したものである。各章は独立しており、どこから読んでもよい。また、文章中の重要な用語は太字にして見やすくしている。

　本書の第一の特徴は、「わが国の金融編」(第1章～第20章)と「国際金融編」(第21章～第37章)に分け、それぞれ同じくらいの分量にしている点である。これは、著者が、外国為替専門銀行の東京銀行(現三菱東京UFJ銀行)に勤務していた経歴を反映している。

　第二の特徴は、政策当局者の立場からではなく、民間銀行での経験の立場からの記述が多い点である。

　第三の特徴は、明治以降の、銀行を中心としたわが国の金融制度の歴史についての解説を多くしている点である。歴史は現在を説明し、将来に示唆を与える。金融制度を理解するにもその歴史を知ることは重要である。

　本書が、金融についての知識や理解を深める一助になればさいわいである。

　著者は2007年に銀行を退職し、石巻専修大学に奉職している。2011年3月の東日本大震災により、勤務地の石巻や著者の故郷である気仙沼はかつてない甚大な被害を受けた。著者自身も震災に無縁ではなかった。震災で亡くなられたすべての方々に謹んで哀悼の意を表すとともに、今後の復興と発展がさらに進み、被災地が震災を乗り越えていくことを祈念する。

　最後に、出版を進めるにあたってお世話になった株式会社現代図書の野下弘子さんにお礼を申し上げる。また、単身赴任している著者を支えてくれている妻昭江にも感謝する。

平成28年2月吉日

目　次

まえがき iii

第Ⅰ部　わが国の金融編 1

第1章　貨幣の利用と金融 3
1. 貨幣の利用と機能 3
2. 金融業務の発生 5
3. わが国の貨幣史 7
4. 金融の根幹機能 10

第2章　わが国金融の概観―資金循環表― 12
1. 資金循環表とは 12
2. 資金循環表の構成 13
3. わが国金融の概観 14
4. 国民経済計算と金融 22

第3章　わが国の金融機関 25
1. 金融機関の分類 25
2. 民間金融機関 28
3. 公的金融機関 36

第4章　わが国の金融市場 38
1. 金融市場とは 38
2. 短期金融市場（マネー・マーケット）.................................... 39
3. 長期金融市場（キャピタル・マーケット）............................ 44

第5章　中央銀行について 49
1. 中央銀行とは 49
2. 日本銀行の役割 50

第6章　日本銀行の金融政策 54
1. 金融政策とは 54
2. 金融政策の目標 55
3. 金融政策の手段―公開市場操作― 56

4．その他の金融政策手段 60

第7章　マネーサプライと信用創造 63
　1．マネーサプライ 63
　2．信用創造 65
　3．マネタリーベースと通貨乗数 67

第8章　わが国の金融政策の推移 69
　1．バブル崩壊までの戦後の金融政策 69
　2．最近の金融政策 70

第9章　金利 73
　1．金利の構成要素 73
　2．金利の変動 74
　3．金利の期間構造 75
　4．債券の金利と利回り 80
　5．金利の種類 81
　6．金利の計算 83
　7．格付（レーティング）について 84

第10章　わが国の決済制度 86
　1．決済制度について 86
　2．日銀ネット 86
　3．集中決済制度 87
　4．外為円決済システム 90
　5．証券決済制度 90
　6．電子マネーによる決済 91
　7．銀行業務のコンピューター化 91

第11章　明治・大正期の金融 94
　1．新貨条例 94
　2．国立銀行条例 95
　3．普通銀行（私立銀行）の設立 96
　4．横浜正金銀行の設立 96
　5．日本銀行の設立 97
　6．郵便貯金の発足と貯蓄銀行の設立 98
　7．金本位制の採用 99
　8．特殊銀行の設立 100
　9．20世紀初頭の民間銀行と金融市場の発達 101
　10．第一次世界大戦から1920年代の銀行 102

第12章　昭和前期の金融 105
1. 昭和2年恐慌と銀行破綻 105
2. 金解禁と金本位制停止 106
3. 1930年代の銀行 108
4. 戦時下の金融施策と銀行 108

第13章　戦後の金融制度の構築 110
1. GHQによる金融制度の改編 110
2. 金融制度の再構築 110
3. 戦後の金融制度の特徴 112

第14章　高度成長期から1970年代の金融 115
1. 高度成長期の金融の特色 115
2. 1970年代の金融の変化 119

第15章　金融の自由化・国際化 120
1. アメリカにおける金融の自由化 120
2. わが国における金融自由化 121
3. わが国の金融の国際化 125

第16章　BIS自己資本比率規制 128
1. 自己資本比率規制 128
2. 国際統一規則制定の背景 128
3. バーゼル合意の内容 130
4. 市場リスク規制の導入 133
5. バーゼルII 133
6. バーゼルIII 135

第17章　バブルの発生と崩壊 137
1. バブルとは 137
2. 1980年代後半の日本経済とバブル 137
3. バブル発生の背景 141
4. バブルのピークと崩壊 143

第18章　バブル崩壊後の不良債権問題 147
1. 不良債権問題とマクロ経済 147
2. 不良債権の定義とその認識 149
3. 金融機関の破綻 150
4. 不良債権問題への対応 152
5. 不良債権問題の克服 153

第19章　金融ビッグ・バン 158
1．金融ビッグ・バン 158
2．銀行における変化 159
3．証券業における変化 160
4．保険業における変化 161
5．新たな形態の銀行の登場と新しい金融サービス 161

第20章　プルーデンス政策と銀行監督 163
1．プルーデンス政策 163
2．銀行監督 164
3．預金保険制度 165
4．金融商品取引法 167
5．不正取引対策 167

第Ⅱ部　国際金融編 169

第21章　貿易と外国為替 171
1．外国為替の国際的な決済 171
2．貿易取引と国内取引の違い 172
3．貿易と決済 173
4．荷為替手形と信用状 178
5．船積書類の種類 180
6．信用状統一規則と取立統一規則 181
7．貿易契約の基本条件 182

第22章　外国為替相場 184
1．直物為替相場 184
2．先物為替相場 187
3．先物為替相場の決定 188
4．為替相場の表示方法 189
5．クロス・レート 190
6．為替相場の変動率の計算 191

第23章　外国為替市場 193
1．外国為替市場（外為市場） 193
2．東京外国為替市場の沿革 194
3．外国為替取引の分類 195
4．銀行の外為取引 196
5．市場介入 198
6．世界の外国為替市場とその規模 199

第24章　為替リスクへの対応 ... 202
1. 為替リスクとは ... 202
2. 為替持高の把握 ... 202
3. 銀行の為替リスクヘッジ ... 204
4. 一般企業の為替リスクのヘッジ ... 206

第25章　為替相場の理論 ... 210
1. 適切な為替相場の水準 ... 210
2. 為替相場に影響を与える要因 ... 211
3. 購買力平価（PPP） ... 212
4. マネタリー・アプローチ ... 215
5. フロー・アプローチ ... 216
6. アセット・アプローチ ... 217

第26章　国際収支と対外資産負債残高 ... 219
1. 国際収支 ... 219
2. 国際収支と対外資産負債残高 ... 224

第27章　わが国の国際収支と国際投資ポジションの推移 ... 226
1. 戦後の国際収支の推移 ... 226
2. 最近の国際収支の推移 ... 228

第28章　国際収支とマクロ経済 ... 231
1. ISバランス論（貯蓄投資バランス論） ... 231
2. アブソープション・アプローチ ... 232
3. 国際収支の発展段階 ... 233
4. 外貨準備の役割 ... 235
5. 国際収支調整に関する考え方 ... 236
6. ケインズ的分析 ... 236
7. マンデル・フレミング・モデル ... 238

第29章　デリバティブ（金融派生商品） ... 244
1. デリバティブとは ... 244
2. フューチャーズ（先物取引） ... 244
3. フォワード(先渡取引) ... 247
4. スワップ ... 249
5. オプション ... 251

第30章　国際金本位制 ... 254
1. 本位制の種類 ... 254
2. 国際金本位制 ... 255

3．国際金本位制の展開と終焉 260

第31章　ブレトンウッズ体制からフロートへ 263
1．ブレトンウッズ体制 263
2．ＩＭＦ（国際通貨基金） 263
3．ブレトンウッズ体制の意義と問題点 267
4．アメリカの国際収支と流動性ジレンマ 267
5．ブレトンウッズ体制の問題への対応 269
6．ニクソン・ショックとスミソニアン合意 271
7．フロートの時代へ 273
8．為替相場安定化への対応 274
9．本位制への復帰の可能性 276

第32章　欧州の通貨制度 277
1．スネークから共同フロート 277
2．欧州通貨制度（EMS） 277
3．EMSの推移 279

第33章　欧州通貨統合（EMU） 283
1．最適通貨圏の理論 283
2．欧州の通貨統合（EMU） 285
3．ユーロの導入 289
4．国際通貨としてのユーロ 289

第34章　世界の為替相場制度 292
1．IMFによる為替相場制度の分類 292
2．固定相場制か変動相場制（フロート）か 294
3．国際金融のトリレンマ 295
4．為替相場政策の例 296

第35章　累積債務問題 299
1．国際シンジケート・ローン 299
2．累積債務問題の発生 301
3．累積債務問題の背景 302
4．累積債務問題への対応 302

第36章　エマージング・マーケットの通貨危機 307
1．1990年代の通貨危機 307
2．メキシコ・ペソ危機 308
3．アジア通貨危機 308
4．通貨危機への対応策と危機発生の背景 312
5．ロシア通貨危機とブラジル通貨危機 313

6．通貨危機への事後的対応策 313
　7．累積債務問題と通貨危機の比較 314

第37章　サブプライム・ローン問題と証券化 316
　1．サブプライム・ローンと証券化 316
　2．アメリカにおける対応 318
　3．わが国の住宅ローン 318

参考文献 321
索　引 323

第Ⅰ部

わが国の金融編

第1章

貨幣の利用と金融

1. 貨幣の利用と機能

　もっとも原始的な**自給自足経済**(家族経済)は、必要な財を自分で生産ないし獲得する経済である。そこでは、他人との交換は行われず、交換手段、すなわち、貨幣は必要とされない。

　次に、小規模な物々交換が行われる段階、これを**贈与経済**(仲間経済)と呼ぶと、ここでも貨幣はまだ必要とされない。贈与経済は、「おすそ分け経済」とも言える段階であり、交換は、剰余物の提供として行われるので、物品の価値評価は行われないのである。

　しかし、**交換経済**(市場経済)が一般的に成立するようになると状況は変わる。交換経済は、対価を授受して財の交換が行われる経済であり、そこでは、市場での交換を目的として生産・販売が行われ、需要・供給という言葉が意味を持つようになる。交換経済が成立していくと、取引・交換を効率的に行う媒体、すなわち貨幣が必要になる。社会生活とは交換経済の成立している生活を意味し、人間の社会生活の始まりとともに貨幣が必要になったとも言えるのである。

　それでは、なぜ交換経済では貨幣が必要になるのだろうか。これは、物々交換が以下の3点から、不便で限界があるからである。

①自分の需要を必ずしも満たすことができない、すなわち、交換は双方の需要が一致したときしか成立しない(交換手段としての問題)
②どのような交換比率とするかについての価値判断・計算が複雑となる(計算手段としての問題)
③交換できる物品を常に自分が(あるいは相手が)保有しているとは限らないし、自分が保有する物品の価値は変化する可能性がある(保蔵手段としての問題)

市場経済では、このような問題を解消することが必要であり、人が常に喜んで交換する対象となるもの、そして容易に計算できるもの、かつ保存できるものが必要となる。こうして貨幣が誕生することになる。貨幣は、天才の発明によるものではなく、自然発生的な人間の知恵として生まれるのである。そして、貨幣を用いることにより、交換経済そのものが、より発展していくのである。

貨幣に求められる要件は、上記の３点を書き直せば、
　①**価値の交換手段**：皆が喜んで交換する、価値のあるものでなければならない
　②**価値の計算手段**：価値の尺度であり、交換における価値計算が容易である
　③**価値の保蔵手段**：交換手段としての価値の保蔵が可能である

ということになる。貨幣として使われたものは、歴史をひもとけば、最初は具体的な物品であり、金・銀・銅、米、布、貝、塩、石、矢じり、などさまざまな物品が使われていたことが知られている。これを**物品貨幣**と呼ぶ。必ずしも今日からみて交換手段として価値が存在したとは思われないものも貨幣として使われていた。

貨幣の３つの要件を満たすものとしては、貴金属がもっとも優れており、歴史的に見れば、やがて金や銀・銅が一般的に使われるようになる。これを**金属貨幣**と呼ぶ。

貴金属のもつ貨幣としてふさわしい特長は以下のようなものである。
　①**内在価値**：皆が価値あるいは流通性を認めるものであり、交換手段として優れている。
　②**耐久性**：劣化や腐敗はなく、価値の保蔵手段として優れている。
　③**同質性**：他の物品貨幣に比べ、質の違いがなく、計算手段として優れている。
　④**分割可能性**：大きな額の取引にも、小さな額の取引にも利用可能であり、交換手段・計算手段として優れている。
　⑤**可塑性**：溶解して一定の形状に加工することが可能であり、国家の成立と貨幣経済の浸透期に貨幣としての優位性を増す。
　⑥**運搬可能性**：分割可能性と関係し、他の物品貨幣より運搬が容易である。

貨幣は、市場経済において必要とされる媒体であるが、社会制度としての貨幣制度は、自然発生的に形成されたわけではない。貨幣制度の成立は国家の成立と不可分である。すなわち、政治的支配者（国家）が金属を一定の形に鋳造した**鋳造貨幣**を流通させ、貨幣制度をつくりあげていった。

貨幣の発行に要する費用を上回る額面価格で貨幣を流通させれば、国家は容易に利益を得ることができる。これを**シニョレッジ**（seigniorage、貨幣発行特権または貨幣発行益）と呼んでいる。貨幣制度の確立は、それ自体、国家に財政上の利益をもたらすことになるのである。

歴史的な貨幣制度の形成過程は国や地域によって異なるが、一般的にはこのような発展過程をたどっている。最古の鋳造貨幣は、紀元前7世紀にリディアという国で発行されていたことが確認されている。

なお、金属貨幣は、歴史的には**秤量貨幣**から**計数貨幣**へと展開している。秤量貨幣とは、形状が一定ではなく、重さを分銅ではかり価値を測定する貨幣であり、計数貨幣とは、一定の形状を持ち、額面を表示し、品位と重量を刻印で保証した貨幣である。鋳造貨幣とは、計数貨幣のことを意味する。

2．金融業務の発生

金融とは、カネを融通する（融通してもらう）ことであり、時間の要素を含む。ある取引をしたいが、貨幣の持ち合わせがないので、一定期間誰かから貨幣を借りる、貨幣の持ち合わせがあるので、一定期間誰かに融通する—これが金融であり、今日、個人から国家のレベルまで、広範にかつ巨額の金融が行われており、経済の発展のために金融は欠かせない役割をはたしている。

金融は、そもそも交換経済（市場経済）の成立なくしては発生しない。交換経済の成立により、富の蓄積が進むようになり、恒常的にあるいは一時的に、貨幣を多く所有する者とそうでない者が現れることになる。金融的に言えば、資金運用者と資金調達者の発生ということになるが、これが金融の端緒となるのである。

今日のわれわれが銀行に対して持つイメージとは異なり、金融業は、そもそもは両替商として発展した。すなわち、異なる貨幣を用いる諸民族間の交易が拡大し、多くの貨幣についての両替業務（今日の外国為替業務）が必要となったのである。そして、沿革的には、両替商は、遠隔地間の決済業務（今日の為替業務）を行

い、顧客から一時的に貨幣を預かる業務(今日の預金業務)も行うようになり、さらに預かった貨幣のうち一部を貸し出すようにもなった(今日の貸出業務)と考えられる。

　本格的な金融業の発展は、ヨーロッパにおいては、近世(13世紀～14世紀)であり、北イタリア、フィレンツェの**メディチ家**や南ドイツの**フッガー家**が有名で、15世紀にその最盛期を迎える。もちろん、最初から金融業を生業として金融業者が現れたのではなく、メディチ家は毛織物業、フッガー家は地中海貿易で富を形成した資産家であり、それが金融業などに事業を多角化していったのである。メディチ家は金融業と国際的商業業務を兼営し、やがて貴族化して所領経営に事業の中心が移っていったが、浪費的支出が多くなり、15世紀末以降は没落することになる。当時の金融業が、そのまま今日の銀行業に結びつく形で発展をとげたわけではなかった。19世紀から20世紀初頭にかけては、経済の発展とともに、新しい金融業者として、ヨーロッパでは**ロスチャイルド家**、アメリカでは、**モルガン家、ロックフェラー家、メロン家**などが発展したが、近代的な銀行制度は、貨幣制度の確立と同様に、国家が深く関与することによって形成されていった。

　わが国においては、鎌倉時代に金融業が発展したとされるが、当時名を残す金融業者はおらず、相互金融が中心だったとみられる。金融業が本格的に発展するのは江戸時代に入ってからとなる。明治期以降**三井財閥**を形成した三井家は、そもそもは1673年に今日の東京日本橋に呉服業(越後屋呉服店)を営み始めたが、10年後の1683年に、本業を補完・拡大するために、**三井両替店**という両替商を呉服店の隣に開業した。三井両替店は、その後、京都と大阪にも両替店を開設し、すでに江戸・大阪・京都にいくつもあった**本両替**の一角に発展していった。本両替とは、金融業専業の大手金融業者であり、両替・為替・預金・貸付業務を展開し、大手本両替は御用金(政府や諸藩の財政資金)も扱い、中央銀行のない時代に「政府の銀行」としての役割をはたしていた。一般の両替店は、当初三井がそうであったように、金融業専業ではなく、他のビジネスとの兼営だった。

　そして、幕末期から明治初頭に、ほとんどの本両替が、幕府や諸藩への債権が不良債権化することにより没落するなか、三井両替店は、統幕勢力への親密化を図り、本両替として代表的な地位を獲得して生き残り、明治維新後の1876年に最初の私立銀行として**三井銀行**を設立、1920年代まで日本最大の民間銀行と

しての地位を維持したのである。三井財閥は昭和前期まで日本最大の財閥であった。東京日本橋にある三井本館（1929年竣工）は、かつての三井財閥の本拠および三井銀行の本店で、今日では重要文化財となっており、当時の地位を感じ取ることができる。

3．わが国の貨幣史

ここで、わが国の貨幣制度の歴史を簡単に述べておくことにしよう。

（1）奈良・平安時代

わが国最古の貨幣は、**和同開珎**(わどうかいちん)（708年）と考えられている。これよりも古いものに、**富本銭**(ふほんせん)というものがあるが、これについては、広く流通する貨幣として利用されたかどうかについては見解が分かれている。今日、日本最初の流通貨幣として歴史的に認められているのは和同開珎である。それ以前は、米や布を中心とした物々交換であったと考えられている。

和同開珎は当時の律令国家によって発行された。したがって、国家による貨幣制度はこの時に形成されたわけである。最初は銀銭・銅銭の2種が生産されたが、その後生産独占の観点から銅銭に統一された。貨幣発行の目的は、平城京造営のため経費をまかなうためだったと言われる。国家の支払い手段として貨幣を発行し流通させたのである。

当時、和同開珎は**文**(もん)という通貨単位であり、1文＝米2kg程度に相当したとみられている。もちろん、和同開珎は当時の律令国家の勢力範囲内で流通したにすぎず、今日の日本の国土と比較すれば、畿内を中心としたごく一部の地域で流通したにすぎなかった。

その後、律令国家は、**蓄銭叙位令**を発し、**皇朝十二銭**と呼ばれる貨幣を次々と発行していった。この理由は、**私鋳銭**(にせがね)の流通にあった。私鋳銭とは贋金のことであり、当時の貨幣鋳造技術はまだ稚拙であったため、容易に偽造貨幣を製造することができた。これをくいとめるために新しい貨幣を発行し、流通させたわけである。しかし、私鋳銭の流通はやまず、これにより貨幣に対する信頼は低下し、10世紀末にかけていったん貨幣の利用は衰退した。

(2) 鎌倉・室町・戦国時代

11世紀末から12世紀にかけて再び貨幣が利用されるようになったが、そこで流通したのは中国から輸入された**中国銭**ないしは**渡来銭**と呼ばれる貨幣だった。代表的な元豊通宝と呼ばれる北宋銭は銅銭だった。渡来銭は17世紀の徳川幕府確立までわが国において使用されることになった。

鎌倉時代後半には貨幣の利用が普及し、これにともない金融機能が形成されていくことになった。貸上(高利貸)や替銭(為替)、割符(手形)、頼母子講(相互金融)といった言葉がこの時代に生まれている。

15世紀になると、中国の明時代の明銭(永楽通宝)が輸入され流通したが、この頃には私鋳銭の流通も激しく、室町幕府は1500年から10回にわたって**撰銭令**を発布した。撰銭令とは、額面1文だった銭に、悪銭と良銭の交換比率を定めるという目的で、品質により異なる交換比率を設定する政策であり、その後織田信長も1569年に撰銭令を出している。戦国時代には、独自の**領国貨幣**が戦国大名によって発行され流通することにもなった。例えば、甲斐武田氏は、4進法による甲州金の貨幣体系(1両＝4分＝16朱＝4000文)を整えた。

(3) 江戸時代―三貨制度(金貨・銀貨・銭貨)

わが国の貨幣制度が全国的に確立されたのは江戸時代である。江戸時代の貨幣制度は、**三貨制度**と呼ばれ、金貨・銀貨・銭貨の3種類の貨幣が使用された。

幕府は、甲斐武田氏の貨幣制度を踏襲し、4進法による貨幣制度を採用し(1両＝4分＝16朱＝4000文)、関ヶ原の戦い直後より慶長金銀を発行した。

ただし、全国的に流通が確立されたのは銭貨のみで、徳川家光の時代に発行された**寛永通宝**が江戸末期まで流通した。金貨は、計数貨幣で、主として東日本に流通し、銀貨は秤量貨幣で主として西日本に流通(1貫＝1000匁　1匁＝3.75g)、江戸中期以降には計数貨幣も登場した。金貨・銀貨は大口取引に、一般小口取引には銭貨が用いられた。銭貨は銅・鉄・真鍮で製造され、1枚が1文であった。幕府は厳重な管理のもとにこれらの貨幣の鋳造を行い、製造場所は、それぞれ、金座・銀座・銭座と呼ばれた。

幕府が公表していた公定レート(1700〜1842年)では、金1両(小判1枚)＝銀50〜60匁＝銭4貫文(＝銭4000文)で、書き換えると、金1両(小判1枚)＝1分銀4枚＝銭4000枚に相当した。ただし、実際の取引は市場レートに

よって行われ、市場レートは変動した。金貨と銀貨の両替は両替商の重要な業務となり、経済の中心であった大阪で両替業務が発展した。

江戸時代までわが国は金や銀の世界的生産地だった。金山では佐渡金山や土肥金山(静岡県)、銀山では石見銀山(島根県)、生野銀山(兵庫県)などが有名である。しかし、その金の採掘量は17世紀をピークに衰退していった。このため、限りある金保有量で拡大する経済への対応が必要になり、貨幣改鋳が元禄時代から幕末まで5回実施され、金貨に含まれる金の含有量を減少させるように改鋳が実施された。

かりに流通している旧金貨をすべて回収し、額面は同じで金含有率の低い新金貨ですべて置き換えれば、より少ない金で同じ貨幣供給額を維持できることになる。しかし、**グレシャムの法則**「悪化は良貨を駆逐する」が作用し、旧金貨の回収は当初の想定通りには進まず、幕府へ協力した本両替は回収に苦心することになった。グレシャムの法則とは、この場合、金含有量の高い旧通貨(良貨)は金としての価値が高いために退蔵され回収されず、金含有量の低い新金貨(悪貨)のみが流通するということを意味している。慶長金銀の含有量は85％だったが、改鋳の結果57％まで低下したとされる。これによりわが国では金貨の価値が下がり、金と銀との相対価格、**金銀比価**は国際的にみて銀高金安となっていった。

江戸中後期には各藩において藩札の発行が認められるようになった。藩札とは藩内で通用が認められた紙幣(今日の紙幣のイメージとは異なる)であり、もっとも古いものは1661年に発行されており、幕末期には貨幣流通高の13％程度を占めていた。

さて、江戸時代の貨幣制度をまとめると、わが国の歴史においてようやく貨幣制度が確立され、幕府が貨幣発行権を独占したが、貨幣の流通は全国的に統一されたわけではなく、金銀複本位制度と呼ぶべき状態にあった。また、藩札という一種の貨幣が中央政府以外の手で行われるようにもなった。発券業務を独占する中央銀行はまだ存在せず、本両替が今日の中央銀行の機能の一部(財政資金の扱いなど)を担っていた。また、今日の意味での金融政策は成立していなかった。幕末段階では、西ヨーロッパ型の中央銀行を持つ金融制度の形成には遅れていたが、大阪を中心に両替商や、掛屋・札差と呼ばれる高利貸しが発展し、大阪の堂島では、米の先物取引のような今日のデリバティブ取引が行われるなど、わが国の金融は独自にかなりの水準に達しており、明治維新後の金融制度の近代化にも

すぐに対応することができたのである。

（4）明治期から今日へ

明治期以降については第11章以降にあらためて述べることにするが、金属貨幣に代わって**紙幣**が国家的に流通を確立するのは、日本銀行設立以後である。紙幣は、金本位制確立後は、金との兌換が保証された**兌換紙幣**として流通し、金属貨幣は補助貨幣となった。そして、今日の紙幣は、兌換の保証のない**不換紙幣**であり、**管理通貨制度**のもとで、信用によって流通している。紙幣が不換紙幣となったのは1930年代であり、時代の流れのなかで兌換が放棄された。

世界の長い歴史の過程で、貨幣は、一般的に言えば、**物品貨幣→金属貨幣（秤量貨幣→鋳造貨幣）→紙幣（兌換紙幣→不換紙幣）**という歴史をたどってきた。わが国における紙幣の利用は、兌換紙幣からみて200年たっていないし、不換紙幣からみて100年たっていない。日本の長い歴史からみて、つい最近のできごとなのである。

4．金融の根幹機能

今日、金融の根幹機能と考えられているのは以下の3つである。

①資金仲介機能

銀行を中心とした預金取扱金融機関が形成されていくにつれ、貯蓄（資金運用）と投資（借入＝資金調達）を仲介する金融の役割は大きくなっていった。金融仲介機能がなくても投資や貯蓄は行われるが、それだけでは、経済発展をもたらすのに十分ではない。資金余剰部門から資金不足部門への資金の移転は、金融仲介により効率的、大規模に行われるようになった。金融機関は、ひとつの情報産業として、経済の中で資金を最適配分する役割を担っている。

②決済機能

今日、現金による決済は、決済額全体のごく一部を占めるにすぎず、現金の輸送を伴わずに、遠隔地間の決済が容易に行われるようになっている。金融がこのような決済を可能とし、決済機能は、今日中央銀行を中心に金融機関が担ってい

る。決済制度は高度なコンピューター・システムに発展しており、その恩恵はあらためて感じることがないほどである。

③信用創造

　資金仲介機能から自然発生的に発生し、かつ、資金仲介の機能を大幅に強化するのが信用創造である。金融機関は預かった資金を常に全額支払い準備として保有する必要はなく、それをさらに運用して貸出を増やしていくことができる。マネーサプライ（経済に供給されている決済手段としての通貨量）を実質的に増加させるものは信用創造であり、経済活動を促進する役割を持つ。

第2章

わが国金融の概観―資金循環表―

　わが国金融の全体像を数字のうえで把握するためのもっとも重要な統計が、資金循環表である。

1. 資金循環表とは

　家計や企業などの経済主体が経済・金融取引を行うと、資金のやりとりが発生する。この結果、経済主体の金融資産・負債の増減が発生する。各経済主体は資金の出し手(資金運用者)ともなり、借り手(資金調達者)ともなる。そして、この結果、経済主体の金融資産・負債残高が変動する。資金循環表はこの動きを把握する統計である。アメリカで最初に作成され、1955年に「資金循環統計」(Flow of Funds Accounts)として公表されている。

　資金循環表は、**国民経済計算**(SNA：System of National Accounts)の一部を構成し、経済の姿を把握するための重要な統計となっている。例えていえば、人間の活動(財・サービスの取引)を示すのが国民所得統計とするならば、そこにおける血液の循環(カネの取引)を示すものが資金循環表ともいえるだろう。

　資金循環表は日本銀行が四半期毎にとりまとめ、表形式で発表しており、日本銀行のウェブサイトにアクセスすれば閲覧することができる。資金循環表の横方向は部門(経済主体)で45項目、縦方向は取引項目(金融商品)で51項目に分類されている。それぞれの項目について、資産・負債の項目がある。ウェブサイト上では、表(エクセル)はいくつかに分割されて掲載されている。(各自、アクセスしてみてください)

　部門(経済主体)は、大きく、金融機関、非金融法人企業、一般政府、家計、対家計民間非営利団体、および海外の5つの部門からなり、さらに項目が細分化されている部門もある。5部門の内容は以下の通りである。

金融機関：日本銀行などの金融機関が含まれる
非金融法人企業：金融機関以外の法人企業が含まれる
一般政府：中央政府、地方政府、社会保障基金からなる
家　計：個人の世帯であるが、注意点として個人事業主が含まれる
対家計民間非営利団体：学校法人、宗教法人、財団法人など家計に対して営利を追求しないサービスを提供する機関
海　外：「海外」とは日本以外の諸国の意味であり、「日本 VS 海外」という取引概念である。「海外」の資産とは諸外国が保有する対日資産であり、負債とは諸外国の保有する対日負債を意味する。

取引項目については、さまざまな金融取引・金融商品について項目がたてられている。

2．資金循環表の構成

①金融取引表（フロー表）

金融取引表は、ある期間における資金の流れを記録するフローの統計であり、以下のように記載される。

　　　　資産側：＋は資産の増加を、－は同減少を示す
　　　　負債側：＋は負債の増加を、－は同減少を示す

そして、資産増減－負債増減＝資金過不足となる。
　　　　資産増減－負債増減＞０　⇔　資金余剰
　　　　資産増減－負債増減＜０　⇔　資金不足　である。

ここで、余剰や不足とは、資金が「余っている」ないし「足りない」という意味ではなく、あくまで、資産と負債の差引の数字であることに注意が必要である。金融取引表では、資金余剰（資金不足）は「資金過不足」の項目の負債側に表記され、＋の場合は資金余剰、－の場合は資金不足になっていることを意味する。そして、資産・負債の合計はそれぞれ同額となるように表記されている。したがって、「負債増減総額」＝「資産増減総額」－「資金過不足」で計算される。

②金融資産負債残高表（ストック表）

期末時点における金融資産・負債の状況を記録するストックの統計である。

「金融資産・負債差額」の項目がプラスの場合には、金融資産＞金融負債、マイナスの場合には、金融資産＜金融負債となっている。金融取引表と同様に、資産・負債残高の合計はそれぞれ同額となるように表記されている。したがって、「負債残高総額」＝「資産残高総額」－「金融資産・負債差額」で計算される。

③調整表

一定期間における価格変動（証券価格や為替相場の変動）による金融資産・負債の評価額の変動を示す。フロー表とストック表の橋渡しとなり、金融資産の保有損益の推定ができる。

資金循環表の注意点としては、金融取引においては、「誰かの資産増加は他の誰かの負債増」という関係が成立するという点である。したがって、金融取引表でも金融資産・負債残高表でも各部門の合計は論理的にはゼロとなる。（＝各部門の資産・負債差額の合計＝０）

３．わが国金融の概観

表2-3、表2-4および表2-5（p.16-21参照）は、それぞれ、2014年暦年（年末）の金融取引表、金融資産・負債残高表および調整表の全体表について、日銀のホームページ掲載の原表を編集して示している。（自分で各項目の数値を読んでみてください）

表2-1、表2-2は、2014年における資金循環表を、それぞれ全体の数値だけを示す簡単な表に要約し、各部門の資金過不足、金融資産・負債差額を表示したものである。なお、「企業」とは非金融法人企業、「政府」とは一般政府、「団体」とは対家計民間非営利団体を意味する。

(1) 金融取引表

表 2-1　金融取引表（簡略表）（2014 年）

(単位：兆円)

	金融機関	企業	政府	家計	団体	海外
資産	154.6	40.0	-8.3	26.9	3.4	38.6
負債	159.6	31.6	14.8	6.3	1.8	41.0
差引	-4.9	8.4	-23.1	20.5	1.6	-2.4

①金融機関：4.9 兆円の資金不足

②企業：8.4 兆円の資金余剰

③一般政府：23.1 兆円の資金不足

　　　　（なお、このうち中央政府が 28.6 兆円の資金不足となっている）

④家計：20.5 兆円の資金余剰

⑤団体：1.6 兆円の資金余剰

⑥海外：2.4 兆円の資金不足[注)]

注）「海外」における「資金不足」とは、「日本」でなく「海外」が資金不足であることを意味し、これは、日本から資金が流出していること、すなわち、日本の対外純資産が増加していることを意味している。

　表 2-1 からわが国の資金循環の特徴を要約すると、家計部門は基本的に資金余剰部門である。企業部門は、その活動に資金を要することから、本来的には資金不足部門であり、過去はそうであった。しかし、近年、企業部門は資金余剰部門に転換している。2014 年中においても、負債が 31.6 兆円増加したものの、資産も 40 兆円ほど増加し、資金余剰となっている。一般政府は、資金不足（＝財政赤字の存在）であり、要約表には記載されていないが、ほぼ中央政府の資金不足による。海外部門については、海外の資金不足（＝わが国の経常収支黒字の反映）という形が続いている。

(2) 金融資産・負債残高表

表 2-2　金融資産残高表（簡略表）

(単位：兆円)

	金融機関	企業	政府	家計	団体	海外	合計
資産	3,464.6	1,069.7	551.8	1,694.3	55.7	559.8	7,396.1
負債	3,298.9	1,570.3	1,192.9	365.6	29.4	935.3	7,392.6
差引	165.7	-500.6	-641.1	1,328.7	26.3	-375.5	3.5

表 2-3

		金融機関		非金融法人企業		一般政府		中央政府
		資産(A)	負債(L)	資産(A)	負債(L)	資産(A)	負債(L)	資産(A)
A	現金・預金	779,715	1,269,580	110,635		173,514		91,599
Aa	現金	303	29,684	8,498		0		0
Ab	日銀預け金	710,584	710,584					
Ac	政府預金		84,574			84,574		84,574
Ad	流動性預金	-6,822	239,855	98,312		5,687		271
Ae	定期性預金	89,416	126,097	-12,238		8,855		-380
Af	譲渡性預金	-4,389	80,231	16,679		67,093		-323
Ag	外貨預金	-9,377	-1,445	-616		7,305		7,457
C	貸出	314,758	232,754	44,144	105,881	-40,427	-6,942	-43,948
Ca	日銀貸出金	56,361	56,361					
Cb	コール	12,610	31,173	14,613		3,950		
Cc	買入手形・売渡手形	0	0	0		0		
Cd	民間金融機関貸出	222,718	29,491		65,724		22,949	
Ce	公的金融機関貸出金	-76,880	-36,254		-13,694		-31,934	
Cf	非金融部門貸出金		96,286	33,852	48,685	10,917	-64	11,492
Cg	割賦債権	5,095	800	-936	3,054			
Ch	現先・債券貸借取引	94,854	54,897	-3,385	2,112	-55,294	2,107	-55,440
D	株式以外の証券	305,870	57,545	-44,374	-24,087	-268,517	150,045	-124,772
Da	国庫短期証券	-88,418	0	0		-124,000	-204,188	-124,000
Db	国債・財融債	391,949	-64,971	-38,076		-124,660	357,225	-652
Dc	地方債	-7,118		492	0	-4,014	-4,780	68
Dd	政府関係機関債	-9,462	2,054	4,582	-11,556	-6,475	-261	-11
De	金融債	-4,145	-7,009	-1,100		-1,327		-114
Df	事業債	-20,791	8,733	-400	-26,487	-8,495		-63
Dg	居住者発行外債	-14,940	17,867	0	-2,603	-1	2,049	
Dh	CP	9,872	3,167	2,964	9,680	11		
Di	投資信託受益証券	39,867	96,080	-771	6,879	-40		0
Dj	信託受益権	3,285	6,857	-1,211		498		0
Dk	債権流動化関連商品	5,771	-5,233	-10,854		-14		
Dl	抵当証券	0	0	0				
E	株式・出資金	1,795	2,848	1,365	54,079	36,915	76	4,068
Ea	うち株式	-9,943	2,490	7,062	15,022	34,765		
G	保険・年金準備金		65,892					
H	預け金	28,651	9,256	-19,831	6,273	5,100	-3	5,526
I	企業間・貿易信用	-6,117		83,633	61,677	726	0	726
J	未収・未払金	-811	30,445	15,620	6,354	4,575	1,529	2,401
K	対外直接投資	8,090		68,602				
L	対外証券投資	46,981		13,782		44,396		-9,256
M	その他対外債権債務	-1,581	10,041	103,796	11,036	-176	-83	-176
N	その他	70,007	-40,001	23,069	95,190	2,133	3,852	-1,952
Y	資金過不足		-49,614		84,188		-231,773	
Z	合計	1,546,787	1,546,787	400,591	400,591	-83,299	-83,299	-127,932

(資料) 日本銀行 HP より編集

金融取引表

(2014年速報　単位：億円)

中央政府 負債(L)	家計 資産(A)	家計 負債(L)	対家計民間非営利団体 資産(A)	対家計民間非営利団体 負債(L)	海外 資産(A)	海外 負債(L)	国内非金融部門 資産(A)	国内非金融部門 負債(L)
	165,848		20,012		14,702	-5,154	470,009	
	19,882		1,001		0		29,381	
							84,574	
	132,433		7,376		2,869		243,808	
	17,241		10,817		4,660	-7,346	24,675	
	190		663		-5		84,625	
	-3,898		155		7,178	2,192	2,946	
-83	-9	28,545	-116	4,904	154,466	107,674	3,592	132,388
						0		
							18,563	
							0	
10,948		39,900		4,147		60,507		132,720
-11,028		-11,356		757		15,601		-56,227
-3	-9	1	0	0	79,583	-20,565	44,760	48,622
		0				305	-936	3,054
0			-116	0	74,883	51,826	-58,795	4,219
152,776	45,311		11,952		133,261		-255,628	125,958
-204,188			0		8,230		-124,000	-204,188
357,225	-33,505		1,259		95,287		-194,982	357,225
	-813		6,256		417		1,921	-4,780
-261	-78		5,024		-3,354		3,053	-11,817
	-437		0		0		-2,864	
	11,753		93		86		2,951	-26,487
					32,254		-1	-554
							2,975	9,680
	64,106		-680		477		62,615	6,879
	4,285						3,572	
					-136		-10,868	
	0						0	
76	-30,606		454	0	47,080		8,128	54,155
	-30,506		454		15,680		11,775	15,022
	65,892						65,892	
-17	1,588			-19	-1		-13,143	6,251
0		7,949			2,143	10,759	84,359	69,626
2,117	13,990	177	302	-117	13,956	9,244	34,487	7,943
						76,692	68,602	
	4,507					109,666	62,685	
-83					20,994	102,039	103,620	10,953
3,852	2,966	27,077	1,482	13,539	0	0	29,650	139,658
-286,570		205,739		15,779		-24,319		73,933
-127,932	269,487	269,487	34,086	34,086	386,601	386,601	620,865	620,865

表 2-4

		金融機関		非金融法人企業		一般政府		中央政府
		資産(A)	負債(L)	資産(A)	負債(L)	資産(A)	負債(L)	資産(A)
A	現金・預金	3,739,201	16,054,850	2,434,330		620,113		143,378
Aa	現金	101,343	977,380	255,146		17		17
Ab	日銀預け金	1,781,360	1,781,360					
Ac	政府預金		101,270			101,270		101,270
Ad	流動性預金	152,518	5,422,571	1,411,066		143,628		12,997
Ae	定期性預金	1,506,861	7,021,541	503,640		158,500		7,139
Af	譲渡性預金	96,866	488,178	188,835		196,862		4,477
Ag	外貨預金	100,253	262,550	75,643		19,836		17,478
C	貸出	12,555,469	4,680,065	557,637	4,253,907	316,626	1,605,602	177,729
Ca	日銀貸出金	333,317	333,317					
Cb	コール	293,268	349,343	49,786		6,289		
Cc	買入手形・売渡手形	0	0	0		0		
Cd	民間金融機関貸出	7,518,054	777,804		2,704,915		606,138	
Ce	公的金融機関貸出金	2,733,940	502,892		630,803		962,137	
Cf	非金融部門貸出金		970,540	452,864	445,783	249,195	33,700	116,919
Cg	割賦債権	480,868	22,813	21,289	468,536			
Ch	現先・債券貸借取引	1,196,022	1,723,356	33,698	3,870	61,142	3,627	60,810
D	株式以外の証券	11,079,204	4,003,402	336,520	899,167	893,022	9,923,869	6,596
Da	国庫短期証券	878,488	0	158		32	1,379,688	32
Db	国債・財融債	7,514,064	1,050,319	64,548		596,779	7,801,695	2,136
Dc	地方債	577,704		22,516	26,464	82,482	735,586	1,437
Dd	政府関係機関債	562,591	737,620	43,937	52,796	117,017	816	1,459
De	金融債	104,956	118,565	7,003		5,256		688
Df	事業債	552,333	224,970	22,815	500,002	84,701		692
Dg	居住者発行外債	148,144	136,288	0	143,701	22	6,084	
Dh	CP	130,653	74,700	14,438	70,420	29		
Di	投資信託受益証券	449,307	1,363,556	63,633	105,784	2,317		0
Dj	信託受益権	28,711	94,420	32,182		4,243		152
Dk	債権流動化関連商品	132,253	202,964	65,290		144		
Dl	抵当証券	0	0	0				
E	株式・出資金	1,770,303	1,565,133	2,935,443	7,483,271	1,110,498	153,310	417,652
Ea	うち株式	1,131,017	616,061	1,169,787	4,635,478	346,999		
G	保険・年金準備金		4,468,374					
H	預け金	143,560	176,151	317,215	436,073	83,472	44,837	28,375
I	企業間・貿易信用	49,624		2,280,745	1,766,016	5,760	0	5,760
J	未収・未払金	510,473	572,468	159,532	431,259	113,302	100,870	26,513
K	対外直接投資	188,330		817,060				
L	対外証券投資	2,938,218		606,468		1,900,362		1,363,792
M	その他対外債権債務	716,533	212,173	46,012	119,187	113,495	25,460	113,495
N	その他	238,391	165,728	187,333	276,328	33,386	75,954	2,312
Y	金融資産・負債差額		1,657,741		-5,006,698		-6,411,457	
Z	合計	34,646,102	34,646,102	10,697,676	10,697,676	5,518,986	5,518,986	2,389,417

(資料) 日本銀行 HP より編集

金融資産・負債残高表

(2014年速報　単位：億円)

中央政府 負債(L)	家計 資産(A)	家計 負債(L)	対家計民間非営利団体 資産(A)	対家計民間非営利団体 負債(L)	海外 資産(A)	海外 負債(L)	合計 資産(A)	合計 負債(L)
	8,902,045		330,265		83,869	54,973	16,109,823	16,109,823
	594,936		25,938			0	977,380	977,380
							1,781,360	1,781,360
							101,270	101,270
	3,554,567		150,305		10,487		5,422,571	5,422,571
	4,697,472		146,791		17,939	9,662	7,031,203	7,031,203
	366		5,203		46		488,178	488,178
	54,704		2,028		55,397	45,311	307,861	307,861
555,790	8	3,049,626	22,244	137,166	1,627,827	1,353,445	15,079,811	15,079,811
						0	333,317	333,317
							349,343	349,343
							0	0
290,251	2,591,149		95,694		742,354		7,518,054	7,518,054
257,450	398,039		35,311			204,758	2,733,940	2,733,940
8,089	8	58,348	22,244	6,161	1,020,540	230,319	1,744,851	1,744,851
		2,090				8,718	502,157	502,157
0			0	0	607,287	167,296	1,898,149	1,898,149
9,182,199	1,207,921		151,190		1,158,581		14,826,438	14,826,438
1,379,688			0		501,010		1,379,688	1,379,688
7,801,695	184,400		38,619		453,604		8,852,014	8,852,014
	9,946		66,884		2,518		762,050	762,050
816	6,330		32,562		28,795		791,232	791,232
	1,350		0		0		118,565	118,565
	51,854		6,839		6,430		724,972	724,972
					137,907		286,073	286,073
							145,120	145,120
	924,757		6,286		23,040		1,469,340	1,469,340
	29,284						94,420	94,420
					5,277		202,964	202,964
	0						0	0
143,132	1,616,332		41,499	132,005	1,859,644		9,333,719	9,333,719
	928,412		28,787		1,646,537		5,251,539	5,251,539
	4,468,374						4,468,374	4,468,374
1,150	112,815			12	11		657,073	657,073
	0	517,643			40,550	93,020	2,376,679	2,376,679
73,812	370,716	33,408	1,798	0	85,657	103,473	1,241,478	1,241,478
					1,005,390		1,005,390	1,005,390
	136,630					5,581,678	5,581,678	5,581,678
25,460					356,820	840,690	1,232,860	1,197,510
75,954	121,332	48,301	10,020	24,151			590,462	590,462
-7,668,621		13,287,292		263,682		-3,755,210		35,350
2,389,417	16,943,189	16,943,189	557,016	557,016	5,598,741	5,598,741	73,961,710	73,961,710

表 2-5

		金融機関		非金融法人企業		一般政府		中央政府
		資産(A)	負債(L)	資産(A)	負債(L)	資産(A)	負債(L)	資産(A)
A	現金・預金	4,647	6,914	0		1,462		1,462
Aa	現金							
Ab	日銀預け金							
Ac	政府預金							
Ad	流動性預金							
Ae	定期性預金			0				
Af	譲渡性預金							
Ag	外貨預金	4,647	6,914	0		1,462		1,462
C	貸出	18,482	74,131	-3,994	-24,276	0	0	0
Ca	日銀貸出金							
Cb	コール							
Cc	買入手形・売渡手形							
Cd	民間金融機関貸出	19,358	-2,090		-14,121			
Ce	公的金融機関貸出金	-876	0		-184			
Cf	非金融部門貸出金		76,221	-3,994	-9,971			
Cg	割賦債権	0	0		0			
Ch	現先・債券貸借取引	0	0	0	0	0	0	0
D	株式以外の証券	321,131	133,381	5,843	74,316	15,014	260,190	93
Da	国庫短期証券							
Db	国債・財融債	241,643	27,518	-90		11,050	244,469	29
Dc	地方債	11,737		491	552	1,545	15,133	33
Dd	政府関係機関債	7,186	9,981	-1,757	262	868	1	19
De	金融債	-54	-75	-9		-9		0
Df	事業債	9,996	4,633	428	8,799	1,361		12
Dg	居住者発行外債	31,215	12,280		41,943	4	587	
Dh	ＣＰ							
Di	投資信託受益証券	19,408	79,044	6,780	22,760	195		0
Dj	信託受益権							
Dk	債権流動化関連商品							
Dl	抵当証券							
E	株式・出資金	43,370	-46,782	300,449	630,904	23,357		0
Ea	うち株式	73,447	-19,544	96,364	468,827	23,357		
G	保険・年金準備金		11,702					
H	預け金	0	0	0	0			
I	企業間・貿易信用	0		96,716	71,128	1,394	0	1,394
J	未収・未払金	0	0	0	0			
K	対外直接投資	0		65,838				
L	対外証券投資	363,784		-11,596		236,715		169,158
M	その他対外債権債務	-58,955	-197,213	-109,527	41,512	16,368	1,403	16,368
N	その他	0	601	0	5,762			
Y	調整差額		716,825		-457,073		32,717	
Z	合計	750,229	750,229	338,871	338,871	294,310	294,310	188,475

(資料) 日本銀行 HP より編集

調整表　　　　　　　　　　　　　　　　　　　　　　　　　　　　　　　　　(2014年速報　単位：億円)

中央政府 負債(L)	家計 資産(A)	家計 負債(L)	対家計民間非営利団体 資産(A)	対家計民間非営利団体 負債(L)	海外 資産(A)	海外 負債(L)	国内非金融部門 資産(A)	国内非金融部門 負債(L)
					5,795	4,990	1,462	
					0		0	
					5,795	4,990	1,462	
0	-5,842	0	-719	127,794	98,988	-3,994	-30,837	
	-5,150		-719		41,438		-19,990	
0	-692						-876	
					127,794	57,550	-3,994	-9,971
						0		0
			0	0	0	0	0	0
244,470	76,512		920		48,467		98,289	334,506
244,469	3,676		1,202		14,506		15,838	244,469
	172		1,669		71		3,877	15,685
1	82		-2,087		5,952		-2,894	263
	-3		0		0		-21	
	1,385		135		127		3,309	8,799
					23,591		4	42,530
	71,200		1		4,220		78,176	22,760
0	90,805		2,087		124,054		416,698	630,904
	83,901		1,136		171,078		204,758	468,827
	11,702						11,702	
0	0						0	0
0	12,108				8,587	23,461	98,110	83,236
								0
						65,838	65,838	
	40,941					629,844	266,060	
1,403					-154,298	-156,314	-93,159	42,915
	6,363	0	0	0	0	0	6,363	5,762
-57,398		219,976		3,726		-511,971		-200,654
188,475	230,299	230,299	3,007	3,007	219,240	219,240	866,487	866,487

①金融機関：165.7兆円の資産超
②企業：500.6兆円の負債超
③政府：641.1兆円の負債超
　　　（このうち中央政府が766.8兆円の資金不足となっている）
④家計：1,328.7兆円の資産超
⑤団体：26.3兆円の資産超
⑥海外：375.5兆円の負債超

ストック表を要約すると、政府・企業・海外が負債超、家計が資産超という形になっている。政府においては、要約表には記載されていないが、特に中央政府の負債超が大きい。「企業＋政府＋海外」の負債超が、ほぼ家計部門の資産超に見合う形となっている。

4．国民経済計算と金融

すでに述べたように、**国民経済計算（SNA）**における金融取引は資金循環表で把握されている。SNAでは金融取引表は「金融勘定」として組み込まれ、金融資産・負債残高表は、「国民貸借対照表」の一部に組み込まれている。

経済取引（財・サービスの取引）と金融取引は表裏一体であり、以下のような対応関係がある。

国民経済計算における定義式
$$Y（国内総支出）= C + I + G + E - M$$
$$Y（国民所得）\;\; = C + S + T$$
（C：消費、I：投資、G：政府支出、E：輸出、M：輸入、S：貯蓄、T：租税）
貯蓄投資バランス（貯蓄・投資差額）は、以下の定義式の成立を意味する。
$$E - M = (S - I) + (T - G)$$
$$(S - I) + (T - G) - (E - M) = 0$$

政府部門と海外部門を除くと、この定義式は、$S = I$、$S - I = 0$ となる。

金融取引と資金の流れ、および資金過不足の関係は以下のようになる。

　収入－支出＞０→貯蓄（金融資産増減－金融負債増減＞０）＝資金余剰
　　（通常は家計部門がこれに該当する）
　収入－支出＜０→資金調達（金融資産増減－金融負債増減＜０）＝資金不足
　　（通常は企業部門がこれに該当する）

　経済の実体面における投資・貯蓄行動の裏には必ず金融面の資金調達・運用行動が存在しており、概念上、資金過不足と貯蓄投資差額は一致する。すなわち、資金循環表における資金過不足＝実体面の貯蓄投資差額である。これを企業部門と、家計部門でそれぞれ対比させてみると以下のような関係が成立している。

企業部門（＝非金融法人企業）
　企業収益－資金調達額＝実物投資＋資金運用額　・・・　①
　　（ネットの資金受取）　　（ネットの資金支払）
　①を整理すると
　　　実物投資－企業収益＝資金調達額－資金運用額＜０
　　　　（投資）　　（貯蓄）
　　　　（資金過不足からみると企業部門は通常資金不足である）
家計部門
　可処分所得＋資金調達額＝消費＋実物投資＋資金運用額　・・・　②
　　（ネットの資金受取）　　　　（ネットの資金支払）
　②を整理すると
　　　（可処分所得－消費）－実物投資＝資金運用額－資金調達額＞０
　　　　　（貯蓄）　　　　　（投資）
　　　　（資金過不足からみると家計部門は通常資金余剰である）

　貯蓄＞投資　⇔　金融資産増減－金融負債増減＞０：　純資産増⇔資金余剰
　貯蓄＜投資　⇔　金融資産増減－金融負債増減＜０：　純資産減⇔資金不足

　このように、経済においては、政府部門の財政収支が均衡し、海外部門も中立

的(経常収支均衡)ならば、国内の企業部門の投資は、国内の家計部門の貯蓄によって基本的にまかなわれる。現実的には、政府部門は大きな役割をはたしており資金不足(財政赤字)になっている国は多い。国際的にみれば、貯蓄が十分に蓄積されている国もそうでない国もあり、資金不足国(投資＞貯蓄)の不足分は資金余剰国(投資＜貯蓄)の余剰分によってまかなわれる。

第3章

わが国の金融機関

1. 金融機関の分類

今日、わが国には多くの金融機関が存在している。その沿革は近代的な金融制度の形成が始まった明治時代にさかのぼるが、この章では、現状の金融機関について述べることにする。伝統的分類は金融機関の業態別に分類するものであり、中央銀行（日本銀行）、民間金融機関、公的金融機関に大別される。中央銀行である日本銀行については別途独立の章で説明することにする。なお、前章で述べた資金循環表においては、IMFの金融統計マニュアルに沿って異なった分類がとられている。

日本の金融機関の分類
　①日本銀行（中央銀行）
　②民間金融機関
　　金融仲介機関
　　　　預金取扱金融機関：普通銀行、長期金融機関、中小企業金融機関、
　　　　　　　　　　　　　農林漁業金融機関
　　　　預金非取扱金融機関：保険会社
　　その他の金融機関：証券会社、短資会社
　③公的金融機関：財政融資基金、政府系金融機関

資金循環表における金融機関の分類　（IMF金融統計マニュアルに即す）
　①中央銀行
　②預金取扱機関
　③保険・年金基金
　④その他金融仲介機関

表3-

		預金取扱機関		銀行等		国内銀行
		資産(A)	負債(L)	資産(A)	負債(L)	資産(A)
現金・預金		3,360,142	13,194,840	3,360,142	13,194,840	1,154,689
	現金	95,750		95,750		70,632
	日銀預け金	1,720,500		1,720,500		1,044,125
	流動性預金	80,476	5,422,571	80,476	5,422,571	1,93
	定期性預金	1,372,972	7,021,541	1,372,972	7,021,541	3,762
	譲渡性預金	14,395	488,178	14,395	488,178	3,241
	外貨預金	76,049	262,550	76,049	262,550	30,998
貸出		7,135,485	2,084,857	7,071,088	2,084,713	5,193,098
	日銀貸出金		292,191		292,191	
	コール	127,344	205,072	125,370	205,072	58,516
	買入手形・売渡手形	0	0	0	0	
	民間金融機関貸出	6,826,591	253,271	6,764,373	253,127	5,106,862
	住宅貸付	1,627,125		1,625,603		1,233,010
	消費者信用	119,048		118,514		83,341
	企業・政府等向け	5,080,418	253,271	5,020,256	253,127	3,790,511
	公的金融機関貸出金	28,933	0	28,933	0	
	うち住宅貸付					
	非金融部門貸出金		823,448		823,448	
	割賦債権		11,189		11,189	
	現先・債券貸借取引	152,617	499,686	152,412	499,686	27,720
株式以外の証券		4,434,835	422,881	4,418,260	328,461	1,898,706
	国庫短期証券	249,641		249,483		169,189
	国債・財融債	2,720,506		2,720,201		1,047,495
	地方債	329,412		329,412		127,803
	政府関係機関債	347,441		347,425		159,821
	金融債	81,856	118,565	81,856	118,565	26,737
	事業債	307,116	145,589	307,095	145,589	128,902
	居住者発行外債	128,445	55,086	128,445	55,086	49,555
	ＣＰ	45,161	9,221	45,161	9,221	38,019
	投資信託受益証券	129,080		129,080		84,271
	信託受益権	22,793	94,420	12,076		8,130
	債権流動化関連商品	73,384		68,026		58,784
株式・出資金		606,736	824,813	606,736	824,813	492,595
	うち株式	267,464	379,804	267,464	379,804	235,644
金融派生商品		612,597	632,252	612,597	632,252	612,597
	フォワード系	544,581	563,020	544,581	563,020	544,581
	オプション系	68,016	69,232	68,016	69,232	68,016
預け金		59,529	24,670	59,529	24,670	31,382
企業間・貿易信用						
未収・未払金		33,477	64,514	33,477	64,514	23,207
対外直接投資		188,330		188,330		95,011
対外証券投資		1,030,256		1,029,154		350,988
その他対外債権債務		622,950	200,653	622,950	200,653	609,327
その他		145,116	112,733	132,161	112,733	109,065
金融資産・負債差額			667,240		666,775	
合計		18,229,453	18,229,453	18,134,424	18,134,424	10,570,665

(資料) 日本銀行資金循環表

預金取扱金融機関の資産・負債

(2014年12月末) 単位：億円

国内銀行 負債(L)	在日外銀 資産(A)	在日外銀 負債(L)	農林水産金融機関 資産(A)	農林水産金融機関 負債(L)	中小企業金融機関等 資産(A)	中小企業金融機関等 負債(L)
7,070,132	175,769	96,174	1,152,447	2,097,030	877,237	3,931,504
	23		5,993		19,102	
	167,346		61,830		447,199	
3,825,108	140	15,329	18,628	338,141	59,777	1,243,993
2,594,525	2,395	46,469	1,065,308	1,706,113	301,507	2,674,434
461,703	318	6,031	0	12,692	10,836	7,752
188,796	5,547	28,345	688	40,084	38,816	5,325
1,370,369	203,154	287,773	501,071	237,024	1,173,765	189,547
284,074		897				7,220
171,125	9,893	24,735	5,639	4,750	51,322	4,462
0	0	0	0	0	0	0
187,711	158,629	698	490,039	29,890	1,008,843	34,828
			112,991		279,602	
					35,173	
187,711	158,629	698	377,048	29,890	694,068	34,828
					28,933	0
365,730		260,584		197,134		
10,898		291				
350,831	34,632	568	5,393	5,250	84,667	143,037
212,560	23,324		440,623	37,101	2,055,607	78,800
	15,823		61,919		2,552	
	3,499		233,245		1,435,962	
	11		27,599		173,999	
	0		5,666		181,938	
2,664	0		15,257	37,101	39,862	78,800
145,589	948		30,273		146,972	
55,086			43,511	0	35,379	0
9,221	0		1		7,141	
	211		16,468		28,130	
	121		3,346		479	
	2,711		3,338		3,193	
654,233	10		74,077	70,234	40,054	100,346
379,804	10		10,782		21,028	
632,252						
563,020						
69,232						
8,880	2,573	15,045	14,005	99	11,569	646
42,497	885	1,354	145	294	9,240	20,369
			83,423		9,896	
	1,683		321,822		354,661	
197,169	10,863	3,469	1,397	2	1,363	13
43,757	1,431	3,221	4,390	59,756	17,275	5,999
338,816		12,656		91,860		223,443
10,570,665	419,692	419,692	2,593,400	2,593,400	4,550,667	4,550,667

⑤非仲介型金融機関
　　「金融仲介機関」＝①＋②＋③＋④
　　「預金取扱機関」＝①＋②＋④
　　「非預金取扱金融機関」＝③＋⑤

　ここで、金融仲介機関とは、今日、金融の根幹業務と考えられている**金融仲介業務**(資金を預金・債券などで調達し、それを貸出などで運用し、経済の中で資金調達者と資金運用者の仲介をはたす業務)を行っている金融機関を意味する。表 3-1 は、資金循環表から預金取扱金融機関の資産・負債残高を示している。

2．民間金融機関

(1)銀行

　銀行は、銀行法に基づいて設立されている金融機関である。銀行法においては、①預金の受け入れと貸付、為替のいずれかを営業、②資本金は 10 億円以上、③商号に「銀行」を入れる、などが定められている。銀行は預金取扱機関であり、代表的な金融仲介機関である。

　わが国では、銀行という言葉(英語では bank)は、江戸時代まではなく、明治期に入って使われ始めた。由来ははっきりしてはいないが、「銀(貨幣)を取り扱う業者のオフィス(行)」という意味で、すでに中国で bank の訳語として使用されていたとされる。

　銀行には、**普通銀行、商業銀行、投資銀行、都市銀行、地方銀行**などといったさまざまな呼び方がある。普通銀行は、歴史的には、明治期に設立された「特殊銀行」に対する呼称、ないしは、戦後期においては銀行法以外の法律で設立された「専門銀行」に対する呼称として使われてきた。商業銀行は、イギリスにおける commercial bank の訳語であり、企業を取引先として短期資金の調達・運用を行う銀行という意味合いであり、わが国の普通銀行は、沿革的にはこの範疇に含まれる。投資銀行とは、アメリカにおける investment bank の訳語であり、アメリカにおいてもわが国においても預金取扱金融機関ではなく、証券会社である。

　都市銀行は大都市圏を中心に営業している規模の大きな銀行である。1980 年代には 13 の都市銀行が存在していたが、今日では**三菱東京 UFJ、みずほ、三井**

住友の3つの**メガバンク**、および**りそな**に集約されている。

　メガバンク3行は、その呼称通り、規模は極めて大きく、各銀行の総資産は平均して170兆円となっており、国内支店数は、三菱東京UFJ銀行の場合には764支店(2015年3月時点)を保有し、国際的にもグローバルに業務を展開し、多くの海外支店(75)や現地法人を保有している。都市銀行の国内支店は大都市圏に集中している反面、地方では、県庁所在地程度にしか支店はない。また、沿革的には大企業を主な取引先としてきており、統合の結果、今日メガバンクは日本のほとんどの大企業のメインバンクとなっているが、中小企業取引や住宅ローンなどの個人取引でも大きな存在である。

　日本を代表する銀行がメガバンク3行であり、合併により世界的にも最大規模となったが、先進国においては、1990年代以降各国で主要銀行の統合が進展し、また、中国の銀行も躍進しており、日本のメガバンクといえども規模・収益などの指標で世界のトップ・レベルにいるわけではない。

　次いで、りそなホールディングスの**りそな銀行・埼玉りそな銀行**があり、これも都市銀行の合同と分割によって形成された銀行である。メガバンクよりも規模は小さく、国際業務は行っていないが、地方銀行に比べ広域的な国内営業を行っている。

表3-2　全国銀行と都市銀行の概況

(2015年3月末時点、単位:兆円)

	全国銀行計	1行当たり	都市銀行計	1行当たり
預金	698.9	6.0	342.9	68.5
貸出金	523.0	4.5	247.1	49.4
有価証券	257.3	2.2	130.1	26.0
当期純利益	3.27	281億円	1.82	3,846億円

(注)　全国銀行とは116行で、都市銀行(5行)、信託銀行(4行)、地方銀行(64行)、第二地方銀行(41行)、新生銀行、あおぞら銀行。都市銀行5行とは三菱東京UFJ、みずほ、三井住友、りそな、埼玉りそな、信託銀行4行とは三菱UFJ信託、みずほ信託、三井住友信託、野村信託。単位未満切り捨て。
(資料)　全国銀行協会

　今日、都市銀行はいずれも**持株会社**を形成しており、持株会社の傘下に銀行をはじめとしたさまざまな金融企業が存在する形となって、銀行・証券・信託など多様な金融サービスを提供している。持株会社の運営は中核となる銀行が担っており、持株会社傘下の金融企業は、実質的には銀行の子会社(関連会社)である。表3-3と表3-4は、メガバンクおよびその持株会社の現況を示している。

表3-3 メガバンク3行の概況

(2015年3月末時点、単位：兆円)

	三菱東京UFJ	みずほ	三井住友	合計	1行当たり
預金	124.5	95.0	91.3	310.8	103.6
貸出金	82.7	71.3	68.2	222.2	74.0
有価証券	52.8	40.7	29.9	123.4	41.1
資本金	1.7119	1.4040	1.7709	4.8868	1.6286
総資産	194.6	161.8	154.7	511.1	170.3
店舗数	国内 764 海外 75	国内 421 海外 24	国内 441 海外 16	国内 1,626 海外 115	国内 542 海外 38

(注) 単体ベース、単位未満切り捨て　(資料) 各銀行開示資料

表3-4 三大金融グループの現況

(2015年3月末時点、単位：兆円)

	三菱UFJ FG	みずほ FG	三井住友 FG	合計	1グループ当たり
預金	153.3	97.7	91.3	342.3	114.1
貸出金	109.3	73.4	68.2	250.9	83.6
有価証券	73.5	43.2	29.9	146.6	48.8
資本金	2.1415	2.2554	1.7709	6.1678	2.0559
総資産	286.1	189.6	154.7	630.4	210.1

(注) 日本基準、単位未満切り捨て　(資料) 各金融グループ開示資料

　地方銀行は、現在64行あり、長年この数は変わっていない。各都道府県に1～2行あり、所在している都道府県を主な営業地域としている。その意味で、地域金融機関とみなされている。1行当たりの平均資産規模は4.5兆円と、メガバンクに比べると極めて大きな規模格差がある。また、地方銀行の間でもかなりの規模格差がある。大都市圏に本店を持つ地方銀行(横浜、千葉、福岡、静岡)の資産規模は10兆円台となっている。横浜銀行は総資産15.2兆円、預金12.1兆円、貸出9.7兆円の規模を持つが、一方で、1兆円に満たない4,000～7,000億円台の資産規模の地方銀行もある。メガバンクが主要株主となっている、いわゆる親密地銀の地方銀行もある。

　企業取引においては中堅・中小企業取引が多く、所在する自治体の公金取扱機関ともなっており、地域に密着した金融業務を行っている。また、統合により持株会社形態をとる地方銀行も増えている。

表 3-5　地方銀行の概況

(2015年3月末時点、単位:兆円)

	合計	1行当たり
預金	243.2	3.8
貸出金	178.8	2.7
有価証券	81.7	1.2
資本金	2.5663	0.0400
総資産	291.1	4.5
店舗数	7,505	117

(注)単位未満切り捨て　(資料)全国地方銀行協会

　地方銀行には、さらに**第二地方銀行**という分類がある。前身は**相互銀行**と呼ばれた業態であり、1980年代以降銀行法による銀行に転換し、従来からの地方銀行(第一地方銀行)と区別して第二地方銀行と呼ばれる。現在41行あり、いずれも地方に本店を持ち、平均資産規模は1.5兆円程度と、地方銀行よりも規模は小さい。中小企業取引を中心とした地域金融機関と位置づけられる。

表 3-6　第二地方銀行の概況

(2015年3月末時点、単位:兆円)

	合計	1行当たり
預金	63.2	1.5
貸出金	47.4	1.1
有価証券	17.2	0.4
資本金	0.9377	0.0213
総資産	71.4	1.7
店舗数	3,057	74

(注)単位未満切り捨て　(資料)第二地方銀行協会

　以上が主な銀行であるが、そのほかに多くの**在日外国銀行**、「**その他の銀行**」がある。「その他の銀行」には、イオン銀行、セブン銀行、東京都が設立した新銀行東京などが含まれる。楽天銀行のようなインターネット銀行も銀行法にもとづく銀行である。

(2)長期金融機関

　長期金融機関とは、長期資金の調達・運用を行う金融機関である。かつては、長期信用銀行や信託銀行がこの役割をはたしてきたが、今日では専門金融機関と

しての長期金融機関の役割は低下している。

信託銀行は、大手銀行としてかつて7行あり、預金にあたる金銭信託や貸付信託を受け入れて長期運用や信託業務を行ってきた。現在は、メガバンクの持株会社の傘下にある三井住友信託、三菱UFJ信託、みずほ信託があり、野村証券を中心とする野村ホールディングスの傘下に野村信託がある。また、その他の信託銀行や外国銀行を含む銀行が信託業務を行っている。

表3-7　主要信託銀行4行の概況

(2015年3月末時点、単位：兆円)

	合計	1行当たり
預金	40.7	10.1
貸出金	41.9	10.4
有価証券	24.7	6.1
資本金	0.8631	0.2157
総資産	84.0	21.0

(注) 信託銀行4行とは、三菱UFJ信託、みずほ信託、三井住友信託、野村信託。単位未満切り捨て。
　　総資産の数値には一部2014年9月時点の数値含む。
(資料) 全国銀行協会および各信託銀行開示資料

長期信用銀行は、大手銀行として3行あったが、バブル崩壊後破綻ないし統合という形で消滅し、長期信用銀行の資産を継承したあおぞら銀行や新生銀行は銀行法による銀行に転換した。

(3) 中小企業金融機関

信用金庫・信用組合・労働金庫・商工組合中央金庫は、中小企業取引を専門とした金融機関である。

信用金庫(信金と略称される)は信用金庫法に基づく会員組織の金融機関(非営利の協同組織)であり、全国に267の信用金庫がある(2015年7月現在)。今日では、会員以外でも預金者になれるが、会員以外への貸出は、貸出総額の20％以内に限定されている。営業地域が「地区」に限定され、取引対象は地区内の会員とされる。会員事業者は従業員300人以内または資本金9億円以下である。信用金庫の平均規模は、地方銀行や第二地方銀行よりさらに小さいが、最大手の信用金庫(城南信金や京都中央信金など)は地方銀行の平均規模に達する資金力を有している。信用金庫の中央機関として**信金中央金庫**がある。各信用金庫は独立営業しているものの、信金中央金庫のもとでさまざまな協力体制があり、業態とし

てまとまっている。

表 3-8　信用金庫の概況

(2015 年 3 月末時点)

	合計	一金庫当たり
預金・積金	131.9 兆円	4,940 億円
貸出金	65.8 兆円	2,464 億円
有価証券	42.3 兆円	1,584 億円
出資金	8,113 億円	30.3 億円
総資産	143.9 兆円	5,389 億円
店舗数（2015 年 7 月）	7,396	27

(注) 単位未満切り捨て　(資料) 信金中央金庫

　信用組合（信組と略称される）は中小企業等共同組合法に基づく非営利の組合である。沿革的には、信用協同組合が昭和 24 年に信用金庫あるいは信用組合に転身した。現在 154 の信組があり、その規模は信金よりも小さい。信金と同じように、組合員との預金・貸出取引が基本であるが、非組合員にも預金・貸出が行われる。上部組織として、**全国信用協同組合連合会**（全信組連）がある。信組には、地域・業域・職域の 3 分類があり、地域信組がもっとも多い。

表 3-9　信用組合の概況

(2015 年 3 月末時点)

	合計	一組合当たり
預金・積金	19.2 兆円	1,246 億円
貸出金	10.0 兆円	649 億円
有価証券	4.5 兆円	292 億円
出資金	4,174 億円	27 億円
総資産	20.7 兆円	1,344 億円
店舗数	1,709	11

(注) 単位未満切り捨て　(資料) 全国信用組合中央協会

　労働金庫（労金と略称される）は、労働金庫法に基づく労働組合や生活協同組合を会員とする非営利組織である。かつては、都道府県にひとつの労働金庫があったが、広域合併により集約され、現在は 13 金庫（640 店舗）まで減少している。2015 年 7 月時点の預金は、18.5 兆円、貸出は 11.8 兆円となっている。労働金庫連合会が中央機関である。

　商工組合中央金庫（商工中金と略称される）は、債券を発行する政府系中小企業

金融機関であったが、2008年に株式会社に改組された。信金・信組は一定地域における中小企業金融機関であるが、商工中金は全国的に営業を展開しており、総資産は10兆円を超えている。

表3-10　商工組合中央金庫の概況

(2015年3月末、単位：兆円)

預金	債券	貸出	有価証券	資本金	総資産
5.0	4.8	9.5	1.9	0.2186	12.5

(注) 単位未満切り捨て　(資料) 商工組合中央金庫

(4) 農林漁業金融機関

農業協同組合(JA)は、組合員から預金・積金を調達する金融業務を行っているが、数は減少傾向にある。上部組織は信用農業協同組合連合会(信連)であり、調達資金の7割はこれを通して、農林中金へ移されて運用されている。

農林中央金庫は、農業協同組合の最上部に位置する系統金融機関であり、1986年に民間法人化され、預金と債券で資金調達している。金融機関であるが、農林水産省所管であり、多くの資金を証券に投資する**機関投資家**としての側面が強い。

表3-11　農林中央金庫の概況

(2015年3月末、単位：兆円)

預金	農林債	貸出	有価証券	資本金	総資産
53.4	3.5	20.0	59.7	3.4259	94.5

(注) 単位未満切り捨て　(資料) 農林中央金庫

(5) 保険会社

生命保険会社は38社ある。生命保険は長期契約が主体であり、近年は年金保険が伸びている。生命保険会社の運用においては有価証券の割合が高く、有力な**機関投資家**である。日本生命、第一生命、明治安田生命が大手であり、日本生命は上場株式の3％強を有する。**損害保険会社**は47社あり、1年の短期契約が主体であり、海上保険・火災保険・自動車保険などを扱っているが、自動車保険が全体の半分以上を占める。最大手は、東京海上日動火災である。

表3-12　生命保険の資産運用の概況

(2015年3月末、単位：兆円)

有価証券	(国債)	(社債)	(外国証券)	貸付金	総資産
299.4	148.7	20.0	73.2	36.8	367.2

(注)　単位未満切り捨て。2015年度の収入保険料は37.2兆円、年度末の契約残高は約1,368兆円。
(資料)　生命保険協会

表3-13　損害保険の資産運用の概況

(2015年3月末、単位：兆円)

有価証券	(国債)	(株式)	貸付金	総資産
23.5	6.4	8.2	1.8	30.9

(注)　単位未満切り捨て　(資料)　損害保険協会

(6) 証券会社

証券会社の基本法は**金融商品取引法**である。その業務は、ブローカー、ディーラー、アンダーライター、セリングに大別される。最大手は野村証券である。そのほかに、証券金融会社が2社ある。また、証券会社の事実上の子会社である**投資信託委託会社**があり、投資信託業務を担っている。

表3-14　証券会社と証券投資信託の資産・負債

(2014年12月末、単位：兆円)

	証券会社	証券投資信託
資産計	132.0	146.9
株式以外の証券	24.9	21.1
民間金融機関貸出	4.2	24.8
出資金	4.8	
株式	11.8	
対外証券投資	2.8	78.9
現先・債券貸借取引	66.4	
国債・財融債	24.3	
負債計	122.8	146.9
日銀貸出金	3.8	
コール	3.0	
民間金融機関貸出	11.4	
現先・債券貸借取引	69.0	
株式・出資金	11.9	
預け金	9.4	
投資信託受益証券		136.3

(注)　単位未満切り捨て　(資料)　日本銀行資金循環表

（7）短資会社

短資会社は、短期資金取引の仲介を行い、現在3社(上田八木短資、セントラル短資、東京短資)がある。

（8）その他の金融機関

その他の金融機関には、**ノンバンク**と呼ばれる**貸金業者**があり、預金を受け入れてはいない。消費者金融会社、信販会社、不動産金融会社、クレジットカード、リース、住宅金融専門会社、ベンチャー・キャピタルが含まれる。

3．公的金融機関

公的金融機関の代表的なものとして**郵便貯金**があったが、今日民営化され、銀行業務は**ゆうちょ銀行**、保険業務は**かんぽ生命**となった。ゆうちょ銀行は、全国津々浦々にある郵便局で資金を集め、総資産が200兆円を超える世界最大の金融機関である。しかし、貯金のうち貸出で運用されているのは1.5％程度にすぎず、90％近くが有価証券(うち60％が国債)で運用されており、財政資金の金融仲介機関としての特殊性を残している。郵便局が金融業務を行うケースは他国でもみられるが、役割が縮小されているのが一般的であり、これほど巨大化し維持されているケースはない。過去、民間金融機関とさまざまな摩擦があり、今後もその業務展開いかんによっては、摩擦が生じることにもなろう。

表3-15　ゆうちょ銀行の概況

(2015年3月末時点、単位：兆円)

貯金	うち定額貯金	貸出金	有価証券	うち国債	資本金	総資産
177.7	83.5	2.7	156.1	106.7	3.5	208.1

(注) 単位未満切り捨て　(資料) ゆうちょ銀行

財政融資基金は、**財政投融資**のための基金である。財政投融資とは国が調達した資金を財投機関や地方自治体に供与するものである。**政府系金融機関**と呼ばれる公的金融機関としては、**日本政策投資銀行、日本政策金融公庫、国際協力銀行、住宅金融支援機構**があるが、1990年代以降、公的金融機関の統廃合が推進され、機関数は減少している。

表3-16　公的金融機関の資産・負債

(2014年12月末、単位：兆円)

	公的金融機関計	財政融資基金	政府系金融機関
資産計	318.6	137.0	181.6
現金・預金	5.0		5.0
貸出	292.8	135.8	157.0
株式・出資金	13.9		13.9
株式以外の証券	2.8		2.8
負債計	313.3	143.6	169.7
財政融資資金預託金	38.6	38.6	
公的機関貸付金	49.0		49.0
国債・財融債	105.0	105.0	
政府関係機関債	71.2		71.2
株式・出資金	24.2		24.2
非金融部門貸出金	12.7		12.7
居住者発行外債	5.8		5.8

(注) 単位未満切り捨て　(資料) 日本銀行資金循環表

第4章

わが国の金融市場

1．金融市場とは

　金融市場とは資金を運用・調達する市場である。下に示したように、通常は**市場型取引**が行われる狭義の金融市場を指す。市場型取引とは、不特定多数の参加者がおり、事前に取引相手ないしは取引価格が確定されていない取引である。これに対して、預金取引・貸出取引は、個人や企業と銀行との間での二者間の取引で、相手が事前に確定して個別交渉が行われる**相対市場**であり、通常、金融市場とは呼ばない。

　外国為替市場や株式市場は市場型取引であるが、外貨や株式の取引であり資金の取引ではないため、通常、金融市場の範疇には含まれない。当然のことであるが、金融市場には市場として物理的に特定の場所があるわけではない。

　広義の金融市場
　　狭義の金融市場(市場型取引の市場)：不特定多数の参加者による取引
　　　　短期金融市場(マネー・マーケット)
　　　　　　インターバンク市場
　　　　　　オープン市場
　　　　長期金融市場(キャピタル・マーケット、資本市場、公社債市場)
　　相対型取引の市場：貸出取引、預金取引：特定の取引者の間で個別交渉

　金融市場以外の市場：外国為替市場、株式市場
　　　　　　　　　　(外国為替市場では外貨と円資金の両方が取引される)

　金融市場(狭義)は、**短期金融市場**と**長期金融市場**のふたつに分類される。通常、短期とは1年未満、長期とは1年以上を意味し、短期金融市場は短期の資

金繰りのための市場である。わが国では、コール市場と株式市場は発達していたが、オープン市場と公社債市場の発達は遅れていた。1970年代後半にかけて、いわゆる二つの「コクサイ化」と呼ばれた国債の大量発行と国際化の進展により長短金融市場が急速に発達、金利の自由化も進展した。

2．短期金融市場（マネー・マーケット）

　短期金融市場はマネー・マーケット（money market）とも呼ばれ、金融機関や事業法人が短期の資金繰り操作を行う市場であり、かつ日銀が金融調節を行う市場でもある。資金繰りとは、短期的な資金過不足の調整を意味する。資金に余裕があれば、金融市場で資金を運用して金利を受け取る運用者の立場となり、逆に不足する場合には、資金を調達して金利を支払う調達者の立場となる。

（1）インターバンク市場（銀行間市場）

　参加者は短資会社を含む金融機関のみであり、日銀の金融調節の場としても使われている。今日、インターバンク市場としてあるのは**コール市場**のみである。かつては手形市場もあったが、今日では手形取引はほぼ消滅した。コール市場ではごく短期の資金取引（1日から3週間程度）が行われ、借りた翌日に返済するオーバーナイト取引が3割から5割を占めている。コール市場の名称はmoney at callから来ており、わが国では明治30年代に形成された。資金を運用する場合は**コール・ローン**、資金を調達する場合は**コール・マネー**と呼ばれる。そこで成立する**コール・レート**は、代表的な短期金融市場金利である。資金決済は、参加銀行の日銀当座預金を通じて行われる。かつては有担保取引が多かったが、今日では無担保取引が中心となっている。

　さて、銀行の**資金繰り**はなぜ必要になるのだろうか。まず、個人や企業による銀行からの現金引き出しに備えて、銀行は現金準備を持つ。それが不足する予想となれば、その銀行の日銀当座預金の残高を見返りに日銀から現金を引き出す必要が生じる。日銀当座預金に残高がなければ現金は引き出せないので、コール市場で資金を調達して当座預金残高を確保する必要が出てくるのである。これは、現金需要にともなう資金繰りである。

　日銀当座預金は、それ以外の、決済資金・財政資金の受払などの要因によって

も変動する。さらに、準備預金制度により、銀行は一定の残高を日銀当座預金に積み、維持しなければならない義務がある。これらの要因によって資金繰りが生じるのである。

コール市場における資金の主な取り手（調達者）は、都市銀行、外国銀行、証券会社であり、主な資金の出し手（運用者）は、信託銀行、地方銀行、農林金融機関である。1995年当時、コール市場の規模は40兆円近かったが、その後ゼロ金利政策がとられたことにより資金需給は緩み、2004年頃には18兆円台に縮小した。1997年にかけては、三洋証券（当時）がコール市場で初の返済不能を引き起こし破綻している。金融機関が信用を失い、コール市場で資金の調達や返済ができなくなることは、金融機関の破綻を意味するのである。

（2）オープン市場

オープン市場の参加者は金融機関と事業会社であり、事業会社も参加しているという意味でオープンである。これには以下に示すような、いくつかの市場がある。

①債券現先

現先とは、条件付き売買を意味し、**買い現先**とは、売り戻し条件付きの買いで、資金運用のために行われる。**売り現先**はこの逆で、買い戻し条件付きの売りであり、資金調達のために行われる。

債券現先は債券の現先取引であり、当初の売買価格と一定期間後の売買価格の差額が金利となり、運用者が受け取り、調達者が支払う。証券会社の債券在庫のファイナンス手段として利用されたのが始まりであり、証券会社が中心の市場である。カテゴリーとしては、自己現先（証券会社が資金繰りのために行う取引）や委託現先（事業会社が行う取引）がある。売り手（資金調達）の中心は証券会社で、買い手（資金運用）は外国人や投資信託である。取引されるのは国債が大部分であり、期間は3カ月未満が大部分である。

②債券レポ（レポ）

債券レポは、現金を担保として債券を貸借する取引であり、1996年にスタートした。ほとんどが国債を用いる取引で、現先取引に類似しており、現先取引と

あわせて、広義のレポ市場と呼ばれる。レポ(repo)とはrepurchaseの意味である。

③ CD（譲渡性預金）

CD（Certificate of Deposit）は1979年に取り扱いが開始された、譲渡性・流通性をもつ預金である。期間は3カ月までが中心であり、調達者は都市銀行などの金融機関で、運用者は主として事業法人である。当初は発行限度(自己資本の10%まで)、最低発行単位(5億円)、期間の制限(3カ月以上6カ月以内)などの規制があったが、1998年にすべて撤廃された。取引は、CD現先の形をとっている。

④ CP（コマーシャル・ペーパー）

CP（Commercial Paper）とは、優良事業法人が商取引の裏づけをもたずに発行する短期・無担保の割引約束手形であり、1987年に創設された。当初は約束手形だったが、その後短期社債として発行され、手形が振り出されない電子CPもある。当初はCDと同様に、発行に関わる規制があったが、1998年に撤廃された。無担保ＣＰのほかに、企業の売掛債権などを担保にして発行されるABCP（資産担保証券、Asset Backed CP）もみられる。CPはそもそもアメリカで発展し、アメリカにおけるCPの市場規模は2兆ドル超と大きく、うち半分はABCPによる調達となっている。

⑤国庫短期証券

国庫短期証券は、政府が資金繰りのために発行する証券で、償還期限1年以内の割引債(2カ月、3カ月、6カ月、1年)である。償還差益については、源泉徴収は行われず、法人税・地方税が課される。法人のみに保有が限定され、主に機関投資家に販売される。従来のFB（政府短期証券）とTB（割引短期国債）が2009年より統合され、現在の名称となった。

表 4-1 短期金融市場における運用と調達

(2014年12月末残高、単位:兆円)

	金融機関		非金融法人企業		一般政府		海外		市場規模
	資産	負債	資産	負債	資産	負債	資産	負債	(資産の合計)
	(運用)	(調達)	(運用)	(調達)	(運用)	(調達)	(運用)	(調達)	
コール市場	29.3	34.9	4.9						34.2
現先・債券貸借取引	119.6	172.3	3.3	0.3	6.1	0.3	60.7	16.7	190.0
譲渡性預金	9.6	48.8	18.8		19.6				48.0
国庫短期証券	87.8				137.9		50.1		137.9
CP	13	7.4	1.4	7.0					14.4
合計	259.3	263.4	28.4	7.3	25.7	138.2	110.8	16.7	424.2

(注) 単位未満切り捨て。数値の記載のない欄は、ゼロか単位未満。 (資料) 日本銀行資金循環表

⑥東京オフショア市場

オフショア市場(offshore market)とは、海外からの資金を呼び込み金融取引を拡大する目的などで、金融規制や税制に優遇措置をとり、国内金融市場(オンショア市場)とは切り離して別枠で運営される市場である。マネー・マーケットの範疇からはややそれるが、短期資金がこの市場を通じて動くことになる。

オフショア市場のカテゴリーは、大きく分けると以下の通りである。

内外一体型:国内金融市場とオフショア市場との間の資金移動に規制がないケース。ロンドン市場や香港市場。
「内−外」取引、「外−外」取引いずれも可。
内外分離型:国内金融市場とオフショア市場との間の資金移動に規制があり、非居住者勘定の間での取引のみが可能のケース。
アメリカ(IBF)、シンガポール(ACU)、日本(JOM)
「外−外」取引のみ可。
タックス・ヘイブン型(租税回避地型):節税が目的。ケイマン諸島など。

東京オフショア市場(JOM:Japan Offshore Market)は、内外分離型をとったオフショア市場で、1986年12月に創設された。海外から調達した資金を海外へ貸し付ける「外−外」取引を原則とし、参加者は非居住者および**特別国際金融取引勘定**を持つことが認可された国内の金融機関に限られる。特別国際金融取引

表 4-2　東京オフショア市場（オフショア勘定残高）の規模

(2015 年 6 月末、単位：兆円)

	総残高	(対非居住者)	外貨建	円貨建
資産合計	96.2	(95.6)	81.7	14.5
負債合計	31.6	(30.9)	26.9	4.6

（注）単位未満切り捨て　　（資料）財務省国際局

勘定は、一般勘定とは区別して経理される。

　東京オフショア市場の特典は、源泉所得税が非課税、預金保険制度の対象外（預金保険料納付不要）、準備預金制度の対象外（準備預金不要）という点にある。一方で、オフショア勘定と国内勘定の間の資金移動制限（入超制限）や取引相手先が非居住者であることの確認義務といった規制がある。市場規模は約 96 兆円となっている。

⑦ユーロ円市場

　ある国の通貨が自国以外の地域で預金、貸出、債券などの取引に使われる市場が形成される場合、それを**ユーロ市場**と呼ぶ。そして、そこで使われている通貨を**ユーロ・ドル**や**ユーロ円**と呼ぶ。1950 年代にロンドンで形成された米ドル建の市場「ユーロ・ドル市場」が始まりである。ユーロ円市場とは、わが国以外で取引される円建取引の市場を言う。

　ユーロ市場は、ロンドン市場での取引が中心で、ニューヨーク、シンガポール、香港などでも行われている。わが国の規制や取引慣行の制約を受けないこと、税制面での有利性がある。過去には、わが国における円転規制により、ユーロ円市場と国内金融市場との間の資金移動には規制があり、ユーロ円金利と国内短期市場金利は必ずしも同一ではなかったが、今日では規制が撤廃され、資本移動が自由化されて裁定が機能するようになり、国内短期市場金利とユーロ円市場金利の水準はほぼ連動している。

　グローバリゼーションの進展により、わが国国内においても、外貨の取引は盛んに行われており、あらためてユーロ市場、ユーロ取引という言葉が使われることは少なくなっている。なお、EU の共通通貨のユーロとは、言葉は共通であるが異なる用語である。

3. 長期金融市場（キャピタル・マーケット）

　長期金融市場は、長期資金の運用・調達が行われる市場であり、**キャピタル・マーケット**(capital market)とも呼ばれる。**債券市場**と**株式市場**があり、債券市場は短期金融市場との間で裁定が働く。株式市場は狭義の金融市場ではない。

（1）債券市場

　債券市場とは、資金調達者が**債券**を発行して、主として長期資金を調達する市場である。発行されるのは国債や社債が中心であり、**公社債市場**とも呼ばれる。債券市場の残高は、今日では1,000兆円を超えており、かつ、約9割を国債が占めている。

　債券市場の分類として、**発行市場**(新発債市場)と**流通市場**(既発債市場)がある。発行市場は新発債の取引が行われる市場で、**一次市場**(primary market)とも呼ばれる。アンダーライター（引受業者）が発行者と応募者を仲介する。流通市場は、既発債の取引が行われる市場で**二次市場**(secondary market)とも呼ばれ、投資家、ブローカー（委託売買業者）、自己売買業者(ディーラー)が市場に参加する。流通市場においては、債券価格および債券利回りは需給や裁定取引により変動する。債券価格の上昇(下落)は利回りの低下(上昇)を意味する。新発10年物国債と、残存期間10年の国債には裁定が働き、ほぼ等しい利回りになる。債券の流通市場は、一部を除けば証券業者の店頭取引であり、証券所取引ではない。

　債券の種類としては、公共債・民間債・外債がある。公共債は、国が発行する国債や地方自治体が発行する地方債であり、民間債は、民間企業や金融機関が発行する社債である。外債(外国債)は、海外の政府・公的機関・企業・金融機関が発行する債券をわが国から見た場合の呼称である。このうち、**サムライ債**とは、海外企業などが日本で発行する円建外債の呼称である。**ショーグン債**は日本で発行される外貨建債券の呼称である。

第4章　わが国の金融市場

表4-3　長期金融市場における運用と調達

(2014年12月末残高、単位：兆円)

	金融機関		非金融法人企業		一般政府		家計		非営利団体		海外		市場規模
	資産	負債	資産	負債	資産	負債	資産	負債	資産	負債	資産	負債	(資産の合計)
	(運用)	(調達)	(運用)	(調達)	(運用)	(調達)	(運用)	(調達)	(運用)	(調達)	(運用)	(調達)	
国債・財融債	751.4	105.0	6.4		59.6	780.1	18.4		3.8		45.3		881.1
地方債	57.7		2.2	2.6	8.2	73.5	0.9		6.6		0.2		69.2
政府関係機関債	56.2	73.7	4.3	5.2	11.7		0.6		3.2		2.8		75.6
金融債	10.4	11.8	0.7		0.5		0.1						11.7
事業債	55.2	22.4	2.2	50.0	8.4		5.1		0.6		0.6		71.5
居住者発行外債	14.8	13.6		14.3		0.6					13.7		28.5
債券市場計	945.7	226.5	15.8	72.1	88.4	854.2	25.1		14.2		62.6		1137.6
株式・出資金	177.0	156.5	293.5	748.3	111.0	15.3	161.6		4.1	13.2	185.9		929.0
株式 (上場株式)	113.1	61.6	116.9	463.5	34.6		92.8		2.8		164.6		522.0
合計	1122.7	383.0	309.3	820.4	199.4	869.5	186.7		18.3	13.2	248.5		2066.6

(注)　単位未満切り捨て。数値の記載のない欄は、ゼロか単位未満。　(資料) 日本銀行資金循環表

```
債券市場残高    (2014年度末、兆円、%)
  国債           873.0    (87.2)
  地方債          58.1     (5.8)
  政府保証債       36.1     (3.6)
  財投機関債等     33.1     (3.3)
  普通社債         59.2     (5.9)
  金融債           11.7     (1.2)
  非居住者債        9.0     (0.9)
  合計          1,000.2   (100.0)
(資料) 日本証券業協会 (一部の残高の小さな社債は省略している)
```

(2) 国債（国庫債券）について

国債（国庫債券） は、国の財政資金調達のために発行される債券であり、戦後においては 1965 年に発行が開始された。

国債の種類
  固定利付債：償還まで一定の利率で利金が支払われる国債
  変動利付債：償還まで一定期間ごとに金利が見直される国債
  物価連動債：金利は固定であるが、元本と利息が CPI に連動して増減
  割引債：額面を下回る額で発行、償還時に額面金額が支払われる
      現在では短期のものしかない

国債の額面：15 年変動利付債と物価連動債が 10 万円
      個人向け国債 1 万円、その他は 5 万円

販売対象：物価連動債、国庫短期証券は法人のみが対象

国債の目的による種類
  建設国債と赤字国債、財投債、借換国債、個人向け国債（10 年変動金利、5 年固定金利）

償還期限による分類
  超長期国債：15、20、30、40 年
  長期国債：10 年（利付債、個人向け国債、物価連動債）
  中期国債：2、3、4、5 年

国庫短期証券：2カ月、3カ月、6カ月、1年
　（いずれも割引債として発行される）

　わが国の国債残高のGDP比率は先進国中で際立って高くなっており、このこともあって、日本国債の格付はS&P（スタンダード・プアーズ）でダブルA（最高位から2番目）、ムーディーズA1（21番目中5番目）となっており、先進国のなかでは最低水準である。
　ちなみにアメリカの国債は財務省(US Treasury)が発行しており、以下のような種類がある。
　　長期国債(Treasury Bonds、30年物利付債、T-Bondと略称)
　　中期国債(Treasury Notes、2〜10年物利付債、T-Noteと略称)
　　短期国債(Treasury Bills、1年未満の割引債)

（3）株式

　株式市場には、証券取引所を介する証券市場取引と店頭市場がある。店頭市場とは、証券会社を通さず証券会社の店頭（窓口）などで売買される市場で、証券会社が取引の相手方となる相対市場であり、取引されるのは非上場株式、債券（社債など）、端株（はかぶ、増資などで発生する取引単位未満の株）などである。
　三大証券取引所とは、東京、大阪、名古屋であり、地方取引所としては札幌、福岡がある。2013年1月に東京と大阪の統合により、**日本取引所グループ**が発足した。国際的にも証券取引所の統合が行われており、2000年9月には**ユーロネクスト**が発足（パリ・アムステルダム・ブリュッセルの統合）、2007年4月には**NYSEユーロネクスト**（NYSEとユーロネクストの共同持株会社）が発足しており、わが国の統合もこのような流れのなかで規模の拡大を目指したものである。その他のベンチャー向け新興市場としては、ジャスダック、マザーズ、セントレックス、Q-Board、アンビシャスがある。

　わが国の株式市場の規模は、時価総額でみて620兆円を超えている（2015年7月時点）。**東京証券取引所（東証）**は、第一部と第二部およびベンチャー向け新興市場からなるが、時価総額は第一部の規模が圧倒的に大きく、かつ、東証（日本取引所グループ）以外の取引所の規模は極めて小さい。

表4-4 わが国の株式市場の規模

	売買高 (億株)	売買代金 (兆円)	時価総額 (兆円)	上場会社数 (社)
国内株式市場計	66.0	67.9	620.3	3,603
東証合計	65.9	67.9	619.1	3,476
第一部	55.3	62.5	598.0	1,888
第二部	5.2	1.2	7.0	543
マザーズ	1.9	2.4	4.0	213
ジャスダック	3.5	1.8	10.1	821

(注) 国内株式市場は東証・名証・札証の合計。売買高・売買代金は2015年7月累計値。時価総額・上場会社数は2015年7月末値。単位未満四捨五入。
(資料) 大和総研

第5章 中央銀行について

1. 中央銀行とは

中央銀行(central bank)は、今日、国家の金融制度の中核となる機関であり、①発券銀行、②銀行の銀行、③政府の銀行、④金融政策、⑤決済制度の運営、⑥その他(国際業務、調査・統計等)、の役割を担っている。

その成立過程は、国によりさまざまであるが、基本的に国家の財政資金の調達を担う目的のもとに設立されたケースが多く、やがて、今日の中央銀行の機能を担うようになった。世界最古の中央銀行はスウェーデンの**リクスバンク**(Riksbank、スウェーデン国立銀行)で、1668年に設立され、1897年に中央銀行としての役割を付与された。ここで、中央銀行の役割とは、**発券業務の独占**を意味する。

イギリスの中央銀行である**イングランド銀行** (Bank of England) は、1694年に国の軍事費調達の目的で設立され、1844年に貨幣の独占的発行を担うようになった。この意味では、中央銀行としての役割を確立したのはイングランド銀行がもっとも古いと言える。

アメリカにおいては、中央銀行制度が形成され発券業務が統一されたのは1913年と、欧州諸国に比べ新しく、当初は12の連邦準備銀行の連合体としての制度であった。今日のような**FRB**(Federal Reserve Board、**連邦準備制度理事会**)を頂点とした制度が確立されたのは、大不況期の1934年のことである。わが国の中央銀行である**日本銀行**(Bank of Japan)は、明治期に入って、紆余曲折のあと1882年に設立され、わが国における発券業務を担う唯一の銀行となった。

2．日本銀行の役割

（1）発券業務

　日本銀行(以下、日銀と略す)は、わが国唯一の**発券銀行**である。紙幣や硬貨の製造は国(財務省)によって行われるが[注]、市中に対する流通は日銀を通じて行われる。

　注）紙幣：印刷は独立行政法人国立印刷局　（かつての大蔵省印刷局）
　　　硬貨：発行は独立行政法人造幣局(大阪)（かつての大蔵省造幣局）

　銀行券(紙幣＋硬貨)の発券とは、民間金融機関に対して、その日銀当座預金残高を見返りに銀行券を引き渡すことを意味する。民間金融機関は、日銀小切手を振り出し、それを日銀に持参し、銀行券を受け取るのである。発券された銀行券は日銀の負債として計上される。日銀から市中へ銀行券が流通していくのは、このルートのみである。「日銀当座預金残高＋流通現金」は、**マネタリーベース**ないし**ベースマネー**と呼ばれる。

　紙幣・硬貨は財務省(旧大蔵省)が製造してきたが、これは、中央銀行制度の確立していなかった時代の本位貨幣制度のもとで、本位貨幣は国が供給してきたという歴史に基づく。

　銀行券(紙幣・硬貨)は法貨(legal tender)であり、「強制通用力」を与えられている。紙幣としての銀行券は、物理的には、かつての金貨・銀貨のように価値を持たないが、強制通用力に基づく信任により誰にでも受け取ってもらえ流通する「**一般的受容性**」(general acceptability)を持ち、受け渡しによって当事者間の決済が完了する「**支払完了性**」ないし「**ファイナリティ**」を持ち、取引の記録が行われないという「**匿名性**」を持っている。銀行券は小口取引に用いられるが、わが国では他の先進国(アメリカやイギリスなど)に比べ、銀行券の利用比率が高いのが特徴である。

（2）銀行の銀行

　日銀は、個人や企業とは取引を行わない。取引は金融機関に限定されていることから、**銀行の銀行**と呼ばれる。それは発券業務と結びついており、①金融機関から預金を預かる、②金融機関に貸出を行う、③金融機関との間で債券や手形の売買を行う、といった業務が相当する。日銀の行う取引は営利目的ではなく、金

融政策・金融調節のために実施される。

　イ．預金
　日本銀行当座預金(**当預**と略称される)とは、金融機関が日銀に置く無利子の当座預金で、①民間金融機関の銀行券の支払準備、②民間金融機関同士の決済や対日銀・政府との決済手段、③準備預金制度のもとでの所要準備、としての役割がある。

　ロ．貸出
　民間金融機関への貸出であり、その際に適用される金利が**基準貸付利率**(かつての**公定歩合**)である。特に、**最後の貸し手**(lender of last resort)としての日銀の貸出は、**日銀特融**(日銀特別融資)と呼ばれる。すなわち、民間金融機関が貸出などの取引を行わなくなった金融機関・企業に対して、流動性確保などの目的で救済のために行う特別の貸出であり、戦後では1965年に経営危機に陥った当時の山一證券に対して実施したのが有名であり、1990年代のバブル崩壊後の金融機関破綻時にもいくつかの金融機関に対して実施している。

　ハ．オペレーション(公開市場操作)
　オペレーション(公開市場操作)とは、日銀が金融市場において金融機関を相手に債券などの売買を行うことである。**買いオペ**(買いオペレーション)と**売りオペ**(売りオペレーション)がある。買いオペは日銀からみての買い、売りオペは日銀からみての売りである。

　買いオペは、市場への資金供給のためのオペレーションであり、市場から債券等(国債、国庫短期証券、ＣＰなど)を、買い現先や買い切りの形で買う取引である。売りオペは、市場からの資金吸収のためのオペレーションであり、売り現先や売り切りの形で売る取引である。もちろん、日銀が強制的に取引を要求するのではなく、取引条件を提示し、通常の金融取引として行われる。

(3) 政府の銀行

　政府の銀行としての日銀の役割は、政府資金の受払いであり、**国庫業務**と呼ばれ、政府当座預金を通じ財政資金「**国庫金**」の受払いを行う。歳入金、歳出金の動きは、政府預金の受払いに集約される。日銀だけでなく、民間金融機関が国庫業務の「代理店」として指定されており、金融機関全体として公共的役割を担っている。

政府預金は無利子の当座預金で、国税などが入金される一方、年金や公共事業費などは、政府預金から金融機関への振込を通じて実施される。これを**国庫送金**と呼んでいる。政府の歳入は、金融機関の日銀当座預金減少・政府預金増加要因となり、歳出は金融機関の日銀当座預金増加・政府預金減少要因となる。これには季節性があり、月別にみると、以下のような動きがみられる。

　　　　　上旬：受入超(国税・保険料)
　　　　　中旬：奇数月は平準(所得税納付＝公務員給与支払い)
　　　　　　　　偶数月は支払超(厚生年金・国民年金の支払い)
　　　　　下旬：支払超(公共事業費支払い)
　　　3・4月：支払超(地方税交付金・年金支払)
　　　7・1月：受入超(ボーナスに関する源泉所得税)

　なお、「財政法第4条」で、国債の発行を公共事業などに限定、第5条および「新日本銀行法第34条」で**国債の日銀による直接引き受けを禁じている**。また、政府に対する貸付も禁じられている。今日、国債は市中公募方式で発行されており、これを「**市中消化の原則**」という。日銀の直接引受の禁止は、政府の要求に日銀が引き受ければ際限なく通貨が供給され、ハイパー・インフレーションにつながる危険がある、という歴史の教訓によるものである。

　日銀は、政府の銀行として、このほかに、国債に関する業務(発行、元利金の支払事務、償還・決済事務)や外国為替市場介入(政府の代理人としての実務)を行っている。

(4)日銀の貸借対照表

　日本銀行の貸借対照表(バランスシート)は、表5-1に簡略化して表示している。日銀のバランスシートには日銀の政策や業務の結果が集約的に反映される。表5-1では、次章で日銀の金融政策を解説する際に有用となる項目を掲載し、また、1兆円に満たない項目は省略しているので、資産・負債ともに各項目の和は合計に一致していない。

　日銀の資本金は1億円であり、株式はジャスダック市場に上場されている。日銀はその業務により損益が発生する。当期剰余金から法定準備金と配当金を差

し引いた金額が国庫に納付されている。

表 5-1　日本銀行の貸借対照表

(平成 26 年度末、単位：兆円)

資産		負債および純資産	
国債	198.3	発行銀行券	86.6
CP	1.8	当座預金	128.6
社債	3.2	政府預金	1.6
買現先勘定	0.0	売現先勘定	13.3
金銭の信託	4.3	負債合計	238.1
貸出金	26.3		
外国為替	6.1		
		純資産	3.4
		資本金	(1 億円)
		法定準備金	2.7
		当期剰余金	0.7
合計	241.5	合計	241.5

(資料) 日本銀行 HP より編集

第6章 日本銀行の金融政策

1．金融政策とは

　ここで金融政策とは、経済政策としての金融政策(マネタリー・ポリシー、monetary policy)であり、物価安定を最終目標として、金融市場の調節を行い、金利を誘導する政策を意味している。広義には、金融システムの安定を目標とする信用秩序維持のための政策(プルーデンス政策、prudential policy)も意味するが、必ずしも日本銀行(以下、日銀と略)の専管的な政策ではなく、別途第20章において説明する。

　日銀の金融政策は政策委員会で決定される。政策委員会は1949年に設置され、日銀の最高意思決定機関である。委員は9名(総裁＋副総裁2名＋審議委員6名)からなり、「**金融政策決定会合**」にて金融政策について審議・決定が行われる。議事は出席委員の過半数によって決定される。管掌事項は、①公定歩合の変更、②金融市場調節方針の決定、③準備預金制度における準備率の決定、④金融経済情勢の基本判断、ということになっている。

　1998年改正後の**新日本銀行法**においては、金融政策の最終目標は**一般物価の安定**となり、日銀の**独立性**、**透明性**が確保されるようになっている。中央銀行が独立的に金融政策を決定することを保障することは、世界の中央銀行制度における潮流になっており、わが国においても、その必要性が認識されてきたものである。独立性とは、委員の身分保障、業務(金融政策決定)の自主性の確保を意味し、透明性とは、独立性が与えられた反面の責任としての**アカウンタビリティ**(説明責任)、具体的には議事要旨の事後的公表、国会報告の充実などを意味している。

2．金融政策の目標

（1）金融政策の目標

　金融政策も含めた経済政策の目標としては、①物価の安定、②雇用の安定、③経済成長の維持、④国際収支の均衡、⑤為替相場の安定、がある。

　②と③は「景気の維持」ということで一括すると、①とは相反する場合があり、必ずしも両立しないことは歴史的に認識されている。④および⑤は、固定相場のもとで一定の外貨準備を維持し、大きな対外不均衡をもたらさないために目標とされたが、今日では政策目標とはみなされていない。

　今日、日銀の目標としてもっとも重要なのは、「景気の維持」よりも「物価の安定」（＝通貨価値の安定）とされている。それでは、日銀はどのように物価安定を実現するのであろうか。日銀は、直接個々の物価をコントロールすることはできず、金融政策による有効需要水準の調節（景気の調節）を通じて、一般物価の安定に影響を与えるという因果関係になる。

（2）金融政策の操作目標と中間目標

　金融政策の遂行と最終目標（物価安定）の実現には、かなり長いタイム・ラグがあるとみられる。日銀も、金融政策の効果の程度やラグの長さについてははっきりと確認できるわけではない。したがって、操作が自由で、かつ最終目標と密接な関係を持つ変数を指標として用いる必要があり、かつては以下のような考え方がとられた。すなわち、①**操作目標**（短期市場金利の調節）を通じて、②**中間目標**（マネーサプライ）をコントロールし、有効需要水準に影響を与えて、③**最終目標**（一般物価の安定）を実現する、というものである。

　しかし、マネーサプライ（貨幣供給）とGDPの関係（**マーシャルのK＝マネーサプライ÷名目GDP**）は安定的ではないことがわかっており、今日では、中間目標は重視されなくなっている。アメリカでは、1980年代にかけて、マネーサプライについて、形式的にターゲット（目標レンジ）を公表していた時期があり、これは**マネーサプライ・ターゲット**と呼ぶことができるが、今日では行われていない。最近では、最終目標の明示および実現のために、具体的に物価上昇率の目標範囲ないし容認範囲を公表する**インフレ・ターゲット**を採用している国が多くなっている。

3．金融政策の手段—公開市場操作—

　金融政策は、日銀と民間金融機関との間の日々の取引により、マーケットを通じて行われる。今日の主要な手段は、**公開市場操作**(open market operation)である。

　公開市場操作は、**金融調節**、すなわち、日銀が短期金融市場における資金量の調節を遂行することのために行われる。資金量の調節と金利の調節はコインの裏表の関係にあり、公開市場操作を通じて金利が誘導される。具体的には、コール市場における「無担保コール・レート・オーバーナイト物」が誘導のターゲットとなっている。

　金融調節は**オペレーション（オペ）**とも呼ばれる。前章で述べたように、**買いオペ**と**売りオペ**がある。買いオペは、市場への資金供給のためのオペレーションであり、売りオペは、市場からの資金吸収のためのオペレーションである。

　短期金融市場においては、さまざまな要因により資金の過不足が発生し、民間金融機関は資金繰りが必要となり、市場の資金需給の状況が変化する。

　主な資金の過不足要因は、以下の通りである。

①銀行券要因

　銀行券の発行超（市中からの銀行券引き出し超）：資金不足要因

　銀行券の還収超（市中からの銀行券戻り超）：資金余剰要因

　（発行超の場合には、日銀当座預金を崩して現金引き出しが必要になり、当座預金残高を維持する資金調達の必要性が出てくる。還収超はこの逆である。）

②財政要因

　受け超：資金不足要因

　払い超：資金余剰要因

　（受け超とは、政府の受取超であり、日銀当座預金から資金が政府に流れる。したがって、資金調達の資金繰りが必要になる。払い超は政府からの支払い超であり、逆に、日銀当座預金の残高増加要因となる。）

　なお、財政要因による資金過不足は、①一般財政の歳入・歳出の動きによるものと、②政府の財政資金調達（国債の発行や償還）によるものがあるが、今日で

は、②の要因がきわめて大きくなっている。

以上を整理すると、表6-1のようになる。

表6-1 短期金融市場における資金の過不足要因

要因	資金不足	資金余剰
銀行券	発行超	還収超
一般財政	受け超	払い超
国債	発行	償還

次に、**マネタリーベース(ベースマネー)**とは、日本銀行の負債における「発行銀行券+当預(日銀当座預金)」を意味する。ここで、前章において簡略化して掲載した日銀の貸借対照表(表5-1)から、これらの要因の関係を説明すると以下のようになる。

日銀の貸借対照表の項目の増減を△で表示し、ここでの説明のために項目を簡略化すると、

　　△負債=△マネタリーベース(日銀当預+銀行券)+△売りオペ残高
　　　　　+△政府預金
　　△資産=△買いオペ残高+△日銀貸出　　と表示できる(注)。

(注) 売りオペ残高=売り現先勘定、
　　買いオペ残高=国債+社債+CP+買い現先勘定(=買い切り+現先)
　　資産サイドの外国為替、金銭の信託、負債サイドの純資産はここでの増減には直接関係しないので省略する。

△資産=△負債であるから、この等式を変形すると、

　　△マネタリーベース=△(買いオペ-売りオペ)+△日銀貸出
　　　　　　　　　　　-△政府預金
　　　　　　　　　　=△日銀の信用供与(=△金融調節+△日銀貸出)
　　　　　　　　　　-△政府預金
　　　　　　　　　　(△金融調節=△買いオペ-△売りオペ)

簡略化のために、日銀貸出の要因を無視すると、

　　△マネタリーベース=△金融調節-△政府預金　であり、
　　△当預=△金融調節-△銀行券-△政府預金　である。

△銀行券+△政府預金=△市場の資金過不足　であるから、

△当預=△日銀の金融調節-△市場の資金過不足

あるいは、**Δ日銀の金融調節＝Δ当預＋Δ市場の資金過不足** と表現できる。

この等式は、右辺が市場で発生する要因であり、日銀の金融調節が「日銀当預＋市場の資金過不足」の変動に事後的に等しくなることを意味している。

以上は定義式を変形したものだが、言い換えると、日銀がどれだけの金融調節をするかによって、当預やコール・レートの水準に影響を与えつつ、この等式が事後的に成立していくことになる。

金融調節スタンスは、市場の資金過不足をどの程度調節するかによって、おおまかに以下のように分類される。

受動的調節：市場の資金過不足を相殺する程度の金融調節（中立的調節）
積極的調節：政策的意図のもとに市場の過不足を容認または形成していく金融調節で、「ゆるめの調節」と「きつめの調節」がある

市場が資金不足の場合には、日銀は**買いオペ**により資金を供給することができ、逆に資金余剰の場合には、**売りオペ**により資金を市場から吸収することができる。過不足をちょうど相殺するようなオペが受動的調節である。

図6-1 日銀の金融調節

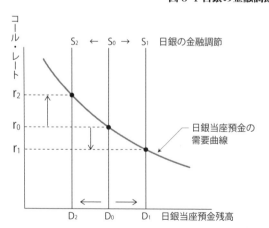

ゆるめの調節：$S_0 \to S_1$（買いオペ）
　コール・レート：$r_0 \to r_1$（低下）
　日銀当座預金：$D_0 \to D_1$

きつめの調節：$S_0 \to S_2$（売りオペ）
　コール・レート：$r_0 \to r_2$（上昇）
　日銀当座預金：$D_0 \to D_2$（減少）

一方、政策的意図のもとに過不足を形成したり容認したりするオペのやり方もある。「緩めの調節」は、市場に資金を意図的に供給していく調節であり、「きつめの調節」は市場から資金を意図的に吸収していく調節である。資金不足を形成・容認するオペを行えば、金利上昇効果を与え、資金余剰を形成・容認するオペを行えば、金利低下効果を与えることになる（図6-1）。

表6-2は、2015年8月における当座預金増減と金融調節の実績である。銀行券要因は3,435億円の資金不足要因、財政等要因は全体で14兆1,918億円の資金不足要因であり、このうち一般財政要因が1兆1,304億円の資金余剰要因、国債要因が全体で15兆4,222億円の資金不足要因である。国債要因は、国債（1年超）が9兆5,245億円、国庫短期証券が6兆3,831億円と、ともに資金不足要因となっている。この結果、全体の資金過不足は14兆5,353億円の資金不足である。この間の金融調節をみると、全体で15兆8,949億円の買いオペが実施され、日銀当座預金残高は1兆3,596億円増加した。ゆるめの金融調節が行

表6-2　日銀当座預金増減要因と金融調節

(2015年8月実績)　単位：億円

		実　　績
銀行券要因		−3,435
財政等要因		−141,918
一般財政		12,304
国債（1年超）		−95,245
発行		−119,726
償還		24,481
国庫短期証券		−63,831
発行		−312,810
償還		248,979
資金過不足		−145,353
	金融調節	158,949
	うち国債買入	90,432
	うち国庫短期証券買入	65,027
	小計	158,949
	当座預金	13,596
	準備預金	24,160

（注）＋の数値は資金余剰要因、−は資金不足要因であることを示す。
　　　金融調節はもっと多岐に共通担保資金供給、CP、社債、ETF、J-REIT などについて行われているが、合計して3,490億円程度であるため表示を省略した。
（資料）日本銀行HP

われていることがわかる。

「市場の過不足」（銀行券＋一般財政）の要因は金額的にはさほど大きくはなく、国債要因は恒常的に巨額の資金不足要因となっている。したがって、日銀の買いオペの金融調節が行われないと資金不足がすぐに発生することになる。日銀は、国債要因がもたらす資金不足にほぼ見合う資金供給を行っており、当預の水準を潤沢にし金融緩和を維持している、と言うことができる。

4．その他の金融政策手段

（1）公定歩合操作

かつては**公定歩合**の操作が日銀の重要な金融政策手段だった。公定歩合は、日銀が民間金融機関に貸出を行う際の金利であり、それを調節することによる金融引締・緩和効果（国民経済における資金運用・調達のコスト効果）と、国民に日銀の金融政策スタンスを表明するアナウンスメント効果をあわせもっていた。

1980年代までは、公定歩合はコール・レートを下回っていたため、民間金融機関にとっては、資金繰り上、市場からではなく日銀借入を行うインセンティブがあった。日銀は5兆円程度の貸付枠を持ち、裁量的に貸出額を決定することができ、**信用割当**と呼ばれた。しかし、1990年代半ば以降、コール・レートは公定歩合を下回るようになり、民間金融機関が日銀借入に依存する必要性は薄くなった。1996年1月からは、貸出限度額制度が廃止され、日銀貸出の金融調節手段としての役割は後退、公定歩合も政策金利としての役割を失った。1998年9月から、金融調節はコール・レート（無担保取引、オーバーナイト物）をターゲットとするものに変わり、この時点で、公定歩合は日銀の主たる金融政策手段ではなくなり、補完貸付制度の適用金利（無担保オーバーナイト物の上限を画する水準）となった。2006年8月以降は、**基準貸付利率**という用語が使われるようになり、公定歩合という用語自体が使われなくなっている。

（2）準備率操作

準備預金制度とは、1957年に施行された「準備預金制度に関する法律」に基づいて、金融機関に対して、保有する預金の一定割合以上の金額を一定期間の間に日銀の当座預金に預け入れることを義務づける制度である。預け入れを義務づけ

られた最低金額を「法定準備預金額」あるいは「所要準備額」という。

この制度は金融機関に対して十分な流動性を確保させ、経営の安定を確保することが目的であり、規模の大きな金融機関、また、流動性の高い預金ほど準備率は高い。

準備預金制度の対象となっている金融機関は、銀行や一定規模以上の信用金庫などの預金取扱機関である。定期性預金の**準備率**は 0 ～ 1.2%、その他の預金の準備率は 0 ～ 1.3%で、預金全体で平均すると 0.7%程度となる。**準備率操作**とは、この準備率を変更する政策のことである。準備率を高くすることは金融引締効果を、低くすることは金融緩和効果をもつが、わが国においては、1991 年以降準備率は変更されておらず、金融政策手段としては用いられなくなっているのが実情である。これは、他の主要国においても同じ流れとなっている。

ただし、準備預金制度自体は運用されており、金融機関にとっての資金繰りが生じることになる。

必要準備または**所要準備**(required reserve)とは、「計算期間である 1 カ月（例えば 5 月）の平均預金残高×該当する準備率」である。金融機関全体で 5 ～ 6 兆円程度必要になる。

図 6-2　わが国の準備預金制度

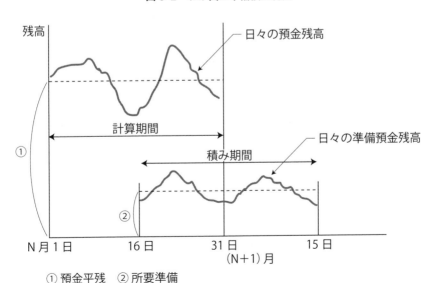

① 預金平残　② 所要準備

準備預金積立期間ないし**積み期間**とは、当月(5月)の16日から翌月(6月)の15日までの期間であり、半月遅れとなる。金融機関は積み期間の平均残高(平残)が所要準備額を上回るように日銀当座預金に準備預金を積み立てなければならない。日々の残高は所要準備額より多くても少なくてもかまわないが、積み期間において最終的に所要準備が満たせなかった場合、金融機関には高率(公定歩合＋3.75％)の過怠金(ペナルティ)が課される。

超過準備(excess reserve)とは、平残ベースで所要準備額を上回る部分の準備預金の残高である。ある積み期間に超過準備が発生しても翌月へのキャリー・オーバーは認められていない。日銀当座預金は金利のつかない口座であるため、金融機関は資金効率の観点から、できるだけ超過準備を置かないようにし、資金繰りに余裕がある場合には金融市場で運用するが、所要準備が不足しそうな場合には、金融市場から資金を調達して残高を積み上げることが必要になる。

(3)窓口指導

窓口指導は、日銀による民間金融機関への貸出増加額規制の通称であり、法律的根拠はないので指導と呼ばれた。日銀が金融機関の貸出計画を具体的に指導するものであり、日銀借入が活発だった時代には有効だったが、金融機関の日銀借入への依存は弱まり、1992年7月に廃止された。

第7章 マネーサプライと信用創造

1．マネーサプライ

(1) マネーサプライとは

　マネーサプライ(通貨供給量) とは、経済に供給されている通貨の総量であり、**決済手段**としての通貨が経済にどれくらい供給されているかを測る指標である。現金通貨は言うまでもなく直接的な決済手段であるが、これ以外に、容易に決済に使用できる流動性を持つ金融資産をどこまでを含めるかということで定義が変遷してきた。決済手段とはならない社会保障基金などはマネーサプライには含まれない。通貨保有主体の側面からは、民間非金融部門(一般企業法人＋家計＋地方公共団体など)が保有する通貨(マネー)の総量を言い、中央政府や金融機関(一部を除く)が保有する通貨は含まれない。

(2) わが国のマネーサプライの定義

　わが国のマネーサプライの定義は以下のように変遷してきた。

1955年：**現金通貨＋預金通貨**(当座預金や普通預金)
1967年：定期性預金も流動性資産とみなせるという考え方になり、**M1**と**M2**という概念ができ、M2が中心的な指標になった。
　　　　M1＝現金通貨＋預金通貨
　　　　M2＝M1＋準通貨(定期性預金)
1977年：**M3**が新たに追加された
　　　　M3＝M2＋郵便貯金＋系統金融機関預金＋金銭信託
1979年：CD(譲渡性預金)が導入され、M2＋CDおよびM3+CDとなり、**M2+CD**はその後マネーサプライの代表的な通貨指標となった。
1989年：**広義流動性**が新たに追加された。

これは、マネーサプライのもっとも広い定義である。

広義流動性＝M3＋CD＋金融債＋国債＋外債など

（３）マネーサプライ統計からマネーストック統計へ

　従来の**マネーサプライ統計**は、2008年6月から**マネーストック統計**に呼称が変更された。この見直しの背景には、①郵政事業の民営化により、郵便貯金がゆうちょ銀行として銀行法に基づく銀行になったこと、②金融商品の多様化、③通貨保有主体の範囲の変更の必要性、があった。③については、マネーサプライ統計では、民間非金融部門が対象であり、一般非金融法人や家計を対象範囲とし、中央政府、預金取扱金融機関、保険会社、政府系金融機関は含めていなかったが、証券会社や短資会社が含まれていた。

（４）マネーストックの指標

　現在のマネーストック統計におけるマネーストックの定義は以下のようになっており、現在では**M3が中心的な指標**となっている。なお、現金通貨(紙幣＋硬貨)がM3に占めるシェアは7.0%にすぎない。

表7-1　マネーストックの指標

(2015年6月時点、単位：兆円)

指　標	定　義	残　高
M1	**現金通貨**(85.7)＋**預金通貨**(533.1) 預金通貨とは全預金取扱機関における要求払い預金。なお、定額貯金は定期性預金とみなしM1には含めない。	618.7兆円
M3	M1(618.7)＋準通貨(定期預金、568.4)＋CD(37.2)	1,224.3兆円
広義流動性	M3(1,224.3)＋**流動性を有する金融商品**(393.1) 流動性を有する金融商品＝金銭信託＋投資信託＋金融債 ＋銀行発行普通社債＋金融機関発行ＣＰ ＋国債・FB＋外債	1,617.4兆円
M2	従来のM2＋CD これには定額貯金が含まれる。	908.7兆円

(資料)　日本銀行

（5）主な変更点

マネーストック統計における主な変更点は以下の通りである。

① M2＋CD と郵便貯金・系統金融機関預貯金を統合し、新しく M3 を作成した。
②通貨保有主体を見直し、証券会社、短資会社、非居住者を除外した。金融機関についてはすべて通貨保有主体から除くことになった。これは、金融機関が保有する通貨は、主として金融取引によって変動するためである。
③広義流動性について、私募投信、金融機関発行普通社債を追加する一方、債券現先取引、現金担保付債券貸借取引を除外した。変更における原則は、ある程度流動性が高いこと、通貨保有主体の資金調達手段を通貨に含めないこと、対象通貨の価値がある程度安定していることとなっている。
④新 M1 は、現金通貨と全預金取扱金融機関の流動性預金（預金通貨）の合計とすることにした。
⑤従来の M2＋CD の後継指標として、当面新 M2 の公表を継続することにした。
⑥統計名称をマネーストック統計へ変更した。

このように、マネーストックへの変更には、かなり技術的な要因が含まれていた。過去において郵便貯金（郵政省管轄下にあった）がマネーサプライに含まれていなかったのは、あまり適切とは言えず、適切な方向に改正が行われたということができる。マネーストックという呼称については、アメリカやイギリスでは、1970 年代にマネーサプライ（通貨供給、money supply）からマネーストック（通貨残高、money stock）への名称変更が行われており、欧州中央銀行も 1998 年から通貨集計量（monetary aggregates）という、マネーストックに近い用語を使い始めた。わが国の変更は、このような流れに歩調を合わせたものである。

2．信用創造

経済におけるマネーサプライ（以下では、マネーストックではなく、従来使われてきたこの用語を用いる）は、通常の経済取引では変化しない。すなわち、取

引による通貨の授受を通じて通貨の保有者が変わるだけだからである。

　マネーサプライは、主として金融機関の**貸出**によって増加する。**信用創造**とは、銀行の貸出活動を通じて**預金通貨**が創出されることを言う。預金が行われない経済では、貸出は**発券**、すなわち、現金通貨を借入者に手渡すことで行われた。この場合には、発券額（現金）がマネーサプライとして市中に増加することになる。マネーサプライの増加＝発券額ということになる。しかし、今日、マネーサプライ全体に占める現金通貨のウェイトは極めて小さい。発券だけでは、このようなマネーサプライ水準を実現することはできないのである。

　今日では預金を預かる**預金業務**が銀行を中心とした預金取扱機関によって一般的に行われており、資金の受け渡しは預金口座を通じて行われている。貸出は、借り手の預金口座への入金という方法により支払われ、現金は通常用いられない。

　借り手は借り入れた資金を必要な支払いにあてるのだが、それは、受取人の口座に預金として入金され、その後も、資金は取引によって預金口座を転々と動くことになる。このように、貸出は預金通貨を創り出し、貸出をした銀行ないしは他の銀行の預金となる。

　もちろん、一部は現金で引き出される。銀行は、現金引き出しに備えて、預金に対して**支払準備**としての現金を持つが、現金引き出しは、平均的には預金全体の一部に過ぎず、銀行は、増加した預金の大部分を再び貸出に回すことができる。こうして、貸出→預金→貸出→預金の流れが連鎖的に続き、最終的には大きな額の預金が形成される。これが信用創造と呼ばれるものである。預金通貨というものがない経済では信用創造は発生せず、銀行の貸出額の上限は自己資本ということになる。

　さて、銀行が保有する資金を１億円とする。これを**本源的預金**と呼んでいる。現金引き出しに備えて保有する支払準備率を５％とすると、銀行は残りの95％を貸出に回すことが可能である。最大限の貸出が行われる（すなわち預金の95％が貸出に回される）とすると、１億円の本源的預金によって生み出される預金は、その連鎖を通じて、最終的には１億円÷0.05＝20億円となる（無限等比級数の和を求めることになる）。19億円は、本源的預金から派生的に形成された預金であるという意味で、**派生的預金**と呼ばれる。この場合の１÷0.05＝20を**信用乗数**と呼ぶ。準備率が低いほど信用乗数は大きくなり、信用創造によって創出さ

れる派生的預金の額は大きくなる。なお、**歩留まり率**(貸出のうち現金で引き出されず預金となる割合)を考慮すると、信用乗数の値はこれよりも小さくなる。預金受入金融機関が時代とともに発展することにより、信用創造はよりその機能をはたすようになり、経済に必要な資金が十分に供給されるようになったと言えるのである。

3．マネタリーベースと通貨乗数

マネタリーベースは、ベースマネー（または**ハイパワード・マネー**）とも呼ばれる。定義は以下の通りである。

マネタリーベース
= **日本銀行券発行高＋貨幣流通高＋日銀当座預金**
= **流通現金**(日本銀行券発行高＋貨幣流通高)**＋日銀当座預金**
= 流通現金(民間保有日銀券＋金融機関保有日銀券＋貨幣流通高)
　＋日銀当座預金　（ここで貨幣流通高とは硬貨の流通高である）

表7-2　マネタリーベース
(2015年8月末残　（ ）は前年比変化率（％）、単位：兆円)

マネタリーベース	322.9	(33.3)	
日本銀行券発行高	91.0	(5.3)	(紙幣発行高)
貨幣流通高	4.6	(0.6)	(硬貨流通高)
日銀当座預金	227.2	(50.3)	
準備預金	206.6	(49.6)	

金融機関保有日銀券＋日銀当座預金は、マネーサプライ全体に対する支払準備と解することができる。すなわち、信用創造における本源的預金とも解することができる。

　　Mをマネーサプライ、Bをマネタリーベースとすると、
　　$M = m \times B$ ないし、$m = M \div B$　と表記することができる。
　このときのmを**通貨乗数**(**貨幣乗数**)と呼ぶ。

通貨乗数は、マネタリーベースがどのくらいマネーサプライを創出しているのかを判断する指標である。もしも m が安定的な数値であるならば、B の調節により有効にマネーサプライ M を操作できる。さらに M と Y（名目 GDP）との関係（**マーシャルの K = M ÷ Y**）に安定な関係があれば、物価一定という前提のもとで、M の調節により Y（名目 GDP）を有効にコントロールできるということになる。しかし、現実の経済においては、m の値は一定ではなく、経済情勢によって変化しており、さらにマーシャルの K も変動していることがわかっている。マネーサプライを金融政策の中間目標とすることはできないのである。

マネタリーベースの決定についてみると、日銀の準備率操作により準備預金の所要準備が決定され、日銀当座預金の水準に影響を与える。流通現金は、民間部門における現金需要および民間金融機関の現金需要により決定されるものの、比較的安定的と考えられており、したがって、マネタリーベースは日銀が操作可能である、と言える。

一方、マネーサプライは、上に述べたように、主として通貨乗数によって決定される。通貨乗数を決定するのは、主として民間金融機関の貸出（信用創造）である。今日では中央銀行が規制や指導によって民間金融機関の貸出までコントロールすることは通常行われない。したがって、中央銀行がマネーサプライの水準自体を決定し調節することはなかなか困難であると言える。

例えば、1990〜2000年代には、超金融緩和政策（ゼロ金利政策や量的緩和政策）にもかかわらず、マネーサプライは低迷した。これはマネタリーベースの大幅な拡大にもかかわらず、通貨乗数が小さかったためであり、①民間銀行が不良債権問題から貸出に極度に慎重になり貸出が低迷したこと、さらに、②家計部門の現金保有が増加したこと（信用創造機能の低下）、の2点が背景にある。

第8章

わが国の金融政策の推移

1．バブル崩壊までの戦後の金融政策

　戦後の日本経済は1960年代に入ると高度経済成長を実現するようになり、景気のアップダウンはあったが、**岩戸景気、オリンピック景気**、1960年代後半は**いざなぎ景気**と続いた。インフレ率は今日に比べれば相対的に高く、**公定歩合**は、1950年代から1960年代の間は5％〜8％台の水準の間で調節され、5％を下回ることはなかった。マネーサプライは年10〜20％台の伸びを示した。

　1970年代に入ると、**田中角栄**首相が打ち上げた日本列島改造論により、列島改造ブームが起こったが、その後1973年にかけて**フロート移行**や**第一次石油ショック**が発生した。特に石油ショックによりインフレ率は著しく高まり、公定歩合は、1973年12月から1975年4月まで、戦後最高の9.0％まで引き上げられた。当時の**福田赳夫**経済企画庁長官は、当時の状況を狂乱物価と呼び、公共投資凍結など**総需要抑制政策**がとられた。

　1970年代末には第二次石油ショックが発生し、この時にも公定歩合は、1980年3月から同年8月まで再び9.0％まで引き上げられた。当時、日銀総裁は、大蔵省と日銀のたすきがけ人事が踏襲されるようになった。日本列島改造論の時期に金融緩和を実施した**佐々木直**総裁（日銀出身）は、その後インフレを助長したとして批判を受けることもあった。1970年代後半期の**森永貞一郎**総裁（大蔵省出身）は、公定歩合の変更を頻繁に実施して、インフレ対応と景気維持を目指した。

　1980年代前半には、日本経済は産業構造の転換や省エネルギーなどの政策により石油ショックの影響から脱していき、石油価格自体も下落し、世界的に**ディスインフレ**（インフレ率の低下）がみられた。1980年代前半は円安ドル高の時期となったが、1985年9月の**プラザ合意**以降円高が急進展した。一時的に**円高不況**がみられたが、その後、日本経済は景気拡大局面に復帰し、1980年代後半

にはバブル経済へ突入することになった。

　当時、公定歩合は**澄田智**総裁(大蔵省出身)のもとで、インフレ鎮静化を背景に、1987年2月に戦後最低(明治期以降最低)の2.5％まで引き下げられ、1989年5月まで維持された。バブルはインフレ率が比較的安定しているもとで発生していった。1987年にアメリカで**ブラック・マンデー**の株価暴落が発生したことも金融緩和を維持する背景となった。ただ、後年、当時の金融緩和が行き過ぎであったと批判されることもあった。当時マネーサプライは10％台の比較的高い伸びを示したが、金融機関の貸出が増大したことが主因だった。

　澄田総裁の後の**三重野康**総裁(日銀出身)は、1989年5月以降金融引き締めを断行、5回にわたって公定歩合を引き上げ、バブル経済に対応した。公定歩合は、1990年8月には6.0％に上昇した。しかし、経済は低迷し、その後9回にわたって引き下げが続き、1995年9月には0.5％まで低下、マネーサプライの伸びも低迷した。バブル崩壊後の経済の長期低迷は、後に「**失われた10年**」とも呼ばれることになった。

　三重野総裁の後には、**松下康雄**総裁(大蔵省出身)が1994年に就任した。これ以前に、松下氏は、都市銀行である太陽神戸銀行と三井銀行の合併を推進し、合併後の新銀行の会長となっていたが、その後日銀総裁に就任した。1990年代後半の時期には、経済の**デフレ状況**が明確化し、金融機関の**不良債権問題**が深刻化し、金融機関の破綻が発生するようになった。

2．最近の金融政策

(1)ゼロ金利政策

　ゼロ金利政策は、日銀の独立性を確保した新日銀法成立後に就任した**速水優**総裁(日銀出身)により、経済が極度に低迷し、金融機関経営に深刻な問題が発生する下で、1999年2月から採用された。具体的には無担保コール翌日物金利を史上最低の0.15％に誘導するという政策であり、本来的には、一時的とみなすべき措置であった。

　速水総裁は2000年8月にいったん解除したが、2001年3月には一層の金融緩和政策である**量的緩和政策**を導入し、再び短期金利はゼロ金利状況となった。長期金利も2003年には0.43％という史上最低の水準に低下した。

2006年になると、消費者物価がようやく前年比で上昇を示すようになり、**福井俊彦総裁（日銀出身）**のもとで、7月に短期金利の誘導水準が0.25％に引き上げられ、ゼロ金利政策はようやく解除された。公定歩合は1995年9月から2001年まで0.5％のままに据え置かれ、2001年1月より「**基準割引率ないし基準貸付利率**」という名称に変更され、政策金利としての役割を終えることになった。

（2）量的緩和政策

量的緩和政策は、2001年3月から2006年3月まで実施された政策で、ゼロ金利政策という超金融緩和政策をさらに量的に推し進めたものである。金融調節目標を、実質的にゼロ金利であった無担保コール・レートから日銀当座預金残高とし、国債買い切りオペを月額4千億円から増額し、2002年には月額1兆2千億円にのぼった。2004年当時には日銀当座預金残高を最大時30～35兆円程度にすることを目標とした。

量的緩和政策は、民間金融機関に資金を潤沢に供給することを目的とし、ゼロ金利政策により金利操作政策が限界に来ていたこともあり、さらなる金融緩和政策を行うために試みられたのである。ゼロ金利政策と量的緩和政策を通じて、コール市場の金利は実質ゼロの水準まで低下したため、コール市場の規模が縮小、短期金融市場の機能が低下した。

2006年3月に量的緩和政策は解除され、純粋なゼロ金利政策に復帰し、再び調節目標は無担保コール・レートとされた。そして、2006年7月にゼロ金利政策も解除された。しかし、その後も金利は実際にはほぼゼロ金利近傍で推移した。

（3）インフレ・ターゲティング

インフレ・ターゲティングあるいは**インフレ・ターゲット**と呼ばれる。インフレ・ターゲット政策（インフレ目標政策）とは物価上昇率（消費者物価）の目標を設定する政策を意味する。現在先進国20カ国以上で実施されている。最初に導入したのは、1990年のニュージーランドで、その後イギリス、スウェーデン、カナダ等で導入されている。イギリスの場合、＋2.0％±1％という範囲にターゲットが設定されている。

インフレ・ターゲット政策は、具体的には、①物価の安定について具体的な物価上昇率の数値で示す、②この見通しと政策対応の整合性を持たせる、③目標達

成が難しい場合には何らかの仕組みで対応する、といった内容を含むが、対応は採用国によって異なっており、必ずしも一律の対応が行われているわけではない。

わが国においては、導入積極派は、金融政策の透明性を増す、予想インフレ率の安定化につながる、といった点を指摘し、導入消極派は、デフレ下の日本で意味があるのか、日本ではインフレ率を現状よりも上昇させる目標となってしまい、一度インフレになればコントロールが難しくなる、そもそもターゲットを設定することが物価安定の目標に必ずしも沿わない、という点を指摘した。日銀も消極派に属し、0～＋2％のインフレ率を目安としているが、政策目標としての規律性はもたせていないとしてきた。

いずれにしても0～＋3％程度のインフレ率はコントロール可能な範囲のインフレーションでもあり、一方で、デフレ状況は経済にとって明らかに望ましくないというのが、大方の見方だったと考えられる。

白川方明総裁(日銀出身)のもとでは、インフレ・ターゲットに消極的であったが、2012年に**黒田東彦**総裁(大蔵省出身)が就任すると、日銀はインフレ・ターゲットの設定を表明し、2年以内に＋2％のインフレ率を実現するとし、一層の金融緩和政策を打ち出した。ターゲットを設定することが、国民の景気回復・インフレ率上昇の期待形成を強化し、現実にデフレ状況から脱出していくための機運になると考慮したと考えられる。

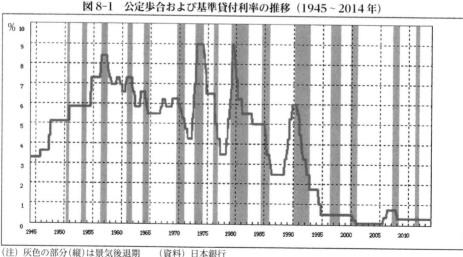

図8-1　公定歩合および基準貸付利率の推移（1945～2014年）

(注) 灰色の部分(縦)は景気後退期　　(資料) 日本銀行

第9章
金利

1．金利の構成要素

　金利は、資金仲介(資金の融通)における対価であり、資金を借り入れた者(調達者)から資金を供与した者(運用者)に支払われる。宗教によっては、金利のやりとりを否定する教えもあるが、金融取引の対価として金利のやりとりは一般的に定着してきた。金利は以下の3つの要素から構成されていると考えられる。

①流動性プレミアム

　今現在保有している資金は、消費のために支出して効用を得ることができる。現在の資金の利用を断念して運用(貯蓄)すること、すなわち流動性の放棄への報酬が**流動性プレミアム**である。当然ながら、期間が長いほどこのプレミアムは大きくなると考えられる。このため**ターム・プレミアム**(期間プレミアム)とも呼ばれる。通常、債券の金利や預金・貸出金利は期間が長いほど金利は高くなる。これは流動性プレミアムを反映している。

　そもそも流動性プレミアムは、時間選好の度合いによって異なってくると考えられる。時間選好が高いとは、消費志向が強い(貯蓄志向が弱い)こと、時間選好が低いとは、消費志向が弱い(貯蓄志向が強い)ことを意味する。時間選好が高ければプレミアムは大きくなり、低ければ小さくなる。「宵越しの金は持たない」(＝稼いだお金はその日のうちにすぐ消費する)という江戸っ子気質は、江戸っ子の時間選好が高いと言うことができ、それを我慢させるためには高い金利を払う必要があるということになる。

②予想物価上昇率(期待インフレ率)

　一定額を運用し、一定期間後に元金を受け取る場合、この間にインフレが生じていれば、一定期間後に受け取る元金が目減りしていることになる。極端な例と

して、ハイパー・インフレーションの世界では資金の価値は短期間に失われるので、貯蓄は行われなくなる。したがって、インフレによる元金の目減りを、金利により補填して目減りが生じないようにすることが必要となる。インフレ率の高い国の金利が高く、インフレ率の低い国の金利が低いのは、この要因を反映している。

③信用プレミアム

信用プレミアムとは、資金調達者の債務履行に関する確実性の度合い（信用度）を反映するものである。債務履行の確実性が低いほど、このプレミアムは大きくなる。信用プレミアムは、**デフォルト・リスク**（債務不履行リスク）を反映する、と言うこともできる。

したがって、かりに①や②の要因に差がないとしても、金利は異なってくる。ある国における国債と社債を比べると、残存期間が同じであれば、国債金利は社債金利よりも低い。これは、国の信用プレミアムが企業の信用プレミアムよりも小さいと考えられることを反映している。また、国債でも発行する国の信用度によって金利の水準が異なっている。これも、信用プレミアムを反映している。

名目金利という言葉は、われわれが目にする金利の水準であり、上記の①から③までの要因の合計である。これに対して**実質金利**とは、名目金利から②の要因を差し引いたものである。もしも期待インフレ率＝ゼロであれば、名目金利と実質金利は等しくなり、金利は流動性プレミアムと信用プレミアムのみから構成されるものとなる。もちろん、さらに信用プレミアムがゼロ（債務不履行の可能性がない状態）であれば、金利は流動性プレミアムのみから構成されることになる。

2．金利の変動

金利の変動を、金利の構成要素から整理すれば、以下のように解釈される。

流動性プレミアム要因を除けば、インフレ期には金利は上昇し、デフレ期には金利は低下する。また、信用プレミアムが低下すれば金利は低下、上昇すれば金利は上昇することになる。

流動性プレミアム低、信用プレミアム低、期待インフレ率低→名目金利低水準

流動性プレミアム高、信用プレミアム高、期待インフレ率高→名目金利高水準

　以下のような状態のもとでは、B国の名目金利はA国の名目金利を２＋２－１＝３％程度上回ることになる。たとえば、A国金利が１％ならば、B国金利は４％以上、ということになる。これが、国際的な名目金利水準の格差の発生要因である。

A国：期待インフレ率１％、信用プレミアム０％
B国：期待インフレ率２％、信用プレミアム２％

　今日、わが国の長短金利は、国際的にも最低水準にあるが、これは、①わが国のインフレ率がきわめて低い状態にある、②わが国の政府債務が海外からの資金にほとんど依存しておらず、国際的なデフォルト・リスクが低いと評価されている、③わが国が超金融緩和政策をとっている、という要因を背景としている。
　明治・大正期のわが国金利は欧米諸国の金利を恒常的に上回っていた。戦後は、1970年代まで、わが国長期金利＞米国長期金利の状態が続いたが、それ以後は、わが国長期金利＜米国長期金利、という状態が続いている。これは、インフレ率や信用リスクに加えて、国際的な観点からの資金余剰（日本）、資金不足（アメリカ）に関わる経済構造の変化を反映していると考えられる。すなわち、資本不足国は金利が高くなり、資本余剰国は金利が低くなり、これによって資本が資金余剰国から資本不足国へ流れていくのである。

3．金利の期間構造

　同じ信用度の資金調達者の場合でも期間によって金利が異なる。**利回り曲線**（イールド・カーブ、yield curve）とは、同等の信用度をもつ債券について**残存期間**と金利（利回り）の関係を示すグラフである。この利回り曲線は、通常は**順イールド**（残存期間が長くなるほど利回りが高い右上がりの曲線）であるが、この傾きは状況によって変化する。また、時によって**逆イールド**（短期金利のほうが長期金利よりも低くなる右下がりの曲線）もみられている。
　信用プレミアムは同一の資金調達者であれば等しいから、利回り曲線の形状と

変化は、主として、流動性プレミアムと期待インフレ率を反映していることになる。かりに期待インフレ率＝ゼロであれば、流動性プレミアム要因のみが影響することになり、基本的に順イールドの利回り曲線が形成され続ける。ただし、流動性プレミアムは安定的であるとみられ、利回り曲線の形状を大きく変化させることはない。

利回り曲線の形状の変化は、主として、将来の短期金利の予想の変化（期待イ

図9-1　各国の国債利回りとイールド・カーブ（2015年9月2日時点）

米国債

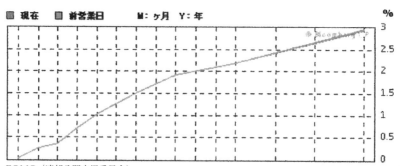

米国債(U.S. Treasuries)

期間	クーポン	償還日	価格	利回り	価格変化率	利回り変化率	更新時間
3ヶ月	0	12/03/2015	0.01	0.01	0	0	14:01
6ヶ月	0	03/03/2016	0.24	0.25	0	-0	14:02
1年	0.000	08/18/2016	0.34	0.35	0.005	0.005	14:01
2年	0.625	08/31/2017	99.85	0.7	0.016	-0.008	14:01
3年	1.000	08/15/2018	99.98	1.01	0.023	-0.008	14:02
5年	1.375	08/31/2020	99.41	1.5	0.047	-0.01	14:00
7年	1.875	08/31/2022	99.84	1.9	0.062	-0.01	14:01
10年	2.000	08/15/2025	98.47	2.17	0.109	-0.012	14:01
30年	2.875	08/15/2045	98.77	2.94	0.32	-0.016	14:01

FOMC（連邦公開市場委員会）
金利誘導目標　0.25%

第9章　金利

日本国債

国庫短期証券

期間	クーポン	償還日	価格	利回り	価格変化率	利回り変化率	更新時間
3ヶ月	0	11/30/2015	100	-0	-0	0	09/02
6ヶ月	0	02/10/2016	100	-0.01	-0	0	09/02

利付債

期間	クーポン	償還日	価格	利回り	価格変化率	利回り変化率	更新時間
1年	0.100	09/15/2016	100.1	0	-0.001	0	09/03
2年	0.100	09/15/2017	100.18	0.01	0.001	-0.002	13:50
3年	1.500	06/20/2018	104.15	0.01	-0.01	-0.002	13:38
4年	1.400	06/20/2019	105.16	0.03	-0.009	-0.001	14:00
5年	0.100	06/20/2020	100.13	0.07	-0.01	0.001	13:58
6年	1.100	06/20/2021	105.75	0.1	0.016	-0.005	14:01
7年	0.800	09/20/2022	104.5	0.15	-0.006	-0.001	14:00
8年	0.800	06/20/2023	104.44	0.22	-0.045	0.004	14:00
9年	0.600	06/20/2024	102.61	0.29	-0.042	0.004	14:00
10年	0.400	09/20/2025	100.04	0.4	-0.058	0.005	14:00
15年	1.600	06/20/2030	111.83	0.71	-0.059	0.002	14:00
20年	1.300	06/20/2035	102.55	1.14	-0.026	0.001	14:00
30年	1.600	06/20/2045	104.12	1.4	0.01	-0.002	14:00

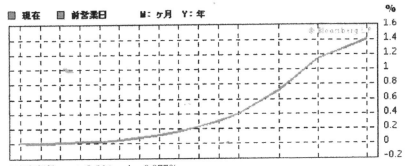

日銀無担保コール O/N レート　0.077%
（資料）Bloomberg HP

ンフレ率の変化)によってもたらされると考えられる。結論から言えば、長期債の利回りは、その残存期間に対応する将来の短期金利の期待値の平均値として決定される。これによりイールド・カーブ(利回り曲線)が形成される。長期金利は短期金利の合成値として決まるのである。

これを簡単な例で説明しよう(図9-2参照)。第1期(現在)から第4期(第2期から第4期までは将来)まで、4つの期間を想定する。短期債と長期債の2つについて短期金利と長期債利回りを比較する。各期間はそれぞれ、第1期を短期、第1期から第4期までの全期間は長期と考える。

スタート時点では、短期金利と長期債利回りはいずれも5%で同一としよう。すなわち、利回り曲線はフラットである(短期金利＝長期債利回り＝5%)。

ここで、第3期と第4期に短期金利上昇予想(7%に上昇)が発生したとする。そうすると、その予想が実現すれば、短期債で4期繰り返し運用(単利運用)す

図9-2　イールド・カーブの形成

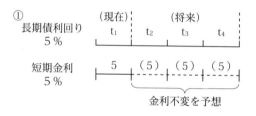

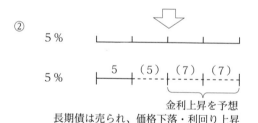

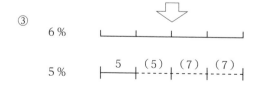

るのと、長期債で第4期まで一貫して運用するのとでは、短期債で運用するほうが有利となる(第3期以降短期金利が上昇するため)。このため、現時点で**裁定取引**が発生する。すなわち、長期債が売られ、短期債が買われていく(長期債から短期債への乗り換えが発生する)。この裁定取引が収束するのは長期債が売られて価格が低下(＝長期債利回りが上昇)し、利回りが6%になった時点である。この時点で、短期債運用も長期債運用もイーブンの結果をもたらし、裁定はやむ。6%は第1期から第4期までの短期金利の平均値である。この結果、フラットだった利回り曲線は順イールドに変わるのである(短期金利5%、長期金利6%)。

　(逆に、スタート時点に対して、金利低下予想(第3期と第4期の短期金利が3%に低下)が発生したときにどうなるか、説明してみなさい。→利回り曲線は逆イールドに変わる)

　このような金利上昇(低下)予想は、期待インフレ率の変化によって発生する。期待インフレ率の低い時期(物価安定期)には、主に流動性プレミアム要因が作用し、基本的には、順イールドの利回り曲線となるが、期待インフレ率が高まる時期(景気拡大期・景気過熱期)には、勾配が急な**スティープ・イールド**(steep yield)となる。逆に、期待インフレ率が低下するデフレ時(景気後退期)には、傾きが緩やかになり、場合によっては、流動性プレミアム要因(右肩上がり)を上回る金利低下予想により、右肩下がりの**逆イールド(長短金利の逆転現象)**が形成される。わが国においては、逆イールドは2度の石油ショック時や1990年代などに短い期間発生しただけで、通常は順イールドとなっている。このように、利回り曲線の形状は債券市場での取引によって形成され、景気の先行きを予想するための材料ともなる。

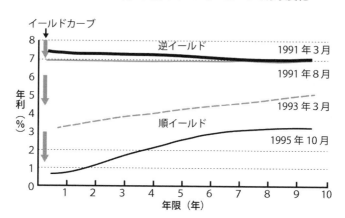

図 9-3　わが国の国債のイールド・カーブの形状変化

4．債券の金利と利回り

　利回りとは、投資額に対する受取金利・配当・収入などの割合のことであり、利回り＝収入÷投資額（％、年利換算）である。株式資産や不動産投資などさまざまな投資形態で利回りというものが考慮される。

　国債における利回りとは、流通市場における利回りである。例えば、国債指標銘柄流通利回りとは、発行後１年以内程度の10年物国債の利回りである。発行時の**表面利率**（表面金利）は**クーポン**（coupon）と呼ばれ、利回りは**イールド**（yield）と呼ばれる。この場合、表面利率は額面金額に対する利金の割合であり、利回りは流通市場での購入価格に対する利金の割合となる。同じ国債でも既発債市場では価格が変動するので、利率と利回りは異なってくる。

　債券の利回り（リターン）は**償還差益**、**利金**（クーポン）の２つから構成され、以下のような種類がある。

①**応募者利回り**：新発債を購入し、満期まで保有した場合の利回り
　　＝｛利率（クーポン・レート）＋（額面金額－発行価格）／保有期間｝÷
　　　発行価格×100

②**最終利回り**：既発債を購入し、償還まで保有する場合の利回り
　　＝｛利率（クーポン・レート）＋（額面金額－購入価格）／保有期間｝÷

購入価格×100

③**所有期間利回り**：既発債を購入し、債券を償還まで保有せず、途中で売却した場合の利回り
　＝｛利率（クーポン・レート）＋（売却価格－購入価格）／保有期間｝÷
　　購入価格×100

④**直接利回り**：購入価格に対する利率の比率で、売却や償還の要素を無視した利回り
　＝利率÷購入価格×100

債券投資におけるコストとしては、利金に対して源泉分離課税(20％)が課される。償還まで保有した場合の償還差益は雑所得扱いとなり、所得税が課税される。売買手数料や消費税はかからず、保護預りの手数料もない。

5．金利の種類

金利にはさまざまな呼称がある。以下はその例である。
①**政策金利**
各国の中央銀行が市場調節のために操作する金利で、わが国ではかつては公定歩合が用いられていた。
②**自由金利と規制金利**
自由金利とは、金融機関が自由に設定できる場合にこう呼ばれる。規制金利とは政策当局により金利の水準が規制されている場合、こう呼ばれる。
③**市場金利**：市場での需給により形成される金利である。
④**短期金利と長期金利**
資金の調達・運用の期間による名称であり、1年以内の場合に適用されるのが短期金利であり、それ以上の場合には長期金利と呼ばれる。
⑤**名目金利と実質金利**
名目金利とは、実際に成立している金利であり、実質金利とは名目金利から期待インフレ率を差し引いたものである。実質金利＝名目金利－期待インフレ率で

⑥ 貸出金利

貸出の際に適用される金利である。**短期プライムレート**とは、短期貸出に適用される金利のうち、最優遇金利（もっとも低い金利）であり、今日では銀行の資金調達コストをベースに決定されている。**長期プライムレート**とは、長期貸出に適用される金利のうち最優遇金利であり、今日では、短期プライムにスプレドを加えた水準となっている。かつては長期信用銀行の発行する5年物金融債の利回り＋0.9％に設定されていた

⑦ 預金金利

預金取引に適用される金利であり、短期市場金利を考慮して設定されている。かつては、公定歩合に連動して変更されていた。

⑧ 固定金利と変動金利

資金の運用または調達の期間において、金利が契約期間中に変更されないものを固定金利といい、期間に応じて市場実勢により見直されるものを変動金利という。

⑨ 約定金利（やくじょうきんり）

金融機関と取引者との間で実際に締結した金利のことをいう。貸出においては、借入者によって適用している金利が異なるため、貸出全体の平均約定金利はどれくらいか、というような使い方をする。

⑩ LIBORとTIBOR

LIBOR（London Interbank Offered Rate、ライボ）とはロンドン銀行間貸出金利のことで、ユーロ市場の金利水準を示す代表的な金利である。ロンドン銀行協会（BBA）が調査銀行（リファランス・バンク）の貸出金利を平均することにより公表しており、1年は360日換算で計算される。通常、LIBOR＋スプレッドで金利が約定される。

TIBOR（Tokyo Interbank Offered Rate、タイボ）とは東京銀行間貸出金利のことで、全銀協が13種類の期間について公表しており、6カ月物が指標となっている。365日換算（日本円TIBOR）と360日換算（ユーロ円TIBOR）の両方が表示されている。日本円TIBORはリファランス・バンク16行でコール市場の実勢を反映し、ユーロ円TIBORは同17行でオフショア市場の実勢を反映している。リファランス・バンクの高位2行と定位2行の値を除いた単純平均

が使われる

6．金利の計算

金利の計算には以下のような種類がある。

年利：今日、金利は通常年利で計算される。銀行の預金金利は年利で表示されており、例えば、3カ月物定期預金の金利が2％という場合、3カ月間で2％の金利が受領できるのではなく、年換算で2％という意味になる。すなわち、年換算とは、3カ月物定期預金を繰り返し4回作成して1年間保有した場合、合計して2％の金利が受け取れるということであり、3カ月のみであれば、2％÷4＝0.5％の金利を受け取ることになる。

月利：月を単位に金利を計算する方法であり、月利0.5％とは年利6％（＝0.5×12）となる。

日歩：日を単位に金利を計算する方法で、100円に対する1日当たりの利息を表示する方式である。日歩1銭の場合、1日100円を借りると1銭の金利がつく。わが国の公定歩合は、昭和前期までは日歩で表示されていた。これは金融機関の日銀からの資金借入が比較的短期だったことを反映しており、銀行預金は明治期にも年利で表示されていた。

単利：つねに最初の元本に対して金利が計算される。

金利＝元本×利率／100
受取金利総額＝元本×利率／100×運用年数

定期預金の満期にそれを継続する場合、最初の元本で継続するケースがこれにあたる。

複利：元本に利息が加わり、それが新しい元本となり利息が計算される。

元利合計＝元本×（1＋利率÷100）＾運用年数

半年複利（利率×1/2）や1カ月複利（利率×1/12）もある。
定期預金の満期にそれを継続する場合、「元本＋利息」を新しい元本として継続すれば、複利運用することになる。運用が長期になるほど複利のほうが有利である。

住宅ローンのようなローンの返済における金利計算には、以下のような方式がある。

元金均等償還方式

元金部分の返済額を月々均等とする返済方式で、月々の返済額は、元金を均等割した金額＋金利分となる。最初の段階では返済額は大きくなるが、元金が減り金利分が徐々に減少していくことから、返済額は徐々に減少していく。金利支払い総額は元利均等償還方式に比べ小さくなる。

元利均等償還方式

返済期間の最初から最後まで一定額を返済する方式で、この場合、返済額は月々一定だが、元金部分と金利分の内訳が変化し、徐々に元金部分の割合が高くなっていく。この方式は、返済期間の初めの段階での返済金額は元金均等償還方式より小さくすることができるが、元金の減り方が遅いため、返済期間が長くなり、金利支払い総額は大きくなる。

7．格付（レーティング）について

金融における**格付**(rating)とは、主として、国・企業などの発行体や債務に対して、その信用リスクの評価を行うことであり、**格付機関**が、記号・数字・プラスマイナスの符号を用いたシンプルな表示を用いて序列化し評価している。完全に客観的な評価ではないが、今日では世界的に利用されており、高い格付を得ることは基本的に重要である。債券の格付は、債券の表面利率や利回りの水準に影響を与え、格付の低い発行体の債券は、発行時の表面利率を高くせざるをえなくなり、資金調達において不利な条件となる。投資家も格付に基づいて投資判断を行う場合が多いので、低い格付は不利となる。

主要な格付機関には、**スタンダード＆プアーズ**(Standard & Poor's、S&P、1860年設立)、**ムーディーズ**(Moody's、1909年設立)、**フィッチ・レーティングス**(Fitch Ratings、1913年設立)があり、格付業務は長い歴史を保有している。フィッチ・レーティングスは、1997年まではフィッチIBCAという名称で、2002年に今日の名称となっている。日本においては、日本格付研究所、格付投資情報センターなどが格付を行っている。

スタンダード＆プアーズの長期個別債務格付は、上位からAAA（トリプルA）、AA（ダブルA）、A（シングルA）等の順になっており、ムーディーズのグローバルスケール長期格付は、Aaa、Aa、A等の順になっている。

第10章 わが国の決済制度

1. 決済制度について

決済制度とは、決済に関わる金融制度である。今日、現金で決済されるのは、経済取引・金融取引のうちごくわずかであり、現金以外の決済手段について、決済制度が構築されている。

決済制度には、大きく分けて**資金決済制度**と**証券決済制度**がある。資金決済においては、個人や企業同士の取引の決済は、現金や要求払い預金を通じて行われるが、金融機関同士などそれ以外の決済は、最終的には金融機関が日銀に保有する日銀当座預金を通じて行われている。約4営業日の取引で、1年間の名目GDPを上回る決済が行われている。証券決済は、株式や債券売買における証券の受け渡しなど、証券取引に関わる決済制度である。

2. 日銀ネット

正式名称は日本銀行金融ネットワークシステムであり、**日銀ネット**と略称されており、金融機関の日銀当座預金を通じて決済が行われている。集中決済制度については、12時半(手形交換の交換尻時点)、17時(内為決済)の時点で**時点ネット決済**が行われる。これ以外の決済については、2001年1月から当座預金決済のRTGS化を推進し、時点ネット決済から**即時グロス決済**(RTGS、Real Time Gross Settlement)へ移行している。

時点ネット決済とは、ある時点までに累積した決済についてその差額だけを一定の時点で決済する**差額決済**であり、即時グロス決済は、ある時点の決済額をリアル・タイムで決済する**全額決済**である。主要国の決済制度はRTGSに移行してきている。これは、**決済リスク**(settlement risk、決済不能状態が発生するリスク)、特に**システミック・リスク**(systemic risk、決済不能状態が他の金融機

関や企業に連鎖的に悪影響を与えるリスク）が重視されるようになり、それへの対応が行われてきたためである。

　RTGSは、時点ネット決済に比較して、金融機関が必要とする決済資金が大きくなるが、何らかの理由により決済不能の事態が発生した場合に決済不能となる取引の金額や件数は少なくて済み、システミック・リスクを緩和することができる。金融機関に対しては、決済資金確保のために、日銀が日中流動性を供与している。これは、供与当日の終業時を返済期限とする当座貸越（日中当座貸越）である。

表10-1　日銀ネットによる資金決済

(2014年、1営業日平均、片道ベース)

```
件数：68,385件
金額：125.1兆円　（以下、単位は同じ）
当座振替等
　　コール取引：39.1
　　国債DVP：54.3
　　大口内為取引：8.8
　　外為円取引：12.5
集中決済
　　手形交換：1.0
　　全銀システム：0.7
　　その他：8.7
```

（注）片道ベースとは、入金・引落のいずれか一方を集計するもの　　（資料）日本銀行

3．集中決済制度

　資金決済制度における**集中決済制度**とは、さまざまな取引について、資金決済を一括して行う仕組や制度である。現在は民間が運営する二つの制度と日銀ネットから構成される。最終的な決済はすべて日銀ネットを通じて日銀当座預金を通じて行われる。

（1）手形交換制度

　手形交換は1773年にロンドンで初の**手形交換所**が設立され開始された。わが国では、1879年に大阪、1887年に東京に手形交換所が設立され、**手形**や**小切**

手を使った取引の決済が行われることになった。現在、わが国には、公設手形取引所と私設手形取引所を合わせて400程度の手形交換所がある。ただし、手形や小切手による決済は1990年頃がピークで、これ以後減少傾向である。手形交換の金融機関同士の最終決済は、日銀ネットで、**時点ネット決済**(12時半)が行われている。手形交換の仕組みについては図10-1を参照。最終決済が交換尻について行われる。

図10-1 手形交換の決済方法

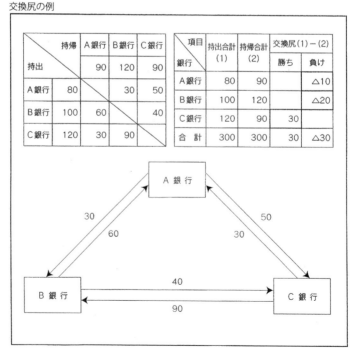

なお、手形や小切手の決済が何らかの理由でできなかった場合、これを**不渡り**と呼ぶ。この不渡りは以下のように分類されているが、1号不渡り(取引なし・支払い資金不足)を半年間に2回出すと、「**銀行取引停止**」の処分を受け、金融機関との当座・貸出取引が2年間できなくなる。

不渡りの種類
　　0号不渡り：形式不備、定期期間経過後呈示
　　1号不渡り：取引なし、資金不足
　　2号不渡り：取引不履行、偽造、詐欺、盗難、紛失

2014年の計数をみると、交換枚数(1営業日平均)は9万枚、交換金額(同)は100億円を下回り97.7億円、1枚当たり金額1,082万円となっている。なお、手形には**約束手形**と**為替手形**があるが、国内の取引においては約束手形がもっぱら使われている(為替手形については第21章参照)。

図10-2　小切手・手形の例

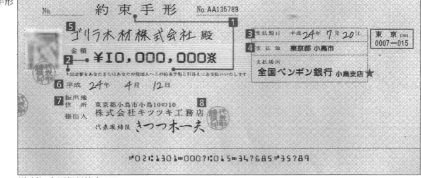

(資料) 全国銀行協会 HP

表 10-2　手形・小切手の必要的記載事項

小切手	約束手形
①小切手であることを示す文字 ②一定金額の単純な支払委託文句 ③支払人（金融機関の名称） ④支払地（支払人の住所） ⑤振出日 ⑥振出地 ⑦振出人の署名	①為替手形であることを示す文字 ②一定金額の単純な支払約束文句 ③支払人（引受人）の名称 ④支払期日 ⑤支払地 ⑥受取人またはその指図人 ⑦振出日 ⑧振出人の署名

（注）番号は、図10-1の手形・小切手上に記載の番号を示すものである。　（資料）全国銀行協会 HP

（2）全国銀行データ通信システム（全銀システム）

正式名称は全国銀行データ通信システムで、**全銀システム**と略称されている。1972年に東京銀行協会が運営主体となり、**内国為替制度（国内送金）**の決済システムとして運営されている。この最終決済は、日銀ネットで時点ネット決済（17時）が行われているが、2011年から大口内為取引（1件1億円以上の取引）についてはグロス決済が行われている。内国為替の1日当たり取扱件数は膨大であるが、1件当たりの金額は相対的に小さい。

4．外為円決済システム

正式名称は**外国為替円決済制度**であり、1980年に全国銀行協会により開始された。外国為替取引から発生する円資金の決済システムである。当初は、集中決済制度として時点ネット決済が行われていたが、2008年から即時グロス決済に完全移行した。外国為替市場の取引単位が大きいため、1件当たりの決済金額は平均すると全銀システムよりも大きくなっている。

2014年の計数は、交換件数（1営業日平均）26,595件、交換金額（同）12.5兆円、1件当たり金額4.7億円となっている。

5．証券決済制度

国債の決済は日銀が決済機関となっており、RTGSで **DVP 決済**(delivery

versus payment、資金同時受渡)が進んでいる。国債以外の株式等の決済では、**証券保管振替機構**(「ほふり」と略称される)が決済機関となっており、やはりDVP決済が行われている。

　証券のペーパーレス化とは、証券の現物を用いずに口座振替により決済することであるが、2002年にCP、2003年に国債・社債、2009年に株式の電子化が実現、ペーパーレス化が完了している。

表10-3　国債振替決済口座振替・移転登録決済

(2014年、額面、1営業日平均)

	合計	うちDVP
件数	19,976件	13,313件
金額	1兆128億円	5,423億円

(資料)　日本銀行

6．電子マネーによる決済

　電子マネーについては、プリペイド方式のIC型の電子マネーについて日銀が計数を発表している。調査対象は8社(専業系：楽天Edy、交通系：SUGOCA、ICOCA、PASMO、Suica、Kitaca、流通系：WAON、nanaco)である。

　これによれば、2014年の電子マネーによる決済件数40.4億件、決済金額は401.4億円となっており、決済全体に占めるシェアは微々たるものであるが、件数・金額ともに毎年20％を超える伸びとなっている。また、1件当たり決済金額は994円、カード発行枚数は2億5,534万枚、2015年3月時点における残高は2,182億円となっている。

7．銀行業務のコンピューター化

　コンピューターのない時代においては、銀行の入出金の記帳は手作業で行われ、きわめて労働投入型の業務であったが、1958年にコンピューターが導入され、銀行業務のコンピューター化(オンライン化)はどんどん進展していき、合理化・省力化をもたらした。決済制度の発展もコンピューター化と深く結びついている。ここでは銀行界のコンピューター化の推移を簡単に述べる。

①**第1次オンライン**：1960年代後半から70年代前半(昭和40年代)

個々の銀行の本支店を**オンライン**[注]で結ぶもので、これにより、同一の銀行であれば全国どこの支店でも預金の出金が可能となった。また、給与の自動振込、公共料金の自動振替、**キャッシュ・カード**を用いたCD（cash dispenser、現金自動支払機）による現金支払いが可能となった。

注）オンライン：オンライン・システムのことで、銀行のコンピューター・システムのネットワークでは、本支店の個別コンピューター端末がネットワークでホストコンピューターに結ばれ、システムを構築している事務処理遂行やサービスの顧客への提供ができる状態を指す。ネットワークに接続されていない状態をオフラインと呼ぶ。

②**第2次オンライン**：1970年代後半以降(昭和50年代)

CIF（Customers' Information Files、顧客情報ファイル）システムが導入された。これにより**名寄せ**[注]や世帯情報の把握などが容易になった。コンピューター化は合理化・省力化に加え、営業支援的役割を持つようになった。また、科目間の連動処理が可能となり、1972年には普通預金と定期預金が1冊の通帳にセットされた**総合口座**の取り扱いが開始された。また、**ATM**（automated teller machine、現金自動受け払い機）が導入され、銀行業務のセルフサービス化が進んだ。相互銀行や信用金庫でもシステム化が促進された。

注）名寄せ：個人の保有する本支店における複数の口座を一元管理すること。

③**第3次オンライン**：1985年以降(昭和60年代)

各業務システムの有機的結合、**ファーム・バンキング**[注]、POSシステム、国際業務・証券業務・金融派生商品などへのシステム対応が進展した。第3次オンライン以降は、それ以前の横並びのオンライン化から、各銀行での進行・展開に差がみられるようになった。

注）ファーム・バンキング（firm banking）：銀行と企業をコンピューター回線で接続し、これを通して入出金明細・残高照会・振替・振込などさまざまな金融サービスを提供すること。

④**銀行相互間の決済**

1973年に**全国銀行データ通信システム**（全銀システム）が創設され、その後対象金融機関を拡大し、金融機関相互の資金決済業務の効率化が図られ、1988年の**日銀ネット**の稼働により、日銀当座預金受払事務のオンライン化が実現した。各銀行のコンピューターの接続によるCD・ATMの利用拡大は、業態間の利害調整もあり進展が遅れたが、やがて各業態(都市銀行・地方銀行)毎に連結され

ていき、1990年代以降にはコンビニなどとの連携も拡大し、利便性は大きく高まった。コンビニでは公共料金の支払いなどもできるようになり、銀行の窓口業務は分散されるようになり、かつての混雑現象は緩和されている。

⑤ 1990年代以後

1990年代のIT革命により、パソコンや携帯を利用した金融サービスの提供が進み、**インターネット・バンキングやモバイル・バンキング**により、銀行に行かなくても金融サービスが受けられる**ホーム・バンキング**が実現された。また、手のひら認証などの生体認証を用いた新しいICカードの提供、クレジット・カード機能や電子マネー機能を搭載したキャッシュ・カード、デビット・カードが登場した。

1990年代から2000年代には大手銀行の統合が進展していったが、各銀行はそれぞれに異なるコンピューター会社のもとで異なるシステムを開発しており、**システム統合**は統合時の重要な課題となった。先進的システムか規模の大きなシステムに一本化させるやり方がとられたが、統合に間に合わず、異なるシステムが併存する過渡期が設定されるケースもあった。

第11章

明治・大正期の金融

　江戸時代において、わが国の金融機能は高度に発達していたが、鎖国制度のもとで、西欧諸国の金融制度の展開とは異なるものとなっていた。全国的に一元的な貨幣制度は確立されておらず、中央銀行制度もまだ形成されていなかった。

　明治維新後、わが国経済社会の近代化という課題のなかで、金融制度も西欧に追いつくことが求められた。この面での明治政府の目標は、一元的・国家的な貨幣制度と近代的銀行制度の樹立にあった。結論を先取りして言えば、金融・銀行制度は明治30年代（1890年代後半）までに確立された。すなわち、新しい貨幣制度、さまざまな銀行の設立、中央銀行としての日本銀行の設立、そして、金本位制の採用がこの時期に実現されていったのである。

　注） 明治時代は1868～1912年、大正時代は1912～1926年の期間である。

1．新貨条例

　明治初年の通貨総額（マネーサプライ）は1億8,656万両、このうち金貨（11種）が47％、銀貨（7種）37％、銭貨（6種）3％、藩札（1,313種）＝13％という内訳だった。この年に金兌換をうたった太政官札が発行された。しかし、太政官札は実際には兌換の保証のない不換紙幣であり物価上昇を引き起こし、貨幣制度の基礎をむしろ危うくした。貨幣制度を司る大蔵省は1869年に設立されている。

　1871年に**新貨条例**が出され、本格的に貨幣制度の改革に着手された。本位通貨は金と定められ、1円＝金1.5グラム＝1ドルに価値が定められ、**円・銭・厘の十進法による貨幣制度**が制定された。円＝100銭、1銭＝10厘であり、これは、1953年に公式に廃止されるまで続いた。「円」（Yen）という名称は新貨条例で初めて公式に用いられたが、どのような経緯で採用されたかについては、はっきりとは確認されていない。金本位制がうたわれたものの、実際には、わが

国には金本位制を実施するだけの金保有はなく、事実上は銀本位制だった[注]。

注) 江戸時代末期、わが国における金銀比価は、金貨1(小判)＝銀貨5(一分銀)だったのに対して、海外(世界市場)においては金貨1＝銀貨15であり、鎖国政策もあり、わが国では著しく銀高金安の比価が成立していた(第1章参照)。開国直後、幕府による為替管理は行われず、裁定取引(日本で銀売り金買いを行い、海外に金を輸送し、海外で金売り銀買いを行う)による利益が発生するため、幕府が気づいて規制をかけるまでに相当量の金が海外に流出したと言われる。

2．国立銀行条例

1872年には**伊藤博文**の指導のもとに**国立銀行条例**が発布された。「銀行」という言葉はここで初めて公式に使用された。**国立銀行**を設立してこれを通じて兌換紙幣を流通させ、これ以前に流通していた貨幣や不換紙幣を回収することを目的とした。

当時、制度を導入するにあたってアメリカのナショナル・バンク(national bank、国法銀行)をモデルとしていたことから、国立銀行という名称が用いられた。アメリカにおいては、州法により設立された州法銀行と、国法により設立された国法銀行の区別があり、歴史的には州法銀行からスタートしたのであるが、後に発券業務を推進するために国法銀行が設立された。いずれも民間銀行であるが、設立の根拠法が異なり、今日でもアメリカには国法銀行と州法銀行が存在する。したがって、正しく訳せば「国法銀行」であるが、当時は「国立銀行」という用語が使用された。もちろん、わが国の国立銀行も、国の銀行(公的金融機関)ではなく、あくまで発券業務を行う民間銀行として設立されたものである。

国立銀行は、**正貨準備**(兌換準備)を公債とし、金兌換も保証した。第一号は、**渋沢栄一**[注]が中心となって設立した**東京第一国立銀行**であり、1873年に営業を開始した。その後、銀行名には設立順に番号がつけられ、1879年までに第百五十三銀行までの国立銀行が各地に設立された。しかし、兌換が十分に保証されなかったことから兌換紙幣の流通はうまくいかず、1873年には条例が改正され、正貨準備なしに銀行券を発行することになった。1877年には西南戦争が起こり、政府は戦費をまかなうために国立銀行の発券を推進したためインフレが発生することになった。

今日では、当時設立された国立銀行の名称そのままに存続している銀行はわずかである。第四銀行(新潟県)、七十七銀行(宮城県)、百十四銀行(香川県)がそれにあたる。

注） 渋沢栄一（1840～1931）：徳川慶喜に仕え、明治維新後大蔵官僚となった。しかし、大久保利通・大隈重信と対立し辞任した。その後民間人として、第一国立銀行設立（初代頭取）の中心となり、その後も多くの国立銀行設立を指導、さらに東京証券取引所設立、その他500以上の企業の設立にたずさわり、日本資本主義の父と呼ばれる。財閥は形成せず、福祉活動にも力を注いだ。商法講習所（現一橋大学）の設立と発展にも中心的存在となった。

3．普通銀行（私立銀行）の設立

　最初の私立銀行として**三井銀行**が設立されたのは1876年である。三井銀行は江戸時代の本両替の伝統を引き継ぎ、設立当初から東京第一国立銀行をしのぐ顧客層を確保した。店舗数は30店舗ほどであった。

　国立銀行が設立され始めた当初は、国立銀行以外には銀行という名称が禁止されていたため、**銀行類似会社**と総称される金融機関がたくさん設立されており、明治15年段階で438社、明治19年には749社と、そのピークとなった。規模は零細であり、その後は廃業または銀行に転換することになった。これら金融機関の設立母体となったのは、江戸時代からの庶民金融機関（質屋・無尽）、御用商人・大商人（両替商・掛屋・蔵元・札差など）、あるいは、士族の授産事業、地元の大地主・大商人・篤志家などであった。国立銀行設立が打ち止めとなると、1880～1881年にかけて80行が普通銀行として銀行業に参入を行った。

4．横浜正金銀行の設立

　横浜正金銀行（よこはましょうきんぎんこう）は、1880年、**大隈重信**などの支援を得て正貨取引の中心になることを目指して横浜において設立された（正貨とは金・銀のような本位貨幣のことを言う）。大隈重信が下野した後、松方正義が1881年に大蔵大臣となってから、外国為替銀行として役割が重視され、1887年に横浜正金銀行条例により国際金融業務を扱う**特殊銀行**となった。

　横浜正金銀行は特殊銀行の第一号であり、その後特殊銀行がいくつも設立されていくことになる。銀行法による銀行は、今日でも**普通銀行**と呼ばれることがあるが、これは、特殊銀行に対する呼称であった。特殊銀行は、今日の公的金融機関に相当するが、金融制度における位置づけや国家的役割は、明治期にはもっと重かった。

　当時、中国における国際金融業務はイギリス系の香港上海銀行などに牛耳られ

ており、わが国においても、当初は外国銀行が外国為替業務を行っていた。わが国が輸出を拡大していくうえで、国際金融業務を扱うことのできるわが国独自の専門銀行の設立は極めて重要であった。横浜正金銀行は、**外国為替専門銀行**としての貿易金融や対外決済などの業務に加えて、今日の日銀の国際業務に当たる正貨の保管運用や外国為替操作業務(外為市場介入など)を担い、一方で、銀行業務に必要な資金は、政府からの預託金や日銀からの低利での貸出によって潤沢に供給された。その意味で、特権的な銀行であった。第二代日銀総裁富田鉄之助は、日銀の低利の資金貸出には消極的で、また、外国為替操作業務については日銀が行うべきと主張したが、蔵相の松方正義には受け入れられず、この対立により、1年半程度で日銀総裁を辞任することとなった。このような経緯を通じ、横浜正金銀行の外国為替専門銀行としての地位は確立され、太平洋戦争が終わるまで存続した。

20世紀初頭にはその貸出額は45百万円であり、当時普通銀行は1行当たり3.5百万円、民間五大銀行でも平均約10百万円であり、最大の資産規模を誇る銀行となった。国際的にも、わが国の国際金融業務を専管する銀行として、その英語名の略称YSB（Yokohama Specie Bank）とともに、世界三大為替銀行のひとつと目されるようになった。当初は横浜の馬車道に本店が建設されたが、20世紀に入り経済・金融機能が東京に集中していったこともあり、その本店機能は東京日本橋の東京支店に移されていくことになった。

5．日本銀行の設立

国立銀行を通じた発券が成功しなかった後、中央銀行制度を確立したのは大蔵大臣であった**松方正義**[注]であった。西南戦争によるインフレに対して松方がとった政策は、**松方デフレ**と呼ばれて有名であり、増税などの緊縮財政と輸出振興を推進し、金融面では旧紙幣流通量の減少と銀準備蓄積を図った。

日本銀行(以後、日銀と略)は、松方の推進により、日本銀行条例により1882年10月に設立された。国立銀行がアメリカに範を求めていたのに対し、松方は渡欧時の経験から、ヨーロッパで確立されつつあった中央銀行制度に学んだ。具体的には、発足して間もなかったベルギー国立銀行を直接の先例とした。当初は今日の日本橋箱崎町に本店が置かれたが、翌年、現在の日本橋本石町に本店が建設

された。

初代総裁には薩摩出身で大蔵省の事務次官にあたる**吉原重俊**（よしはらしげとし）が就任、副総裁には、やはり大蔵省の富田鉄之助が就任、理事には**安田善次郎**（第三国立銀行を主宰、後の安田財閥の安田銀行を設立）や**三野村利助**（みのむらりすけ）が就任した。三野村は三井銀行副長で事実上の頭取の地位にあった。このように、大蔵省の官吏と有力民間銀行の出身者が当初の日銀の運営を担ったのであり、その後も昭和前期まで、大蔵省、特殊銀行、有力民間銀行、日銀生え抜きといったさまざまな出身母体から日銀総裁への就任が行われた。戦後の大蔵省・日銀のたすき掛け人事に比べ、弾力性に富んでいたと言えよう。

日銀の設立後、1883年には国立銀行は発券権を失い、以後、普通銀行に転換していくことになった。1884年には**兌換銀行券条例**が出され、1885年に日銀券を銀兌換とする発券業務が開始され、当初120万円相当が発券された。これは当時の貨幣の総流通額の2％にすぎなかったが、以後急速に増加し、旧貨幣を回収していくことになった。

兌換銀行条例は、1888年には第二代**富田鉄之助**総裁のもとで**保証発行**もできるように改正された。すなわち、**保証発行屈伸制限法**が採用され、**正貨準備発行**（正貨と同額までの兌換銀行券の発行）、**保証発行**（国債・手形等を担保とした上限7千万円までの兌換銀行券の発行）、および**制限外発行**（日銀が必要と認めた場合の7千万円の限度を超えた兌換銀行券の発行）、という3つからなる発券制度となった。保証発行とは正貨（本位貨幣）以外の資産を見返りにした発券を意味し、発券業務の柔軟性を確保することが目的であり、わが国独自の制度となった。

こうして、1899年までにそれまでの政府紙幣や国立銀行紙幣などはすべて回収され、日銀券の流通が確立された。日銀は、**発券銀行、銀行の銀行、政府の銀行**としての地位を確立することになった。

注）松方正義（1835～1924）：鹿児島出身で、大蔵大臣を長く務め、総理大臣にも2回就任した明治政府の中枢人物である。その財政政策は松方デフレとして名高く、西南戦争後のインフレを鎮静化し、金融においては紆余曲折していた中央銀行制度をヨーロッパ型の制度で確立した。

6．郵便貯金の発足と貯蓄銀行の設立

庶民の小口預金を扱う**郵便貯金**は、1883年（明治8年）に早くも発足した。当

初は8つの郵便局が業務を行い、その後、小口貯蓄を全国的に吸収していった。郵便貯金は大蔵省に預入されるようになり、1893年に大蔵省に預金局がおかれ管理運用がなされるようになった。運用は、当初はほとんど国債のみだった。また、1890年の貯蓄銀行条例により**貯蓄銀行**が設立され、郵便貯金と同じように小口貯蓄を集める金融機関となった。貯蓄銀行は銀行としては規模が小さく、やがて淘汰の波にさらされることになった。1900年には**産業組合法**が成立し、信用・販売・購買・生産の4種類の組合による金融が開始された。この大部分は信用組合であり、今日の信用金庫・信用組合の源流となった。

7．金本位制の採用

　日銀の設立とともに発行された兌換銀行券は、銀兌換だった。当時の時点ではわが国の金保有は十分でなく、金本位制を採用することはできなかった。1894年の日清戦争の勝利により、わが国は清から多額の賠償金(3億6千万円)を得ることになった。これは当時の日本の国民所得の約3割に相当する金額であり、わが国はロンドン金市場で金を調達し、1897年に**金本位制**が採用されることになった。金本位制の採用は、わが国の国力の発展を国際的に示すものであり、当時、国際的には主要国が金本位制を採用していたので、国際通貨制度のなかでわが国もその成員として認められていくことになったのである。

　金本位制採用において、**金平価**(円の金に対する価値)は、1円＝金2分(750mg)に定められた。1871年の新貨条例においては、形式的に1円＝金1,500mgと定められており、それに比較すると2分の1の価値に設定されたことになる。円の対外価値は明治維新後下落していたのである。そして、金平価から導かれる対米ドルでの**為替平価**(円の外国通貨に対する価値)は1円＝0.49875ドル(すなわち、1ドル＝2.005円)となった。

　金本位制採用にあたって、わが国の金正貨は1億900万円、銀正貨は4,900万円でスタートした。正貨は、国内的には兌換銀行券の発券の基礎であり、対外的には最終的な決済手段となるものであり、この残高を確保することは、金本位制においては極めて重要であった。正貨の一部は、在外正貨として横浜正金銀行ロンドン支店で管理され、以後、必要に応じて現地での売買操作や正貨の輸送(現送)が行われた。

8. 特殊銀行の設立

　1890年代後半から1900年代にかけて、主に長期金融・産業金融推進のために特殊銀行が設立されていった。明治政府は、中央銀行は商業銀行業務の中枢機関、産業金融は特殊銀行に委ねるという方針をとり、設立された特殊銀行は重要な役割を担っていった。設立されたのは以下の通りである。

　　日本勧業銀行(1897年)：農工業への融資、債券によって資金調達
　　農工銀行：北海道を除く46府県に1行が設立された
　　北海道拓殖銀行(1900年)：北海道の開拓資金を融資
　　日本興業銀行(1900年)：基幹産業を中心とした産業資金供給、内外における
　　　　　　　　　　　　　証券業務
　　植民地銀行：台湾銀行(1899年)、朝鮮銀行(1911年)

　日本勧業銀行は、農工業部門への融資を、事実上の子会社である農工銀行を経由して行ったが、工業部門については日本興業銀行とのすみわけが行われた。長期金融を行うため、金融債の発行が認められた。その後、商業金融にも進出、1920年代に農工銀行を合併して店舗網を拡大したため、全国的に店舗を持つことになった。また、いちはやく台湾にいくつかの支店を開設した。

　日本興業銀行は、当初から重要性の高い銀行であり、「工業の中央銀行」という位置づけのもとに重工業を中心とした産業資金を長期融資するとともに、証券業務が十分に発展していなかった時代に、企業の社債発行による資金調達を一手に担い、金融・証券業務の両面で力を発揮し、わが国の基幹産業における多くの企業のメインバンクとなっていった。設立時の初代総裁には、大蔵省の次官を経験した添田壽一が就任した。

　北海道拓殖銀行は、新開地北海道における農工業全般の発展のために資金を供給する目的で設立された。北海道には日本興業銀行や日本勧業銀行も進出せず、北海道拓殖銀行が専管した。当初は金融債を発行して長期金融業務(主として農業金融分野)を行ったが、その後、商業金融にも進出した。

　台湾銀行は、本店を台北市におき、台湾における中央銀行・商業銀行としての役割をはたすことになった。初代総裁は添田壽一だった。その後、1927年の昭

和金融恐慌で休業を余儀なくされた。**朝鮮銀行**は 1911 年に設立され、朝鮮における中央銀行としての役割をはたした。初代総裁は日銀や第一銀行を経験した市原盛宏だった。

9．20 世紀初頭の民間銀行と金融市場の発達

　1890 年に**銀行条例**が制定され、割引・為替・預金・貸付業務を行う組織が銀行と定義された。この当時には、成長産業として銀行業への参入が劇的に発生し、銀行の数は 1,000 を超えた。また、国立銀行は普通銀行へ転換していった。

　20 世紀初頭の 1901 年には、普通銀行の数は、歴史的に最多の 1,867 行（支店数は 1,374 程度）となり、貸出は大幅に増加したが、預金の増加はこれにおよばず、預金の貸出に対する比率は 7 割前後にとどまった。したがって、銀行全体として極度の**オーバーローン**の状況にあり、日銀からの借入で不足分がまかなわれた。貯蓄銀行（441 行）を合計すると、銀行は当時 2,308 行にのぼった。当時の銀行には、まだ、支店網といえるものは存在しておらず、多数の銀行が、支店を持たない**単店銀行**であった。多くの支店を保有して銀行業務を行う**支店銀行主義**が発展するのはもっと後になった。

　当時、普通銀行では **5 大銀行**が形成されており、これは、三井、三菱、住友、安田、第一の 5 行だった。三菱は 1895 年、三菱合資会社銀行部を設立、1919 年に三菱銀行となった。住友は 1895 年に住友本店銀行部として開業、1912 年に住友銀行となった。安田は 1880 年に安田銀行の名称となった。5 大銀行の店舗数は 75 で、普通銀行全体の 2％、預金は同 21％、貸出は同 15％を占め、大都市圏の企業が主な取引先だった。普通銀行の数は、1911 年当時には 1,613 行、支店数 1,784 となり、支店数は徐々に増加していったが、相当数の普通銀行はまだ支店を保有していなかった。

　さて、明治期の金利をみると、日銀の**公定歩合**は、当時はその名のごとく日歩（ひぶ：元本 100 円に対する 1 日当たりの金利）で表示されていた。**1882 年の水準は日歩 2.60 銭**（年利 9.49％ ＝ 2.6 × 365 ÷ 100）であった。公定歩合は、1882 ～ 1896 年の期間の平均で 6.72％であり、当時、イギリスのイングランド銀行の金利は平均で 3.5％であったから、わが国の金利は相当に高かったことになる。その後の 1897 ～ 1911 年の期間の平均でも 6.98％（イングランド銀行

金利の平均は 4.0％）と、高い水準が続いた。これは、経済発展のために強い資金需要が持続する一方、国民経済全体として貯蓄形成は十分ではなく、預金取扱金融機関の資金調達が相対的に不足しており、日銀借入に依存する**オーバーローン**が恒常的な状況だったことが反映されている。また、銀行産業の発展が途上にあり、単店銀行が多かったことは、小規模経営で経営基盤が弱いことに加え、今日のように資金調達超の店舗から資金運用超の店舗への内部的な資金配分が行われず、資金不足となればすぐに外部資金の調達を迫られたことも、金利を高位にする影響を与えた。

金融市場は、銀行制度の発展とともに発達していった。1878 年には大阪証券取引所が設立され、少し遅れて東京証券取引所が設立された。証券取引所は大正元年には 10 か所に増加していたが、まだ上場銘柄は少なく、投機的取引が多く証券市場の発展を阻害し、企業の資金調達は間接金融方式が主体だった。その後、国債が大量発行されるようになり、日銀のオペレーションは 1898 年頃に始まり、1902 年にはコール取引が開始された。

10. 第一次世界大戦から 1920 年代の銀行

大正時代に入ると、勃発した**第一次世界大戦**(1914 ～ 1918 年)は、わが国に景気のブームをもたらし、輸出は 3 倍増となった。1917 年に金輸出は禁止され、金本位制は停止されたが、**正貨準備**は 1920 年には 21 億 7,800 万円に増加した。これはわが国の金本位制における最高額で、当時の日銀券発行額を上回った。

これにより、金融緩和が可能となり、多額の信用創造が行われた。公定歩合は 1917 年には 5.11％（日歩 1.40 銭）まで低下し、1918 年 11 月まで 2 年あまり 6％を下回る状態が続き、明治・大正期において最低の水準となった。当時は、ベースマネーを吸収するための金融政策手段は備えられておらず、準備預金制度はなく、公開市場操作の規模も十分ではなく、金融緩和は行き過ぎの傾向となった。

第一次世界大戦のブームが終わると、公定歩合は 1919 年に 6.57％から 8.03％（日歩 2.20 銭）に引き上げられ、コール・レートは 12％台へ上昇し、株価の下落が発生した。1920 年には輸出の減退により貿易赤字が発生し、正貨保

有額は大幅減少し、1923年には15.43億円となった。

1923年9月1日に**関東大震災**が発生した。地震と火事による死者・行方不明者は14万人にのぼり、明治以降のわが国において最悪の天災となった。当時の山本権兵衛内閣は、**井上準之助**蔵相(注)のもとで、9月1日から30日間にわたって決済を停止する**支払猶予令(モラトリアム)**を出し、経済・金融の混乱に対処した。

注) 井上準之助：(1869〜1932年)：1896年に東京帝国大学卒業後日銀に入り、横浜正金銀行頭取をつとめた後1919年に日銀総裁に就任、第9代、第11代総裁となった。日銀生え抜きの初の総裁である。また、第二次山本、浜口、第二次若槻内閣の蔵相をつとめた。関東大震災時、および金本位制復帰時に蔵相として、昭和2年恐慌時には日銀総裁として政策を主導した。高橋是清に比べ緊縮財政派であり、金本位制復帰時には、旧平価での金解禁が不可欠であると考え、積極的にデフレ政策をとった。金本制離脱後の1932年に血盟団事件で暗殺された。

5大銀行においては、1923年に**安田銀行**(注)が、第三銀行など11行による大合同を実現した。この結果、合同後の安田銀行は、店舗数(211)・資本金・預金・貸出のいずれの分野でも、三井銀行を抜いてわが国最大の銀行となり、その後も合併を推進した。太平洋戦争後は**富士銀行**へ名称変更したが、この地位は1970年代初めに第一勧業銀行が形成されるまで不変だった。

注) 安田銀行：安田財閥は安田善次郎が1864年に開業した安田屋(2年後、安田商店となる)を開業したことに始まる。1880年に安田商店は安田銀行に改組され、安田銀行は東京市などの公金の取り扱いで拡大していった。安田善次郎は、1876年には第三国立銀行も設立した。

わが国の**損害保険会社**は1880年に、**生命保険会社**は1882年に、**信託会社**は1906年に設立されていたが、大正時代にかけてこれらの業態が本格的に発展するようになった。1910年代には**無尽業法**が成立(後の相互銀行)、1925年に野村財閥が設立していた大阪野村銀行の証券部が独立する形で**野村証券**が設立され、その後、証券業界の代表的役割をはたしていくことになった。

図11-1 金融機関の系譜

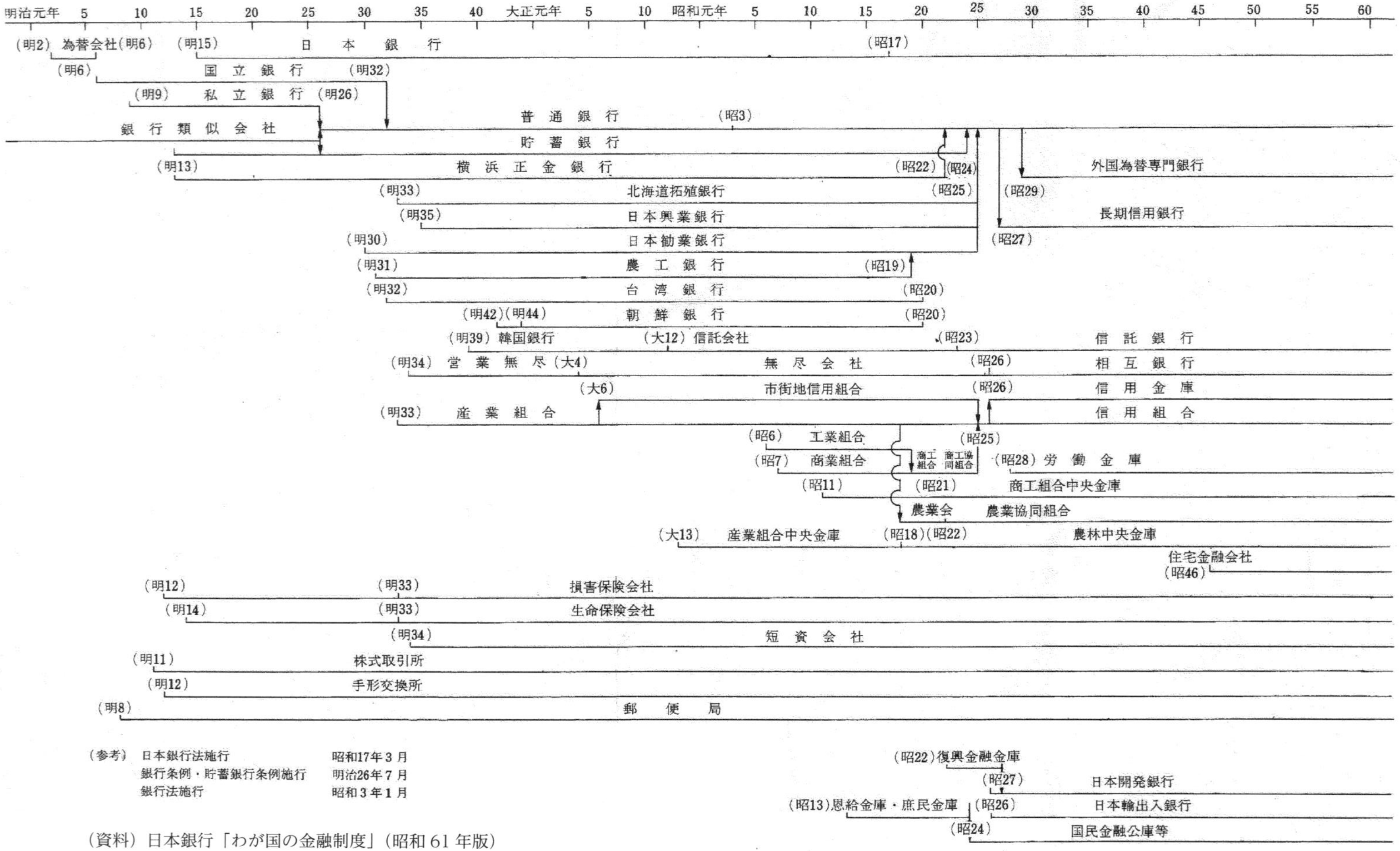

(参考) 日本銀行法施行　昭和17年3月
　　　 銀行条例・貯蓄銀行条例施行　明治26年7月
　　　 銀行法施行　昭和3年1月

(資料) 日本銀行「わが国の金融制度」(昭和61年版)

第12章 昭和前期の金融

　昭和という時代は、1926年から1989年まで60年以上続いた長い時代である。ここで**昭和前期**とは、1926年から太平洋戦争が終わった1945年までの20年間を意味している。昭和後期に比べて期間は短いが、戦前の軍国主義日本と戦後の民主主義平和日本とを区別するためにこのように分けている。

1．昭和2年恐慌と銀行破綻

　1920年代は第一次世界大戦の好景気の後で、金利が上昇し株価下落の発生した時代であり、金融面では銀行合同時代に入った時期である。

　1927年3月14日には、いわゆる**昭和2年恐慌**が発生した。片岡蔵相の「東京渡辺銀行破綻」の失言をきっかけに、東京渡辺銀行をはじめとする銀行に対する**取り付け**（預金の一済引き出し）が発生し、失言の後の3カ月間で34行が閉鎖され、休業・営業停止に追い込まれた金融機関は126行に達した。若槻内閣は責任をとって辞職し、田中義一内閣が成立した。当時の**高橋是清**蔵相はこの金融危機に対処するために尽力した。片面印刷の200円券を臨時に増刷し、銀行の店頭に積み上げるなどして国民の不安の解消に努めたりした。

　この当時有名なのが、**鈴木商店**と**台湾銀行**の破綻である。鈴木商店は明治7年に神戸で鈴木岩次郎が創業した会社であり、砂糖輸入の個人商店からスタートした。最盛期には従業員2万5千人、関連会社65社を持つ、今日の総合商社に相当する大企業であり、いわゆる成金の典型的企業だった。ちなみに、「成金」という言葉は第一世界大戦のブーム時に生まれたと言われる。大番頭の金子直吉は攻め一本やりの超多角経営を行った反面、ワンマン経営で経営の近代化が遅れていたと言われる。鈴木商店は1927年4月に資金調達が困難になって破綻に追い込まれた。特殊銀行である台湾銀行は、総貸出の半分近くを鈴木商店に貸付けていた。資金調達の8割をコール・マネーに依存していたため、鈴木商店が破

綻すると、台湾銀行もすぐに経営危機に陥ったのである。

このような銀行破綻の背景には、第一次世界大戦の好況期における放漫な貸出とその後の不良債権化、無担保に等しい貸出、銀行規模が小さいゆえの銀行経営者の銀行私物化(ワンマン経営)、監査の機能が外部からも内部にも不在だったこと、などが指摘された。これを受けて、1927年に**新銀行法**が制定され、日銀考査実施、銀行による内部検査、合併による規模拡大(合併手続の簡素化措置)、有担保原則が推進された。合併の面では、地方における合同が推進され、その後、銀行は毎年100行前後減少していくことになった。

2. 金解禁と金本位制停止

第一次大戦中の1917年に、わが国は金兌換を停止し、金本位制から離脱した。第一次大戦後の1922年に開催された主要国によるジェノア会議においては、戦後の国際通貨制度としてやはり金本位制が推奨され、金本位制への復帰決議が行われた。

わが国は、金本位制復帰に遅れていたが、**金解禁**(金本位制復帰)をどうするかについては、1920年代に入って議論が続いていた。金解禁とは、金の国際的兌換を復活し、国際的に金による決済を認め、国際的な金の輸出入を解禁することを意味する。議論の焦点は、金本位制に復帰するにあたって、旧平価(戦前の平価)か円切り下げによる新平価のいずれを採用するかという点だった。旧平価を主張したのは、政府・日銀であり、産業部門(特に重工業界)は、輸出競争力の観点から旧平価には反対していた。当時代表的なエコノミストだった**石橋湛山**は、切り下げによる金解禁を主張していた。

この問題は、田中義一内閣では決着がつかず、1930年1月に浜口内閣によって金解禁が実施された。これを推進したのは、**井上準之助**蔵相であり、旧平価を採用した。ちなみに、いちはやく金本位制に復帰していたイギリスも旧平価で復帰していた。旧平価とは、金2分(0.75gm)=1円=0.49875ドル(1ドル=2円)であり、当時の実勢は1円=0.44ドル(1ドル=2.27円)だった。井上蔵相は、為替相場を実勢よりも高い旧平価で固定し、物価を安定化したうえで輸出振興を図る、という展開を想定しデフレ政策をとったのである。

わが国の金本位制復帰は諸外国に比べ遅く、かつ、当時は世界経済の状況変化

のもとにあった。1929年にはアメリカで株価の暴落が発生、いわゆる**大恐慌**に突入していた。井上蔵相はこれをサイクル的（循環的）なものとみなし、金解禁にあたって軽視したと言われる。1931年9月には**満州事変**が発生、イギリスは金本位制を離脱した。このもとで、円売りドル・ポンド買いの投機圧力が発生した。わが国の金本位制が早晩維持できなくなるとの想定を背景とし、三井銀行などわが国主要銀行や外国銀行が投機を仕掛けたと言われる。

わが国は金平価維持のために、横浜正金銀行を通じて**統制売り**（ドル売り円買いの市場介入）を実施したが、介入資金のドルを調達するために金を売却せざるをえず、この結果、6.5億円相当の金を失い、正貨準備は激減、金本位制の維持自体に懸念が生じた。

1931年12月、犬養毅内閣のもとで蔵相に就任した**高橋是清**[注1)]は、就任当日に**金輸出を再禁止**し、**金兌換を停止**した。高橋蔵相は緊縮政策をとった井上蔵相に対して、積極財政主義をとり、景気を浮揚させていこうとした。なお、井上準之助は1932年2月の血盟団事件で暗殺された。金本位制を放棄した後、円相場は下落を続け、1930年当時の年平均100円＝48.871ドル（1ドル＝2.046円）から1933年には100円＝25.227ドル（1ドル＝3.96円）の水準まで下落し、以後この近辺での相場推移となった。

1932年7月には、**日銀引き受けによる国債発行**が開始され、**リフレーション政策**[注2)]による経済の建て直しが目指された。日銀の発券量調節は正貨保有量から物価・為替相場を重視するものとなり、産業界は活況を取り戻した。1932年6月には、発券制度の改正が行われ、**保証発行限度**の1億2千万円から10億円への大幅引き上げが実施された。正貨準備による発券の拘束は意味を持たなくなり、事実上の**管理通貨制度**へ移行した。1933年8月には**外国為替管理法**により、資本逃避回避を目的とする内外市場の分断が実施された。高橋蔵相のリフレーション政策は景気浮揚を目指したもので、財政節度を失ってはおらず、軍部からの予算拡大要求には反対していたが、1936年の**2.26事件**により、高橋蔵相は暗殺された。公定歩合は、1937年には、明治以降最低の日歩0.90銭（3.29％）までへ引き下げられ、太平洋戦争終戦までこの水準が続いた。

注1) 高橋是清（1854〜1936年）：井上準之助とともに、昭和前期を代表する財政・金融の立役者である。その青年時代は七転び八起きの波乱を経験しており、この注では要約できない。第20代内閣総理大臣となったが、8度大蔵大臣に就任しており、大蔵大臣としての名声が大きい。金融面では、1892年に日銀に入り、1897年横浜正金銀行副頭取、1911年日銀総裁という経歴をたどった。昭

和2年恐慌時には、蔵相として井上日銀総裁と協力して恐慌を鎮静化した。金本位制離脱以後は蔵相としてリフレ政策をとり、井上に対して拡張財政主義者と言われる。1936年の2.26事件において暗殺された。

注2) リフレーション政策：不況から脱出するために、一定程度のインフレを容認して意図的に通貨供給を膨張させる政策である。行き過ぎれば容認できないインフレーションを発生させてしまう懸念がある。

3．1930年代の銀行

　昭和2年恐慌以後の銀行の合同政策により、1932年末の時点では普通銀行は538まで減少した。この間、中小銀行の整理が進む一方で、大銀行は支配的地位をさらに確立していった。5大銀行の預金は、銀行全体の24％から37％へ、貸出は20％から30％へ、有価証券投資も26％から41％へと比重を高めた。1933年には鴻池・山口・第三十四の各銀行の合同により**三和銀行**が設立され、5大銀行は6大銀行と呼ばれるようになった。1936年には**全国地方銀行協会**が設立され、その後の**地方銀行**という業態成立の出発点となった。

4．戦時下の金融施策と銀行

　戦時体制下での軍事費は、**日本銀行の直接引受による国債発行により調達**されるようになった。金融制度においても統制強化が行われ、**1県1行主義**の推進による地方銀行体制の形成、農業金融組織の再編成、地方市場での資金吸収と大都市圏市場での貸出という銀行職能分担など、戦後の金融制度の特徴をもたらす素地となった。

　1941年3月には、正貨発行準備と保証発行の区別を廃止する**最高発行額制限制度**が採用され、蔵相の定める額まで発券ができることになり、発券には歯止めがなくなった。1942年2月には、**日本銀行法**[注]が制定され、**管理通貨制度が恒久的制度として採用**された。

注）日本銀行法：ナチス・ドイツのライヒスバンクに関する法律を典拠とし、日本銀行は国家的性格を持つ特殊法人として規定された。これ以前の日本銀行の役割は主として商業銀行主義であったが、産業金融の調整もになうことになった。政府に対する無担保貸付、国債の引受が規定され、日本銀行による財政資金の供給に歯止めがなくなった。管理通貨制度のもとで、兌換の義務は法律上なくなった。

　1941年から1945年までは、6大銀行における統合や中小銀行の合併・吸収が続いた。銀行数は1941年の186行から1945年には61行に減少した。

1943年に三井銀行と第一銀行の統合により**帝国銀行**が形成されたが、これはその後破綻し戦後の1948年に第一銀行と帝国銀行に分離した。帝国銀行は、1954年に再び三井銀行へ改称した。**神戸銀行、東海銀行、野村銀行**が統合により設立され、8大銀行が成立した。貯蓄銀行の普通銀行転換が進み、1941年時点には69行存在したが、1945年には4行まで減少した。貯蓄銀行9行の統合により**日本貯蓄銀行**が設立され、戦後の1948年に**協和銀行**となり、都市銀行の一角となった。また、地方合同による一県一行主義が実現した。

特殊銀行をみると、日本興業銀行の貸出額は、昭和10年以降の10年間に、軍事産業を中心に37倍まで膨れ上がった（普通銀行全体では8倍だった）。横浜正金銀行は、中国および満州における大連・青島・天津・ハルビンなどの主要地で支店運営にあたり、東南アジアの日本軍進出先で軍票発行業務に従事した。農工銀行の合併・消滅を通じて日本勧業銀行の規模と支店網が拡大した。1937年には、**商工組合中央金庫、農林中央金庫**が設立された。郵便貯金においては、1942年に**定額貯金制度**が導入された。

なお、太平洋戦争の金融的帰結は、1945年の発券残高は554億円（1937年残高の24倍）、1945年の物価は1937年の3倍、1937〜1945年の戦費は7,558億円（1937年の国民所得の37倍）というものだった。

第13章
戦後の金融制度の構築

1．GHQによる金融制度の改編

　戦後GHQ（General Head Quarter、連合国軍総司令部）は日本の民主化を推進した。産業面では、過度な経済力集中の排除の目的で、財閥の解体が実施され、三菱商事は139の会社に、三井物産は233の会社に分割された。

　金融面では、特殊銀行にメスが入れられ、横浜正金銀行は、満州における支店運営など、侵略戦争への協力をとがめられて閉鎖され、継承した**東京銀行**は1947年にいったん普通銀行となった。資金面で軍部に多大の協力を行った日本興業銀行は閉鎖を免れたが、やはり1950年に普通銀行となった。財閥系銀行は財閥名の使用を禁止されたものの、商社のような分割は免れた。当時ドイツでは銀行の分割が行われたが、わが国では行われず、これは、冷戦の開始により、日本の経済力の過度の弱体化にアメリカが懸念を持ったためと言われる。1948年に三菱は千代田へ、住友は大阪へ、安田は富士へ、野村は大和へ名称が変更された。第一・三和・東海・神戸の各銀行は財閥系とみなされず名称変更はなかった。

2．金融制度の再構築

　戦後日本の復興のために、金融面では、1947年に**復興金融金庫**が設立された。当時の**傾斜生産方式**[注]のもとで、基幹産業への融資が優先的に推進された。1947年には全国銀行融資の1/3を占め、この資金の2/3は日銀が供給し、これによりインフレが発生することにもなった。

　　注：傾斜生産方式：基幹産業（石炭・鉄鋼）への資源の優先的配分を通じて他産業への波及効果をもたらし経済を復興させようとした政策。その他、食糧・電力・造船・海運なども優先された。

　1947年には**臨時金利調整法（臨金法）**が制定され、金利決定および預貸金利の

最高限度は大蔵大臣の権限となった。1948 年には**証券取引法**が制定された。

政府は、1948 年に経済安定 9 原則を打ち出し、1949 年に、いわゆる**ドッジ・ライン**[注]と呼ばれるインフレ収束を主目的とする政策を実施した。財政緊縮と超均衡予算措置がとられ、1 ドル＝ 360 円の**単一為替レート**が設定された。復興金融金庫の融資は 1949 年 3 月に終了することになった。

[注] ジョセフ・ドッジはアメリカのデトロイト銀行の頭取であり、その助言に基づいて行われた。

1949 年には日銀法の改正により**政策委員会**が発足することになった。1950 年以降には、わが国独自の金融制度の再構築が進むことになり、**公的金融機関**の設立が相次いで行われた。1950 年には**日本輸出入銀行**、1951 年には復興金融金庫の貸付債権を継承して**日本開発銀行**が設立された。また、**国民金融公庫**（1949 年）、**住宅金融公庫**（1950 年）が設立された。

特殊銀行は 1950 年に一斉に普通銀行へ転換した。日本興業銀行、日本勧業銀行、北海道拓殖銀行が普通銀行となり、特殊銀行時代に発行していた金融債の発行は 1952 年に停止された。中小企業金融の分野では、1951 年に**相互銀行法**が制定され、戦前期の無尽は相互銀行へ転換した。戦前期の産業組合（1901 年）は 1918 年に市街地信用組合となっていたが、1951 年の**信用金庫法**の制定により一部が信用金庫（信金）となり、信用組合（信組）とともに、会員組織による協同組織の地域金融機関となった。1952 年になると、産業資金の供給の重要性の観点から、**長期信用銀行法**が制定され、**日本興業銀行**が長期信用銀行に転換、**日本長期信用銀行**、日本不動産銀行（後に**日本債券信用銀行**に名称変更）の 2 行が新規設立された。旧財閥系銀行（三井・三菱・住友銀行）は 1952 年から 1953 年にかけて従来の商号を復活させた。

戦後の国際通貨制度は、**ブレトンウッズ体制**と呼ばれる新制度になったが、わが国は 1952 年に、**IMF・世銀**への加盟を実現し、国際金融界に復帰、東京銀行はいちはやくニューヨークとロンドンに支店を開設し、1954 年に制定された**外国為替専門銀行法**により再び外国為替専門銀行へ転換した。

このように、わが国は 1950 年代半ばまでに金融制度の再構築を実現し、その後の高度成長を金融面から準備していくことになった。GHQ による金融制度の改編は、結局のところ一時的、表面的なものに終わり、太平洋戦争時までに形成されたわが国の金融制度の特徴は、おおむね戦後も存続することになった。ただ

し、戦前期の特殊銀行の地位は民間銀行化を通じて相対的に低下し、大蔵省・日銀の監督体制はより強化された。

3．戦後の金融制度の特徴

　戦後のわが国経済は、旺盛な投資需要と貯蓄不足の状況からスタートし、高度成長期には輸出・投資主導型の高成長を実現した。初めに戦後の金融制度の功罪を全般的に述べておけば、戦後の荒廃から高度成長を実現する過程では政府がリードし規制・管理するやり方が極めて機能した（1950年代～1970年代までが相当する）が、その後の自由化・国際化の時代には、変化に十分に対応できず、制度疲労を起こしていた（1970年代～1980年代が相当する）。バブルはそのあだ花であり、バブル発生と崩壊による不良債権問題を通じて金融制度や金融機関のあり方は強制的に変革を迫られたのである（1990年代～2000年代が相当する）。以下は、バブル崩壊以前までの戦後の金融制度の特徴である。

（1）護送船団行政

　戦後の銀行経営の安定を維持するための行政のあり方を言う場合によく使われるのが、**護送船団行政**である。大蔵省・日銀の強い指導力のもとで、破綻金融機関を出さずに金融システム安定を維持することが重視され、業務分野規制、金利規制、店舗規制といった各分野で規制と管理が行われることになった。大蔵省・日銀の大きな権限を反映して民間金融機関への天下りも増えることになった。

（2）業務分野規制：業態別垣根の存在

　業務分野別規制とは、業態別垣根の設定を意味し、具体的には、**銀行・信託、銀行・証券**の業務分離だった。すなわち、銀行は基本的に信託・証券分野を手掛けることはできないという規制である。

　銀行・証券の分離（銀証分離とも略称される）は、新たに制定された**証券取引法**（1948年）第65条に記載され、アメリカの**グラス・スティーガル法**（1933年銀行法、GS法）をモデルに、銀行破綻の経験から銀行業務と証券業務の分離を図った。ただし、GS法は、投資目的の証券取得も厳しく制限（市場性証券に限定、発行者証券に対する総額限度を設定）し、株式保有を禁止しているのに対し、わ

が国では、投資目的の債権、株式保有を一切制限しなかった。**銀行・信託の分離**も利益相反を防ぐ趣旨で、戦前からのあり方(大正11年信託法)を引き継いだ。1947年に、信託会社は銀行に転換し、信託業務を兼営(兼営法)することになった。信託業務を営んでいたのは、1993年の自由化までは**信託銀行**7行、都市銀行1行(大和銀行)、沖縄所在の地方銀行2行、外銀系信託銀行9行のみだった。

もうひとつには**長短金融の分離**があった。普通銀行は運転資金中心の短期金融を行い、設備資金中心の長期金融は、長期信用銀行や信託銀行に担わせるという垣根の設定だった。

この目的は、①専門化のメリットを生かして資金の円滑な供給をはかる、②普通銀行の運用と調達の期間対応を確保して経営安定と預金者保護を図る、③普通銀行のオーバーローンを解消する、といった点にあった。このもとで、長期信用銀行には長期(5年)の金融債の発行、信託銀行には貸付信託の発行が認可され、普通銀行は預金(最長3年に制限)のみの取り扱いとなった。

(3)専門銀行制度

専門銀行制度とは、普通銀行以外に特定の金融分野を業務とする多くの金融機関が存在している状況を指す。戦前期の特殊銀行は、戦後には、それぞれの業法のもとで、長期金融や外国為替業務に民間銀行として従事することになり、専門性をもった銀行としてその役割をはたした。さらに、特定分野への資金供給を行う公的金融機関が数多く設立され、戦前期にまして、特定金融分野に従事する金融機関の数は増えたのである。

(4)規制金利

臨時金利調整法が基本となり、金利には規制がかけられた。公定歩合という政策金利をベースに金利が決定され、預金の金利は、どの金融機関においてもまったく同一となった。復興・成長期の金融政策運営において、それが**人為的低金利政策**として機能したという指摘が行われたこともある。なお、銀行が**歩積・両建**[注]と呼ばれる拘束性預金を取引先に要求し、実質的には高金利の拘束預金になっているという批判が発生したこともある。

注)貸出の一定額を通知預金・定期預金として再預入することを借入企業に求めた。

(5) 為替管理(内外市場の分断)

1933年に制定された外国為替管理法は、当時もっとも厳しい管理を行ったドイツの為替管理を参考としたものだった。戦後の1949年に制定された**外国為替及び外国貿易管理法**(いわゆる外為法)は、「**原則禁止、例外自由**」の基本原則のもとに厳しい外国為替取引の管理が実施された。

わが国の企業に対しては、インパクト・ローン、外債発行、長期貿易金融といった分野での外貨資金調達の制限、非居住者に対しては、日本の株式市場での株式発行・株式購入の制限、公社債市場での起債制限(1971年の世銀債まで認められず)、邦銀に対しては、ユーロ市場からの資金借入、ドル建て預金の円への転換規制、在日外銀に対しては、コール市場での取引・日銀借り入れ禁止といった措置がとられた。なお、1964年にわが国は **IMF8条国**(p.264参照)入りを実現した。

(6) 有担保原則

欧米では、交渉によりケースバイケースで担保設定が決定されているが、わが国では、社債発行、銀行貸出、インターバンク取引それぞれに**有担保原則**が適用された。戦前期においては、コール取引について昭和2年恐慌を契機に有担保取引が定着(国債担保の原則等)し、取引の安全を確保する見地から、戦後もこのような原則が踏襲されたのである。

第14章 高度成長期から1970年代の金融

1. 高度成長期の金融の特色

高度成長期とは1960年代(昭和35〜45年頃まで)を指す。輸出・投資主導型高成長が実現され、総投資のGDP比率は、最盛期には40％近く、民間設備投資のGDP比率は20％近くに上昇した(当時、米・英は10％未満、西独でも16％程度だった)。旺盛な投資需要の反面、経済全体として貯蓄不足の状況からスタートしたため、間接金融の役割が大きくなった。

(1) 間接金融の優位

企業は恒常的に資金不足で、資本市場(起債市場)は十分に発展しておらず、企業の資金調達は**間接金融**、すなわち、金融機関からの借入に依存することとなった。最盛期(昭和40年代)には、企業の外部資金調達の86〜87％が金融機関からの借入金となった。

(2) オーバーローンとオーバーボロウィング

オーバーローンとは、銀行が調達する預金と資本金以上に貸出・有価証券投資を行っている状況を言う。この不足分は相対的に低利な日銀借入に依存した。

オーバーローンは明治期以降日本の金融構造の特色であったが、戦後の復興期にも顕著な現象となった。これと対をなして、**オーバーボロウィング**が存在した。これは、法人企業の資金調達において銀行借入の依存度が高く、自己資本の過小・他人資本の過大となっている状況を意味した。

(3) 資金偏在

これも明治期から存在した金融構造の特色であるが、都市銀行の**与信超過**(資金不足)、地方銀行などの**受信超過**(資金余剰)の状態を指す。オーバーローンは

都市銀行において顕著であり、インターバンク市場において恒常的な借り手となった。政府系金融機関もこのような状況の下で意義を持ったのである。

（4）メインバンク制度と都市銀行を中心とした企業グループの形成

メインバンクとは、主取引銀行のことであり、複数の取引銀行を持つ企業の資金調達・運用などにおいて、融資順位第一位の銀行を指す。メインバンクは、企業との金融取引において取引銀行の中心的・リーダー的役割をはたし、大企業取引においては、多くの場合、株式の持合を前提としていた。メインバンクは企業への融資政策を決定し、取引銀行の間で融資シェアは厳格に守られた。すなわち、メインバンクが最大で、それ以外の銀行のシェアは応分に小さく、各銀行の融資シェアは特段の事情がなければ維持されたのである。銀行は大企業取引において協調融資団を形成しているようなものであり、企業が危機におちいったときは、メインバンクを中心に協調して対応した。企業にとっても、さまざまな銀行とのビジネスの窓口が一本化されて効率的であった。例えば、東京電力は長期資金の面では日本興業銀行、短期資金の面では三井銀行がメインバンクであった。なお、複数の銀行が融資銀行となることについては、大企業の銀行からの借入額が大きく、メインバンクでも単独で融資を拡大していけば**大口融資規制**に抵触してしまう、という背景もあった。

　間接金融を中心とした復興と経済発展のもとで、大企業のメインバンクとなった都市銀行を中心とした**企業集団**(**企業グループ**)が形成されていった。三菱・住友・芙蓉(富士銀行)・第一勧業(第一勧業銀行)・三和・三井グループが6大企業グループであり、昭和前期までの財閥との違いは、銀行が中心的存在になったことだった。企業グループ内では銀行や企業の間で安定的な関係を維持するために**株式持合**が行われ、グループの中に商社・メーカーなど多くの企業が存在して、強い結束のもとに、資源・製造業・流通・販売・金融などの幅広い産業機能をひとそろえ備え持ったことから、**ワンセット主義**とも呼ばれた。

　都市銀行は、グループ内企業との取引は大きいが、グループ企業以外の他の企業グループの企業との取引は薄かった。例えば、**三菱銀行**は三菱の名を冠した結束の強い三菱グループの企業に対しては第一位の融資シェアを持ったが、三井・住友といった他の企業グループに属する企業との取引ウェイトは小さかった。

　これに対して、**日本興業銀行**(**興銀**)を代表とする長期信用銀行や外国為替専門

銀行は、特殊銀行時代の伝統から、企業グループを超えた中立的な立場でさまざまな企業と取引を行った。興銀・長銀は鉄鋼・電力など多くの基幹産業の長期金融におけるメインバンクとなった。興銀は、戦前期同様、鉄鋼・電力・造船など基幹産業のメインバンクという役割は変わらず、特に**中山素平**頭取時代に、いくつかの産業界再編の調停役となり、また1960年代の証券不況時に山一證券の救済を主導するなど評価を高めた。さらに、多くの人材を産業界にリーダーとして送り出し、益荒男派出銀行とも呼ばれ、民間銀行のなかで、もっとも格の高い銀行という評価を獲得していった。**東京銀行**（東銀）は商社・石油会社、国際展開する製造業企業の外国為替業務におけるメインバンクの地位、および、わが国の国際金融業務の民間銀行界におけるリーダーとしての地位を確保していった。信託銀行はそれぞれの企業グループ内に属して信託業務を展開した。

（5）株式持合

企業グループの形成、メインバンク制を背景に、**株式の持合**が推進された。安定株主化工作であるが、これは浮動株を少なくすることを意味し、株価の下支え、あるいは株価の高位維持への効果を持った。

バブル崩壊後は、株価が大きく下落し、株式持合を続けることは利益にならなくなったため、持合の解消が進展したが、今日でも存在している。2001年、**銀行等保有株式取得機構**が設立され、銀行が保有する株式を売却する場合の受け皿となった。

（6）貯蓄奨励

少額貯蓄非課税制度とは、個人の貯蓄を奨励するために、預金や債券からの利子・利金について非課税とする制度で、**マル優制度**と呼ばれた。金融機関預金（元金300万円）、郵便貯金（同300万円）、国債（同300万円）、財形貯蓄（同300万円）について合計1,400万円の元金からの利子が非課税となった。しかし、やがて、複数の金融機関での口座保有・架空名義・家族名義による限度を超えた不正利用が増加したことも背景となって、1988年4月に廃止された。

（7）規制下の銀行間の競争

戦後の大手民間銀行は、都市銀行では、富士、住友、三菱、三和、第一、日

本勧業、三井、東海、協和、埼玉、大和、北海道拓殖、太陽、神戸の 14 行があり、これに外国為替専門銀行の東京が加えられ、15 行体制であった。

1970 年代初頭に、戦後初の都市銀行の合併である第一銀行と日本勧業銀行の合併が行われて**第一勧業銀行**(1971 年)が形成され、富士銀行を抜いて預金額最大の都市銀行となった。第一銀行は、かつて三井銀行と合併して失敗した経験があった。両行とも国立銀行・特殊銀行として明治期以来の伝統を持つ銀行であり、合併を成功させるために、新銀行ではたすき掛けの頭取人事が続き、平等主義が貫かれた。また、1973 年には太陽銀行と神戸銀行が合併して**太陽神戸銀行**となり、1970 年代に**都市銀行は 13 行体制となった。**

このように、1970 年代には、都市銀行 13 行、長期信用銀行 3 行(興銀、長銀、日債銀)、信託銀行 7 行(三菱信託、安田信託、住友信託、三井信託、東洋信託、中央信託、日本信託)をあわせ、**大手民間銀行は 23 行体制となり**、バブル崩壊後まで続いた。都市銀行は、大都市圏に多くの店舗を保有し、駅前の一等地に競うように店舗を設置した。一方、長期信用銀行や外国為替専門銀行は店舗数が多くなく、円資金調達を補うために金融債の発行が認められた。

都市銀行には、その預金・貸出の規模により上位行・中位行・下位行の区分があり、上位行とは、**第一勧業**、**富士**、**住友**、**三菱**、**三和**の 5 銀行であり、企業グループをそれぞれ形成した。戦前期まで最大規模であった**三井銀行**は、第一銀行との合併の失敗など、合併による規模拡大に遅れをとり、戦後は中位行に後退し、三井グループのメインバンクとしての力の不足を指摘されることもあった。

規制・管理のもとにある銀行・金融機関においては、提供される金融商品・サービスはみな横並びであり、店舗の開設も大蔵省の認可により裁量的に決定された。このため、銀行間の競争は**規模拡大競争**あるいは**量的競争**となった。すなわち、規制金利のもとで、貸出金利と預金金利の間に一定の利鞘が確保されるもとでは、預金・貸出を増やすことが利益の拡大に直接つながることになり、預金・貸出の増加が競争の中心となったのである。とはいえ、預金・貸出の増加において重要な支店の新設は大蔵省の裁量行政下にあり、また、大企業取引における銀行の取引シェアはかなり確定されていて、これをくつがえすのは困難だった。規模の拡大が容易であった高度成長期が終わった後には、量的競争というビジネス・モデルの有効性は薄らいでいき、ある意味、不毛な過当競争が続けられていたとも言える。大手民間銀行の 23 行体制は、1980 年代を経て、バブル崩

壊後まで持続したが、1990年代後半から2000年代にかけて大変革が起こった。

2．1970年代の金融の変化

　1960年代の高度成長期を経て、1970年代は日本経済に変化が発生した。要約すれば、1970年代は低成長あるいは安定成長時代であり、その後の1980年代は資産大国化の時代となっていくわけである。1970年代には、企業部門の「投資／GDP比率」は低下傾向となり、企業部門の資金不足状況が緩和されるが、一方で、資金不足部門の主役は政府部門となっていくのである。

（1）石油ショックとフロート移行

　1971の年**ニクソン・ショック**とその後の**フロート移行**(1973年)および、1973年の**第一次石油ショック**は日本経済に転換をもたらすものとなった。わが国経済は、1974年には戦後初めてのマイナス成長(-1.2％)を経験し、高度成長期の終焉を実感することになった。企業部門の投資／GDP比率は低下傾向となり、これにより高度成長期の金融を特徴づけていたオーバーローン（オーバーボロウィング）、および間接金融優位について変化が現われ始めた。企業はその発展を通じて資金不足から資金余剰の傾向を強め、銀行の交渉力は弱まり、個人貯蓄の増大と企業の流動性資産の増大を通じて、個人・企業ともに資産運用における金利選好が強まっていった。

（2）国債の大量発行と債券市場の拡大

　国債は昭和40年度(1965年)に発行が開始され、1975年以降大量発行が続くようになった。国債は、戦後は日銀引受が禁止されたため、当初は全額が金融機関からなる**引受シンジケート団**に固定シェアで配分された。その後、段階的に固定シェアの比率が引き下げられ、2006年3月に形式的には廃止されている。国債の**窓販**(窓口販売)は、当初証券会社だけに認められたが、1983年4月より銀行にも認められた。国債の大量発行は、既発債市場の形成と拡大をもたらし、市場原理に基づく金利決定の端緒となった。

第15章 金融の自由化・国際化

1．アメリカにおける金融の自由化

　1970年代から1980年代にかけては、**規制緩和（ディレギュレーション）**が進展していき、**金融の自由化・国際化**が進展した。先行して自由化が進んだのはアメリカである。それ以前には、大不況期の銀行破綻により成立した**1933年銀行法**（いわゆる**グラス・スティーガル法**）のもとで規制色が強かったが、1970年代から1980年代にかけて金融商品の自由化が進展した。主な動きは以下の通りである。

① 1972年：**NOWアカウント**の創設（Negotiable Order of Withdrawal、譲渡可能払戻指図書）
　小切手の振り出しが可能な個人向け貯蓄預金でマサチューセッツ州の相互貯蓄銀行（SB：mutual savings bank）が最初に実施し、1980年までには全金融機関に認可された。

② 1974年：**MMF**（Money Market Fund、短期金融資産投資信託）の創設
　証券会社によって発売された新商品で、MMMF（Money Market Mutual Fund）とも呼ばれた。

③ 1977年：CMAの創設
　メリルリンチがMMFを用いた**CMA**（Cash Management Account）を創設、CMAは決済機能、融資機能（クレジット・カード）を持ち、小切手の振出ができた。

④ 1978年：MMCの導入
　銀行やS&L（貯蓄貸付組合）・SBはMMFに対抗して、金利上限が市場金利に連動する金融商品であるMMC（Money Market Certificate）を導入した。

⑤ 1980年：DIDMCA（1980年預金金融機関規制緩和・通貨統制法、

Depository Institutions Deregulation and Monetary Control Act of 1980)の成立

預金金利上限規制の撤廃やS&Lの業務範囲の自由化に関して、その後の金融自由化に先鞭をつけた。

⑥ 1982年：ガーンセント・ジャーメイン法(Garn-St Germain Act、1982年預金金融機関法、Depository Institutions Act of 1982)の成立

すべての預金取扱金融機関にMMMFと同じサービスを提供する**MMDA**（市場金利連動型普通預金）の取扱いを認めた。MMDAは小切手振り出し可能な自由金利預金であり、最高限度金利がない点で、グラス・スティーガル法が規定していた**レギュレーションQ**（金利上限規制）に従わないものだった。これにより、事実上、預金金利規制が自由化され、1983年10月以降、レギュレーションQは撤廃され、金利の完全自由化が達成された。

この過程では**ディスインターミディエーション**(disintermediation)という言葉が用いられた。「金融仲介中断」あるいは「顧客の銀行離れ」という意味であり、1970年代の金利上昇のもとで、証券会社がより金利の高い商品を提供し、資金が銀行などから証券会社に流れ込んだ現象を指している。銀行と証券会社の競争が激しくなったのである。このようなアメリカにおける自由化の流れのもとで、1980年代にはアメリカからの日本への金融自由化圧力がかかることになり、「**日米円ドル委員会**」（1984年）のもとで自由化の協議が推進されることになった。

2．わが国における金融自由化

わが国では、1982年4月に金融機関の経営の自主性を尊重する新銀行法が制定され、1984年5月には日米円ドル委員会報告書が出された。そして、1985年（昭和60年）を起点として自由化を推進していくことが決定され、1993年10月までの金利自由化完了を目途とした。金融自由化には3つの側面がある。**金利、金融商品、業務範囲**の自由化の3つである。

（1）金利の自由化

日米円・ドル委員会報告が自由化を強く促し、1979年のCD市場創設が自由

化の契機となった。これ以後、大口預金（1,000万円以上）・貸出金利・定期性預金が先行的に自由化され、小口預金（1,000万円未満）・預金金利・流動性預金という順序で進展した。

①定期性預金・流動性預金の自由化

当初は、臨時金利調整法の金利規制適用除外範囲の拡大という形で進められ、同法の適用除外だった10億円以上の定期預金から開始された。自由金利定期預金とMMC[注]金利の段階的引き下げという形で進展した。

大口定期性預金のケースでは、1985年3月にMMC（市場金利連動型預金、最低5,000万円）が導入された。1985年10月に大口定期預金（単位10億円）がいずれも自由金利で導入され、1989年までに最低単位が1,000万円まで引き下げられた。この時点でMMCと大口定期預金の商品性は同一となり、MMCの新規受け入れが停止された。

注）MMC（Money Market Certificate）：1978年、アメリカにおいて商業銀行、S&L、SBがMMFに対抗して導入した。

小口定期性預金のケースでは、郵便貯金金利とのバランスに配慮が加えられつつ実施された。1989年6月に小口MMC（市場連動型定期預金、最低預入額300万円）が導入され、1990年に最低単位が100万円に引き下げられ、92年には最低単位が撤廃された。小口MMCは自由金利定期に吸収され、1991年に開始されたスーパー定期預金（最低単位300万円）と併存した。1993年6月にはすべての定期預金金利が臨時金利調整法の対象外となり、定期預金金利の完全自由化が達成された。

流動性預金については、1992年6月に貯蓄預金（残高に応じた段階金利適用、決済機能なし）が導入され、1994年10月にすべての流動性預金の金利自由化が実現した。また、大蔵省と郵政省の合意により、郵貯金利と銀行金利を連動させることで、郵貯のプライス・リーダー化を阻止した。

②貸出金利

1988年までは公定歩合に連動して**短期プライムレート**（以下、短プラと略）が決定されていた。1989年1月に都市銀行は新短プラを導入、平均資金調達金利をベースとして決定することとなった。貸出においては、スプレッド貸出

(短期市場金利に一定のスプレッドを乗せて貸出金利を設定する方式)が普及していった。1991年4月には新長期プライムレートが導入され、短プラを基準とし、貸出期間あるいは残存期間に応じたマージンを上乗せする方式となった。1994年には個人向け変動金利型住宅ローンについて、各金融機関が自主的に金利を決定することになった。

(2)金融商品の自由化

わが国における金融機関の間の競争としては、いくつかの構図を指摘することができる。ひとつは、郵便貯金と民間金融機関、銀行と証券会社、銀行のなかでは都市銀行と長期信用銀行・信託銀行などの専門銀行における利害対立がそれである。

長らく郵便貯金(以下、郵貯と略称)と民間金融機関との間では、確執が続いていた。これは競争上の不平等があるという民間金融機関の不満であり、具体的には郵貯の**定額貯金**が議論の焦点だった。

定額貯金(定額郵便貯金)は、取り扱いや利子の計算を簡易に行うため、一口の預入金額を定額(現在は1,000円、5,000円等)に定めたことが名称の由来である。定額貯金は、期間最長10年で、6カ国の据え置き期間を過ぎると引き出し自由(部分引出可)で、預入期間に応じて金利が上昇していき、利子は半年複利で計算された。極めて利便性の高い金融商品であり、郵便貯金の主力商品だった。これに匹敵する金融商品を民間金融機関は持っていなかったため、不満をつのらせていたのである。もちろん、全国津々浦々に持つ郵便局という店舗網の広範さや、その利便性を通じた資金獲得力にも不満を持っていたのである。

金融商品の自由化のスタートとなったのはCDである。1979年5月にCD市場が創設された。当初の最低発行単位は5億円であり、その後徐々に引き下げられた。1980年には証券会社に中期国債ファンド(公社債投資信託)が認可された。10日の据置期間経過後は引き出し自由で、同種銀行預金に比べ利回りが高く安全であり人気を呼んだ。中期国債ファンドや定額貯金は銀行の強力なライバル商品となり、銀行からは自由化を求める声が高まった。そこで1981年には、普通銀行に期日指定定期、信託銀行にビッグ(収益満期受取型貸付信託)、長期信用銀行にワイド(利子一括払型利付金融債)が認可された。

ビッグやワイドは、従来の5年物の貸付信託や金融債の商品性を改善し、半

年複利で金利を計算し、5年後の満期日に元利合計が支払われる商品であり、利回りが従来よりも高まることになった。この際、東京銀行には3年物利付金融債について同種のハイジャンプが導入された。1983年には銀行に国債の窓口販売(窓販)が認められ、1984年には公共債のディーリングが開始された。1985年には、銀行がMMC（市場金利連動型定期預金）の取り扱いを開始し、信託銀行にはヒットが導入された。保険においては、1986年に変額保険が導入された。1991年には長期信用銀行に2年物利付金融債が導入され、一方で、東京銀行に5年物利付金融債が認可された。1992年には証券会社にMMF（Money Market Fund）が導入され、中期国債ファンドがMMFに置き換えられていくことになった。信託銀行には実績配当型合同金銭信託が導入された。1993年から1994年にかけては、普通銀行に中長期預金（最長5年まで）が導入された。

（3）業務範囲の自由化

業務範囲の自由化(業務規制緩和)は、どの金融機関にどういう業務をどの範囲まで認めるか、という問題である。これは、戦後の業態別垣根の制度からみて、金融機関の死活に直結する問題であり、周到な利害調整が必要とされた。

都市銀行は、本来の商業銀行業務の枠を超えて、長期貸出、中小企業向け貸出、証券・外為業務への業務拡大を進めていた。普通銀行の他分野進出の背景には、1970年代以後の日本経済の構造転換を通じて量的拡大（預金・貸出の増加）の鈍化がみられていたことがある。このために新しい収益源の開拓が必要になり、中小企業取引・住宅ローン・長期金融・証券業務・外為業務・手数料収入といった分野に力が注がれていったのである。

都市銀行の業務範囲の拡大への意欲は、業態別垣根にゆさぶりを与えることになった。一方で、長期信用銀行や信託銀行および外国為替専門銀行の普通銀行業務には店舗網の制約から限界があり、決済業務がそもそも認められていない証券会社の銀行業務も難しく、業態間の業務調整および利害調整を行う大蔵省による裁量的規制行政の限界を意味していた。長期信用銀行は、重工業・基幹産業以外の分野への融資拡大や証券業務の拡大に向かい、外国為替専門銀行は市場部門・カストディ業務などへ注力していった。

1989年5月に、この問題に対する金融制度調査会の結論が出された。そこでは、銀行・証券・信託の相互参入の形態について、以下のような5つの考え方が

提示された。

　①相互乗り入れ方式：業態ごとの垣根はそのままにして逐次他業態への参入を認める方式
　②業態別子会社方式：子会社を設立して相互参入を進める方式
　③特別法方式(投資銀行方式)：ホールセール業務(対企業金融取引)についてのみ経営できる金融機関を設立
　④持株会社方式：持株会社を設立する方式
　⑤ユニバーサル・バンク方式：ドイツ型の本体でさまざまな業務を兼営する方式

　このうち、①については、本来の制度改革のあり方として不適切とされ、③については証券会社が強く反対、④は、当時独占禁止法上では持株会社が禁止されていたため実現性がなく、⑤については、利益相反や銀行の産業支配の懸念から反対意見が強かった。結果的には、この段階では②の**業態別子会社方式**が採用されることになった。

　これを受け、1993年4月の金融制度改革法により相互参入が制度的に認められることになった。この時、銀行には証券子会社か信託子会社、証券には銀行子会社か信託子会社、信託銀行には証券子会社の設立が認められ、1993年7月に興銀証券、長銀証券、農中証券が設立され、10月に四大証券が信託銀行(信託＋銀行業務)を設立、1994年には都市銀行6行が証券子会社を設立した。外国為替専門銀行は信託子会社を設立した。証券子会社において認められた証券業務は限定的であり、ブローカー業務や株式の引受・売買は禁止され、公社債・投信について発行・流通業務が認められた。

3．わが国の金融の国際化

　国際金融取引とは、表15-1における○の取引が含まれる。
　戦後制定された「**原則禁止、例外自由**」の**外国為替及び外国貿易管理法**(通称、外為法)のもとで、民間銀行の国際業務は、**外国為替専門銀行**(東京銀行1行)と**外国為替公認銀行**(都市銀行や長信銀・地方銀行など多数の銀行)によって担わ

表 15-1　金融取引の区分

	外貨建取引	自国通貨建取引
対非居住者取引	○（外－内）	○（外－内）
対居住者取引	○（内－内）	×（内－内）

外－外：非居住者間の取引（オフショア取引で国際収支には反映されない）
外－内：非居住者と居住者の取引（国際収支に反映される）
内－内：居住者と居住者の取引（国際収支には基本的に反映されない）

れ、これらの銀行は**為銀**（ためぎん）と称され、**為銀主義**と呼ばれた。

　1970年代までの銀行の国際業務は、伝統的な外国為替業務（貿易金融）が中心であり、輸出支援や輸入決済のためのさまざまな融資制度が存在した。邦銀の海外拠点の展開は、**東京銀行**が先駆けとなって、他の主要銀行が追随し、日本企業の海外業務を金融面から支えるという色彩が強かった。

　1980年に外為法の抜本的改正が行われ、国際取引は「**原則自由、例外禁止**」となった。1980年代には資本取引も活発化した。企業の国際化は、大企業のみならず中堅・中小企業においても進むようになり、大手銀行は国際業務を重視し、業務体制を拡充していった。これは、外国為替専門銀行（東京銀行）にとって脅威となった。通常の外為取引における**外為売買益**は、競争のもとでの為替相場優遇により全般的に縮小傾向となった。また、内外資本フローの増大による資金調達・運用の多様化（海外市場での起債など）が進展し、国内金融市場への影響度を強め、フロートのもとで、金利裁定スワップ取引の拡大を通じ、内外金融市場一体化の必要性が強まった。1980年代はディレギュレーションの時代でもあり、海外銀行の日本進出と邦銀の海外進出が、アメリカからの要求もあり、相互的に進んだ。

　国際業務の自由化をみると、1980年に**外貨預金**および**インパクト・ローン**（国内居住者向けの外貨建貸付）が自由化された。1984年には**先物為替の実需原則の撤廃**（実需に基づかない先物為替取引の自由化）、**円転規制の撤廃**（為銀による外貨やユーロ円の国内持込み自由化）が行われ、後者により、わが国金融市場とユーロ円市場での金利はほぼ連動するようになった。1986年には、**東京オフショア市場**が創設された。また、1980年代以後、**金融派生商品**（デリバティブ）取引が活発化していった。

　一方、1970年代後半以降、先進国民間銀行による中南米を中心とした発展

途上国に対する国際シンジケート・ローンが活発化し、わが国の主要銀行も多額の資金を貸し付けていたが、1980年代初頭に多くの国で債務不履行やリスケジュールが発生する事態となり、累積債務問題と呼ばれた。

第16章
BIS自己資本比率規制

1. 自己資本比率規制

　銀行の**自己資本比率**(capital adequacy ratio)とは、総資産(貸出残高、保有有価証券など)に対する自己資本(資本金、引当金などの内部資金)の比率である。これに対する規制が**自己資本比率規制**である。経営の健全性を維持することを目的とするもので、信用リスクに対応した**バランス・シート規制**のひとつである。バランス・シート規制にはそのほかに大口融資規制などがある。

　今日、自己資本比率に関しては **BIS（国際決済銀行）**[注]による国際的な統一規制があり、**BIS 自己資本比率規制**あるいは **BIS 規制**と呼ばれる。自己資本比率について**最低基準**が設定され、国際業務を行う銀行は 8％ 以上を、国内業務に特化した銀行は 4％ 以上を維持することが求められている。わが国の国内規制も BIS 規制に準じている。

　注) BIS：Bank for International Settlement
　　　自己資本比率規制は BIS の銀行監督委員会(13 カ国の銀行監督当局と中央銀行からなる)が推進し BIS が事務局となった。

2. 国際統一規則制定の背景

(1) アメリカの金融機関破綻の増加

　アメリカでは 1970 年代から 1980 年代にかけて金融自由化が進んだが、1980 年代に金融機関の破綻発生に見舞われた。1982 年には、ペン・スクエア銀行、1984 年には当時資産額全米 7 位だったコンチネンタル・イリノイ銀行が破綻した。これはずさんな融資審査を背景として発生した。

　さらに、住宅金融業務が中心の S&L (savings and loan association、貯蓄貸付組合)の破綻が発生した。1980 年代初頭の**第一次 S&L 危機**においては、第二次石油ショック後の市場金利の急上昇により調達金利が上昇し、短期資金調

達・長期資金貸出という調達・運用のミスマッチにより資金利鞘が逆鞘となり、収益が悪化した。経営改善のために、S&Lに対して規制緩和が行われ、住宅金融に特化していたS&Lに対して、不動産融資などが認められることになった。しかし、その後、審査能力が不十分なままに不動産融資やジャンクボンド投資[注]が増加し、その多くが不良債権化し、1980年代後半に**第二次S&L危機**が発生することになった。

注) ジャンクボンド：格付けが最低レベルの債券であり、金利は高いが、デフォルトリスクも大きい。

こうして、アメリカにおいては、1980〜1994年までの間に1,617の銀行と1,295のS&Lが破綻するか公的支援を受けることになった。S&Lの破綻件数のピークは1989年で、合計747が破綻、損失金額は1,600億ドルとなり、S&Lの数は1995年頃までに半減した。レーガン政権の後を継いだブッシュ政権は、公的資金をもってこの問題に対応し、アメリカの財政赤字は膨らんだ。金融機関の経営の健全性を求める声が強くなったのは言うまでもない。

(2) 累積債務問題

1980年代には、国際金融において**累積債務問題**が発生したが、アメリカの大手銀行9行の中南米向け貸出は、当時、自己資本の2倍近くにのぼっていた。この問題も、金融機関の経営の健全性を求める背景となった。

(3) 邦銀のオーバープレゼンス是正

ルール国際化の背景には、邦銀のオーバープレゼンス是正という観点もあった。

邦銀は、低い自己資本比率のもとで貸出を増加していた(当時主要米銀平均約7％、都市銀行平均3％程度)。1986年当時、世界の国際銀行資産に占めるシェアでは、邦銀が32.8％を占め、米銀の17.6％を上回るようになった。ユーロ預金市場においても、邦銀は全体の3分の1を占め、バブルのピークとなった1989年には資産額による世界の銀行ランキングで、上位10行のうち8行が邦銀という状況だった。このような、邦銀のオーバープレゼンスに牽制を与えるという観点、および相互主義(レシプロシティ)と均等な競争条件の確保という観点が自己資本比率規制の国際化の背景になったことは否めない。

（4）自己資本比率規制への動き

自己資本比率規制への動きは、まず、アメリカとイギリスによって始められ、1986年12月にFRBの**ボルカー議長**とイングランド銀行のリーペンバートン総裁が共同案に合意した。その後、議論の舞台はBISの銀行監督委員会に移され、1988年に公表された。これがいわゆる**バーゼル合意**である。

アメリカにおける自己資本比率規制の議論では、1981年に統一自己資本比率規制が議論され、自己資本についての共通の定義が合意されたが、劣後債の扱いで議論が分かれた。そして、自己資本を本来の自己資本と、劣後債務などの2次的な自己資本に区分した。これは、BIS規制における**Tier I 資本**(ティア・ワン資本、基本的資本項目)と**Tier II 資本**(ティア・ツー資本、補完的資本項目)の原型となった。また、資産規模別自己資本比率規制が考慮され、多国籍銀行・地方銀行・コミュニティ銀行という範疇で、小規模金融機関ほど厳格な扱いがとられた。

BIS規制以前のわが国の自己資本比率規制をみると、1954年に、広義自己資本÷預金＞10％とされ、1970年度末5.0％、75年度末4.2％、80年度末2.9％と緩和傾向が進み、1985年当時は2.5％だった。1986年には(資本勘定＋引当金等)÷総資産＞4％という変更が行われた。

3．バーゼル合意の内容

（1）自己資本比率

国際業務を行っている銀行の最低自己資本比率を8％とし、2年半の移行期間を設け、1992年末までに達成することした。日本は93年末までに実現することが求められた。

最低自己資本比率＝自己資本÷リスク・アセット(信用リスク)＝8％

（2）自己資本の定義

自己資本の定義は以下の通りである。

自己資本＝Tier I (基本項目)＋Tier II (補完的項目)＋Tier III (準補完的項目)

TierⅠ：株主資本（＝普通株式＋内部留保）
    銀行の債務能力をもっとも直接的に示す概念である。
TierⅡ：劣後債務[注]**による調達額＋株式含み益＋一般貸倒引当金**
    劣後債務は TierⅠ資本の半分までしか算入できない。
    株式含み益は含み益全体の 45％までしか算入できない。
    不動産再評価額も 45％までしか算入できない。
    一般貸倒引当金：リスク加重試算総額の 1.25％を超える部分は自己資本に算入しない。
    個別貸倒引当金（個別企業との取引において積む引当金）：いっさい算入されない。
    TierⅡ資本合計では TierⅠ資本と同額までしか算入できず、8％のうち4％までは質の高い資本だけでの達成が求められた。
TierⅢ：短期劣後債務

注）劣後債務：一般債権者よりも債務弁済の順位が劣る債務。

（3）資産の定義＝リスク加重資産（リスク・ウェイテッド・アセット）

分母にくる資産は銀行の抱える**信用リスク**の規模を示すが、信用リスクの大きさをより適切に評価するために、**リスク加重資産**(risk-weighted asset)の考え方がとられ、資産はリスクの大きさに応じて以下のようにウェイトづけされることになった。

リスク加重資産の掛け目
    0％：現金、国債、地方債、OECD 加盟国の国債、等
    10％：政府関係機関債等
    20％：金融機関向け債権
    50％：抵当権付き住宅ローン
    100％：企業向け与信

なお、オフバランス取引もリスク加重資産の計算に含められた。銀行が借り手に対して保証を行った場合も、貸出を行っている場合と同じリスクと評価された。1年超の期間にわたってのコミットメント（求めがあった場合、貸出を行う条件の融資契約）は、コミットメントの半分が与信と評価された。また、金融派生商品については、損失想定額を与信扱いとした。

（4）適用範囲

　国際的に活動する銀行は、連結財務諸表を作成し、それをベースに自己資本比率を計算し、銀行グループ全体の体力を評価することになった。なお、バーゼル合意はあくまで**最低基準**であり、各国でより厳しい基準を設けることが可能である。バーゼル合意自体には法的拘束力はないが、これに従わないと、格付が下がるなどの大きな不利益があり、各国当局・銀行は遵守している。

　わが国においては、国際業務を行う銀行にだけ8％ルールを適用し（現在18行）、その他は従来の国内基準（4％）を適用している。米・英においては、すべての銀行をBIS規制対象とし、個別銀行ではもっと高い自己資本を求めるケースもある。また、**株式含み益**の扱いについては、わが国ではバーゼル合意の限度まで自己資本として算入することとし、国内基準（4％）では株式含み益はいっさい算入しないことにした。米英は、当初は自己資本として算入せず、ドイツはバーゼル合意よりも厳しい掛け目を設定した。

（5）邦銀の自己資本増強

　その後、わが国の大手銀行は、時価発行増資を全体で11兆円程度実施し、さらに当時株価の上昇による株式含み益の増大で、8％をなんなく達成することができた。1988年度末当時には、11％程度だった。この当時、米銀は不良債権処理に追われ、6％台だった。

　BIS規制にのっとれば、資産の拡大は資本を必要とし、資本を充実するためには銀行には収益が要求される。このため、**資本収益率**（ROE：Return on Equity）重視の傾向が現われることになった。株式持合は、いわば無コストの資金調達であり、1980年代後半当時には、株価の上昇により株式含み益は増加し、経営努力なしに自己資本比率を上昇させる効果を持った。これは、一種の**モラル・ハザード**を生んだ。バブル期の邦銀の融資においては、不動産融資のシェア

は1980年当時の16％程度から1989年には30％程度へ上昇し、BIS規制は、バブル期には適切な融資水準を維持するという意味では大手銀行に節度をもたらさず、あまり効果はなかった。BIS規制が行われても、量的拡大という基本路線は変わらなかったのである。

4．市場リスク規制の導入

1988年の規制は、信用リスクのみに注目したが、その後**市場リスク**（市場取引によって損失が発生するリスク）の必要性が考慮され、1996年末（日本は1998年3月末）から市場リスクが導入された。算式は、以下のようになった。

最低自己資本比率＝自己資本÷リスク・アセット（信用リスク＋市場リスク）
**　　　　　　　＝8％**

VaR（Value at Risk、バリュー・アト・リスク）[注]の概念が導入され、市場リスク部分の評価について、「自己資本／市場リスク」比率規制が適用された。

　市場リスクに関するリスク・アセット
　＝市場リスク相当額÷8％＝市場リスク相当額×12.5

すなわち、リスク・アセット＝信用リスク・アセット＋市場リスク相当額×12.5となった。市場のリスクの計測には、銀行の内部管理手法を活用し、標準的手法と内部格付手法の2つから、銀行が自ら手法を選択することになった。

[注] VaR：ポートフォリオについて、市場の価格変動からどれくらいの損失が発生する可能性があるかを計測するものである。

5．バーゼルⅡ

1998年には再びBIS規制見直し作業が開始され、2004年6月に新BIS規制案が公表され、2007年3月より適用された。これは**バーゼルⅡ（新BIS規制）**と呼ばれ、**オペレーショナル・リスク**が追加され、以下のような算式になった。

オペレーショナル・リスクとは、事務事故・システム障害・不正行為などで損

失が発生するリスクである。

最低自己資本比率
＝自己資本÷リスク・アセット（信用リスク＋市場リスク＋
オペレーショナル・リスク）＝ 8％

　見直しの柱は、**リスク計測の精緻化、自己管理型、市場規律型**、の3つであり、市場リスク導入からバーゼルIIへの見直しの過程で、**自己管理型・市場規律型**へより移行することになった。なお、平均的には、それまでの規制と概ね同じ所要自己資本額の水準とされた。

リスク計測の精緻化
①**信用リスク**については、これまで一律の手法がとられていたが、銀行に3つの手法の選択肢が与えられた。これは以下のような手法である。

　標準的手法：現行規制についてリスク・ウェイトを見直したもので、ウェイトは以下のようになった。
　　国・地方公共団体：0％（不変）、政府関係機関：10％（不変）
　　銀行・証券会社：20％（不変）
　　大企業・中堅企業：100％（不変）
　　中小企業：100％→75％（与信額1億円未満）
　　　（事業法人については、格付に応じて20〜150％とする手法も選択可）
　　個人向け：100％→75％（同上、住宅ローン以外の融資）
　　住宅ローン：50％→35％
　　株式：100％（不変）
　　延滞債権：100％→150％

　内部格付手法：銀行が個別に実施している**内部格付**を用いて信用リスクを計測することを認めた。その際、基礎的内部格付手法と先進的内部格付手法のいずれかが選択できることになった
　　基礎的内部格付手法：デフォルト確率を銀行が推計

先進的内部格付手法：デフォルト確率＋デフォルト発生時の損失率を銀行
　　　　　　　　　　　が推計
②**市場リスク**については、現行規制のままとした。
③**オペレーショナル・リスク**については、銀行に３つの選択肢が与えられた。
　基礎的指標手法：粗利益に一定の掛け目(15％)を適用する手法
　標準的手法：ビジネスライン毎の粗利益にそれぞれ異なる掛け目を使用する
　　　　　　　手法（掛け目は 12％、15％、18％の３つ）
　　　　　　　　　（これら２つの手法は粗利益をもとに算出される）
　先進的計測手法：過去の損失実績等をもとに、行自身が用いているリスク評
　　　　　　　　　価方法により計測する手法
　自己管理型の意味は、銀行がどのような手法で自己資本比率を計測するかについて方針を策定し、監督当局のレビューを受け、了承されなければならない、ということである。そして、**市場規律型**の意味は、自己資本の構成やリスク計測の方法などについて、対外的に十分な情報の開示を行う、ということである。

6．バーゼルⅢ

　バーゼルⅢは、リーマン・ショックを教訓とし、バーゼル銀行監督委員会が 2010 年９月に公表した、バーゼルⅡに次ぐ新たな自己資本規制の強化策である。
　バーゼルⅢは、銀行の自己資本の質と量の見直しが柱で、かりに銀行が経営危機に見舞われても、返済不要の普通株などによる資金を十分に持っていれば、損失を穴埋めでき危機を回避できるという考え方をとっている。
　具体的には、**TierⅠの最低所要比率を 7％以上**とすることが求められる。すなわち、以下のようになる。

　　TierⅠ ＝ **普通株等最低所要水準**(4.5％)＋**資本保全バッファー**（2.5％)
　　　　 ＝ 7.0％

　資本保全バッファーは、将来のストレス期に耐え得るように追加的に課されるもので、未達時には配当を抑制しなければならない。これにより、自己資本比率は、実質的には以下のようになる。

自己資本比率＝従来の最低比率(8%)＋資本保全バッファー（2.5%）
＝ 10.5%
（このうち TierI が 7% 以上を占めなければならない）

　バーゼルⅢは、2013年末から TierI の最低水準を現行の 2.0% から 3.5% に上げるという形で開始され、2016年より資本保全バッファー部分が導入され、段階的に数値を上げ、**2019年から TierI の 7% 規制が全面的に適用**される予定である。

第17章

バブルの発生と崩壊

1．バブルとは

　バブル(bubble)とは泡沫のことである。経済・金融においてバブルとは、資産価格が、投機を通じて適正水準(ファンダメンタルズ)から大きく乖離して急上昇する現象である。したがって、高騰した価格は、泡が破裂するように、いつの時点かで急激に下落することになる。ただし、どこまでをバブルとするかについて、厳密な定義は存在しない。重要なのは、バブル現象の最中には、誰もがそれを異常だと思わないことである。これこそバブルが発生してしまう所以である。

　歴史的にバブルと考えられているのは、17世紀オランダのチューリップ投機[注1)]や18世紀イギリスの南海泡沫事件[注2)]がある。しかし、これらは、個別の商品や株式の価格の高騰であり、マクロ経済でのバブルは、1920年代のアメリカ経済(1929年の暗黒の木曜日以後、株価が暴落し大不況発生)、1980年代後半の日本経済にしかみられない。その意味で、日本のバブル経済は歴史に名を残すバブルの例となろう。

注1) 17世紀オランダのチューリップ投機：チューリップの球根価格の異常な高騰で、希少球根は1,000フローリン(当時、賃金労働者の平均年収は250フローリンだった)で取引された。1634年頃には投機は現物売買から先物取引へと拡大したが、1637年、価格は突然暴落した。
注2) 18世紀イギリスの南海泡沫事件(1720年)：南海会社(貿易業)が政府から国債引受を任され、これにより株価は100ポンドから1,050ポンドまで急騰した。しかし、その後、株価は急落した。

2．1980年代後半の日本経済とバブル

　1980年代後半の日本経済は、金融緩和が進んでいた。公定歩合は、1980年3月の9％をピークの後。引き下げが継続し、1987年2月には戦後最低(すなわち、明治期以降最低)の2.5％まで低下していた。なぜ、金融緩和が進展したかと言えば、1980年代前半には第二次石油ショック後のインフレが鎮静化し、**ディスインフレ**と呼ばれるインフレ率低下がみられていたこと、1985年9月の

プラザ合意以降円高が急速に進み、国内物価を一層安定化させる影響をもたらし金融緩和を可能としていたこと、アメリカからの内需拡大圧力があり、それに相応した金融緩和政策をとる必要性があったことがあげられる。わが国のバブルは、金融緩和期、すなわち、物価の安定期のもとで発生したのである。

　1987年10月19日にはアメリカで**ブラック・マンデー**が発生した。ダウは508ドル(-22.6％)値下がりし、1929年10月24日の**暗黒の木曜日**(-12.8％)の下落率を上回った。当時日経平均株価も3,836円安(-14.9％)となった。ただし、日本では、1988年4月までに下落分を回復し、日本経済はこの影響を欧米に先がけて抜け出すことができた。

　当時国内においては、NTTの民営化と株式市場上場が計画されており、民営化フィーバーが株式市場に活況をもたらしていた。家計部門においては、マル優制度の廃止(1988年)により、個人貯蓄が郵便貯金や銀行預金から株式市場に流入したと言われる。ゴルフ会員権の高騰も、このような個人貯蓄のシフトがあったとみられる。企業においては、資金余剰が進み、余裕資金を有利に運用する、いわゆる**財テク**が推進された。安田火災のゴッホ作「ひまわり」購入は、企業のカネ余りの典型例となった。

　同時に地価が上昇し、不動産投資が拡大した。地価の上昇は主として大都市圏の商業用オフィスビルで発生し、大都市圏の住宅価格全般へ波及していった。この背景として、わが国が1980年代には資産大国化し、世界の中心都市としての東京は今後もさらに発展を続けることが見込まれ、オフィス需要が拡大を続けるという見方が強まっていたことを指摘できる。地価の上昇は、「**地上げ**」と呼ばれた強引な土地取得による再開発や、「**土地ころがし**」と呼ばれた地価の上昇を見込んだ転売目的の短期的な土地売買によって促進され、このための資金としての不動産融資が銀行から容易に実行された。個人もワンルーム・マンションなどの不動産財テクに走り、大都市圏以外の地域では、リゾート地の開発投資が行われたりした。東京23区の土地代金でアメリカ全土が買えるほどの地価上昇となったのである。個人消費は過熱し、ブランド品ブームが起こり、高級車が売れるという「シーマ現象」が発生、ジュリアナ東京は、ディスコのお立ち台が若者の人気を集めた。

　金融自由化と円高の大幅な進展は、対外購買力の急増をもたらし、対外投資も急増したが、**ジャパンマネー**による買いあさりとの批判もあがった。1989年に

三菱地所がニューヨークのロックフェラーセンターを 2,200 億円で買収したのはその典型例だった。邦銀の対外プレゼンスは向上し、一時資産規模で世界の上位 10 行のうち 8 行が邦銀となったのである。

　銀行にとって、金融自由化の進展による規制金利下での利潤の縮小（＝預貸金利鞘の縮小）や大手企業の銀行離れという環境下、徒労となっていた量的競争がその効果を大きく発揮できる時期となった。銀行は、企業や個人にどんどん融資を拡大していったのである。表 17-1 と表 17-2 は、1980 年代半ばのバブル直前の時点でのわが国金融機関の計数である。バブル崩壊後には、その機関数はどんどん減少していくことになる。

表 17-1　1985 年当時の金融機関 1 機関当たり平均指標

(単位：億円)

	機関数	店舗数	資本金	貸出	有価証券
都市銀行	13	235	930	94,977	17,001
長期信用銀行	3	21	940	95,082	28,525
信託銀行	7	51	352	52,960	46,415
地方銀行	64	108	107	11,070	3,032
相互銀行	69	62	28	4,433	875
信用金庫	456	15	6	801	182

（注）都市銀行には外国為替専門銀行の東京銀行を含む
（資料）日本銀行「わが国の金融制度」昭和 61 年版より作成

表17-2 1985年当時の金融機関の組織図

昭和60年12月末
(単位・億円)

			数	店舗数(a)	資本金(出資金)	預金および債券発行残高	貸出残高(b)	有価証券残高(c)
中央銀行	日本銀行							
民間金融仲介機関 / 資金取扱機関 / 民間金融機関	(商業銀行)	銀行(12行) — (普通銀行) — 都市銀行(12行)	13	3,059	12,091	1,282,185(d)	1,234,712(d)	221,017(d)
		地方銀行	64	6,907	6,885	907,333(d)	708,535(d)	194,058(d)
		外国為替専門銀行(1行)	77	114		17,116	48,883	5,158
	(長期金融機関)	日本興業銀行	3	64	2,821	345,015	285,248	85,577
		長期信用銀行	7(e)	363	2,467	666,857(f)	370,726(f)	324,909(f)
		信託銀行		4,279	1,900	375,486(g)	305,887(g)	60,383
		相互銀行	69	17	200	57,573	17,546	26,700
	(中小企業金融機関)	全国信用金庫連合会	1	7,090	2,679	501,844	365,419	83,300
		信用金庫	456	12	41	14,819	8,003	7,375
		全国信用協同組合連合会	1	2,835	1,429	125,764	95,692	13,256
		信用組合	448	1	150	11,123	559	8,702
		労働金庫連合会	1	600	531	49,082	25,244	11,670
		労働金庫	47	95	1,913	89,611	80,307	12,802
		商工組合中央金庫	1	38	450	187,374	97,261	92,391
	(農林漁業金融機関)	農林中央金庫	1	35	2,010	250,134	38,860	101,323
		農業協同組合連合会	47	240(60/3)	9,117	397,221	125,383	20,414
		農業協同組合	4,286(60/9)	15,491(60/9)	204	15,474	8,204	459
		信用漁業協同組合連合会	35	124(60/9)	1,456	15,528	10,896	289
		漁業協同組合	1,753	2,125(60/10)				
非資金取扱機関	(保険)	証券投資信託委託会社	11	11	47	199,722(h)	242,123	180,775
		生命保険会社	23(i)	16,652(60/3)	143	504,885(j)	24,009	52,781
		損害保険会社	23(k)	3,896(60/3)	3,081	102,422(j)		
		各種共済制度						
	(共済事業協同組合等)	住宅金融専門会社	48(l)	48	422(60/l)	101,986(i)	27,714	57,640
		消費者金融機関	8	148	122		50,431	n.a.
		ベンチャーキャピタル	3(n)	n.a.	n.a.		265,159(m)	73
		証券金融会社	3	9	177		387(o)	
その他民間金融機関					63		17,311	
	証券会社		212(p)	2,281	4,574	189,748(s)	29,495(q)	3,840
	短資会社		6(r)	12	14		193,039(s)	186
公的金融仲介機関	(銀行)	郵便貯金特別会計(除簡保)	1	23,654(60/9)		987,467(60/l)	4,728	
		資金運用部資金・簡保資金						
		簡易生命保険特別会計(財投原資)						
		日本開発銀行	3	10	2,339	67,122(t)	1,304,037	571,359
		日本輸出入銀行	1	2	9,673	46,618(t)	76,092	240
		海外経済協力基金	1	1	16,092	18,055(t)	57,467	658
		国民金融公庫	1	152	260	51,085(t)	32,915	1
		中小企業金融公庫	1	59	312	50,661(t)	51,124	333
	(公庫等)	中小企業信用保険公庫	1	1	3,948		53,862	
		環境衛生金融公庫	1	1	10		3,165	
		農林漁業金融公庫	1	22	1,682	6,669(t)	6,582	229
		住宅金融公庫	1	14	972	50,733(t)	51,466	1,189
		公営企業金融公庫	1	1	124	244,610(t)	245,752	47
		北海道東北開発公庫	1	4	330	95,145(t)	93,540	1,283
		沖縄振興開発金融公庫	1	6	275	8,354(t)	8,683	155
		政府関係機関金融機関等	13			7,356(t)	7,764	86
							81,122(60/3)	

(資料) 日本銀行「わが国の金融制度」(昭和61年版)

3．バブル発生の背景

（1）経済的背景

バブル発生の経済的背景としては、以下の6つの要因をあげることができよう。

①金融緩和の持続

1980年代後半、公定歩合の水準(2.5％)は、当時の時点で、戦後最低となり維持された。この水準は、明治期以降でみても最低の水準であり、企業や個人の借入意欲を強めていった。

②ストック経済化

日本経済の発展により、企業・家計には金融資産が蓄積された。この投資先は、バブル期において不動産や株式となった。**ストック経済化**とは、ストックのフローに対する比率、ここでは、経済主体の保有する実物資産や金融資産額のGDPに対する比率が経済発展によって上昇することであり、かつ、これらに対する投資や、資産価格の変動が経済に大きな影響を与える状態になったことを指しており、当時の経済企画庁の経済白書で使用された。

③銀行の量的拡大の最終局面（自由化・規制緩和のもとでの競争激化）

銀行の量的拡大は、高度成長期が終わった後の時期には、その限界がみられていたが、バブル期の金融緩和のもとで、企業や家計の借入需要の高まりにより、融資拡大競争が激化した。当時、都市銀行で収益トップの座にあった住友銀行の**磯田一郎**会長は、「向う傷は恐れるな」と述べ、マスコミに取り上げられた。これは、融資拡大による少々の不良債権の発生を恐れずにどんどん融資を拡大せよ、という意味と解される。当時の銀行融資の積極的スタンスを象徴している。

④レバレッジ効果

ストック価格の上昇は借り手の借入能力(担保能力)を急増させ、さらなる投資にかりたてるとともに、金融機関の貸出における審査を甘くした。ストック価格上昇→借入能力増加→銀行の貸出増→投資増→さらなるストック価格の上昇という循環が発生したのである。

⑤円高の進展

1985年9月のプラザ合意以降、円高は急進展した。急速な円高は、わが国の対外購買力の拡大をもたらし、対外投資が容易となった。

⑥日本経済への過大な自信

当時、日本以外の先進国の経済状況は相対的に悪かった。アメリカは1987年のブラック・マンデー以後、金融機関の破綻問題への対応で財政赤字が悪化、西欧ではベルリンの壁崩壊後、政治経済情勢が転機を迎えつつあり、1980年代末にかけて景気後退局面に入っていった。

資産価格高騰については、問題は小さいとする見方と大きいとする見方が分かれた。問題は小さいという見方は、日本経済の将来のさらなる発展を先取りする現象であるという肯定的見方で、インフレはさほど出ておらず、景気に問題はないことを強調した。当時、円高・原油安により輸入価格は安定し、インフレ安定に寄与していた。一方、問題が大きいとする見方は、当然ながら、資産価格の水準はすでに行き過ぎており、消費者物価は安定しているものの、資産価格インフレが発生している、という主張だった。この論争は容易に結論の出ないものだった。

（2）平成元年ユーフォリア

昭和天皇は1989年1月7日に崩御し、ヨーロッパでは、ベルリンの壁が11月11日に崩壊した。これは、「戦後」という時代に終りをもたらす象徴的出来事であった。この時代の転換は、戦後日本の経済的成功を意味する平成元年ユーフォリア[注]をわが国にもたらした。

[注] ユーフォリア(euforia)：イタリア語で幸福感・陶酔感の意味。

戦争と敗戦の昭和前期、荒廃からの復興と高度成長、世界第2位の経済大国化を実現した激動の昭和は、昭和天皇の崩御をもって終わり、平成という新時代に入ったが、日本人は、その延長線上のさらなる成功を疑わなかった。株価・地価の上昇はそのユーフォリアを示したのである。昭和天皇の崩御、ベルリンの壁崩壊は、日本やドイツのみならず、戦後世界の象徴的な部分が終わるというエポックであった。敗戦したドイツ・日本は成功したのだ、そしてこれからが、日

本の、統一ドイツの時代だ、という意識の高揚が両国の国民にあったのである。

(3)行き詰まりつつあった戦後日本のパラダイムの最後のあだ花

パラダイム(paradigm)とはトーマス・クーンによる科学史における概念であるが、転用されて、ある時代や社会において支配的な考え方や認識・価値観を言う。

戦後日本のパラダイムとは、論者によっていろいろであろうが、以下のように要約することができるだろう。

①平和日本：戦争の放棄
②欧米諸国へのキャッチ・アップ(生産・輸出の拡大＝GDPの増加)：「復興と成長」、「追いつき追い越せ」がスローガンだった
③自民党政権の持続「55年体制」：政治の安定性の維持(＝一党独裁の長期化)
④「日本株式会社」：政官民の協力と一体性
⑤「終身雇用」、「一億総中流」、「学歴社会」：格差意識の小さい均質的な国民意識と、努力すれば報われるというジャパニーズ・ドリームの存在
⑥金融制度：「護送船団行政」と、裁量的政策による金融機関経営の安定

わが国は、戦後このパラダイムのもとで発展と成功をみた。しかし、規制緩和・自由化、少子高齢化、グローバリゼーションの進展という時代の転換のもとで、新しいパラダイムへの転換が必要な時期に入りつつあった。わが国は転換に遅れており、過去のパラダイムの成功への過信があった。これは、金融行政においてもかなりあてはまると思われる。バブルは、この古いパラダイムのもとで最後に咲いたあだ花となり、わが国はパラダイムの転換を、その後の時代に、バブル崩壊への対応という形で求められるようになった、と言えるのである。

4．バブルのピークと崩壊

(1)バブルのピーク

①**株価** （図17-1参照）

わが国の株価(日経平均株価)は1989年12月の大納会において38,915円のピークをつけた。これは、1985年当時の3倍であった。東証第一部の時価総額は、1985年12月には183兆円だったが、1989年12月には590兆円に膨れ

図 17-1 日経平均株価

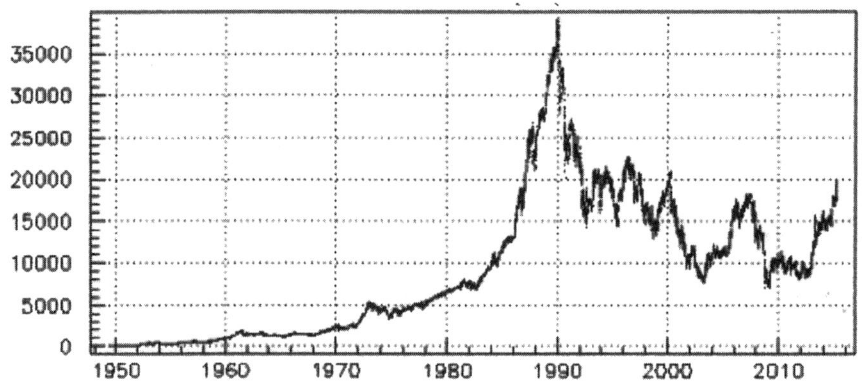

上がった。

　妥当な株価水準はどのくらいか、ということを評価するのにはいくつかの考え方がある。ひとつは、**PER**（**株価収益率**、price earnings ratio）である。これは株価が1株当たり利益の何倍となっているか、という指標である。株価は企業の成長を織り込むので、株価＝1株利益(PER=1)になることはなく、厳密な判断基準はないが、その何倍か(15～20倍くらい)が適正とみられている。

　　PER ＝株価÷一株収益＝時価総額÷当期純利益

　わが国では、バブル崩壊以前の PER は 40～60 で推移していた。そもそもわが国では株式持合により浮動株が少ないことから株価が高めに形成されており、PER は欧米比で相当高かった。1980 年代後半当時には 50～80 倍になっていた。

　　PER の推移　1965-1971 年：10 倍程度、1972-1982 年：20 倍程度
　　　　　　　　1983-1985 年：30～40 倍、1986-1989 年：50～80 倍

　もうひとつは、**PBR**（**株価純資産倍率**、price book-value ratio）である。これは、株価が1株当たり純資産の何倍になっているか、という指標である。

図 17-2　市街地価格指数（6 大都市）

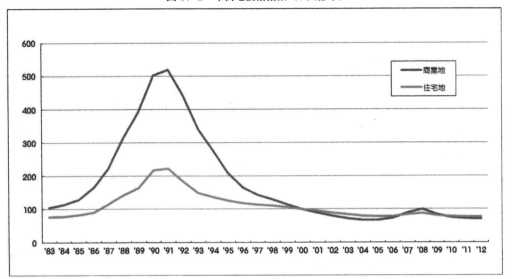

PBR ＝株価÷一株当たり純資産＝時価総額÷純資産

　PBR ＝ 1 は企業の解散価値であり、通常は PBR ＞ 1 となる。バブル期の PBR は 4 ～ 5 倍になっていたとみられる。
　PER や PBR からみれば、当時の株価は割高になっていたと思われるが、バブルの最中には、あまり重視されることはなかった。

②**地価**　（図 17-2 参照）
　バブル期のピーク時の 6 大都市圏の市街地価格指数は、1985 年 9 月比 4 倍に上昇した。家計所得に対する住宅ストックの比率は、従来 3 ～ 4 倍だったが、1988 年には 7.5 倍に膨れ上がった。

③**民間設備投資の GDP 比率**
　バブル期以前には 15％程度だったが、1987 ～ 1991 年の平均は 18％に上昇した。

④銀行融資とマネーサプライ

銀行融資は年10％を超える伸びとなり、不動産関連融資が急増し、全体の伸びを上回った。マネー・信用の膨張により、マネーサプライは、当時のトレンドを超える増加となり、**マーシャルのK**（マネーサプライ÷名目GDP）は1.17程度に上昇、「**金余り**」と呼ばれた。マーシャルのKは、日本の1970～80年代前半は1以下であり、諸外国も1を下回り0.5～0.7程度だった。

（2）バブルの崩壊

バブルの崩壊には、以下の2つの要因が直接的に影響した。

①金融引締政策への転換

金融緩和を推進した澄田日銀総裁の後任として就任した三重野日銀総裁は、1989年5月に9年ぶりの公定歩合引き上げ（2.5％→3.25％）を実施し、10月には3.75％へ、さらに12月には4.25％へ引き上げた。この間、イラクのクウェート侵攻によって湾岸戦争が発生したことも、原油価格上昇の懸念から金融引締政策の材料となった。

②不動産融資の総量規制

1990年4月に、銀行の不動産融資額を総貸出の伸びの範囲内におさめるという総量規制が発動された。当時不動産融資は貸出全体の30％まで増加していた。これは1991年12月に解除されたが、不動産取引の資金繰りは急速に苦しくなった。

株価や地価といったストック価格の上昇にピーク感が強まり、利益確保をねらう投資家が売りに回るようになり、価格下落が発生、これにより市場マインドは悪化し、借入過大の投資家は借入を清算する必要が発生してさらに売りに拍車をかけ、価格が一層下落するという悪循環になった。

第18章
バブル崩壊後の不良債権問題

１．不良債権問題とマクロ経済

　バブル崩壊以後、**不良債権問題**が直ちにクローズアップされたわけではなかった。株価下落のマクロ経済（生産や雇用）に対する影響は直接的ではなく、地価の急騰は大都市圏に限られていた。株価の下落が、日本経済に対する海外の信認を急速に悪化させたわけでもなかった。しかし、問題は時間が経つにつれて徐々に深刻性を増すことになった。

　不良債権が増加して、それが正常債権に復帰しないということになれば、銀行は不良債権処理をしなければならず、自己資本が減耗する。このため、**自己資本比率規制**を達成することに問題が発生し、**資産圧縮**が必要になる。銀行は企業への貸出を増やすのではなく削減する必要性に迫られていく。このような状況では、資金調達者への資金供給が十分に行われなくなり、経済は一層低迷していく。いわゆる、「**貸し渋り**」や「**貸しはがし**」という言葉は、このような事情を物語るものである。

　マクロ経済は低迷し、企業においては過剰債務、過剰設備、過剰雇用を抱えるもとで**リストラ**に迫られ、投資は低迷する。企業収益の低迷は家計の所得低迷と消費の低迷をもたらし、悪循環のサイクルを生み出していく。経済低迷により財政赤字は拡大し、その後、省庁再編や全国的な市町村合併を迫られることになった。バブル崩壊後 10 〜 15 年の日本経済は全般的に**デフレ状況**となったが、この日本経済の苦境は、不良債権問題という金融問題に帰すことができると言って過言ではない。金融の機能不全は、このように経済に深刻な影響を生み出すのである。

　不良債権問題は、当時わが国だけが抱えたわけではない。当時、西欧諸国でも資産価格の下落が起こり、例えば、北欧諸国は、経済規模は小さいながら、GDP 比でわが国に匹敵する深刻な銀行危機が発生した。しかし、わが国と異

なる点は、問題解決への取り組みが迅速になされたことであった。わが国の対応は、結果的には遅れ、後に「**失われた10年（ないし15年）**」と呼ばれるようになった。

　アメリカの大不況時を見ると、1929年の株価の暴落後、実質GDPが1929年の水準まで回復したのは、太平洋戦争の始まった1941年であり、株価が1929年の水準まで回復したのは、戦後の1954年頃となった。このようにアメリカも長期低迷を経験したが、アメリカのケースと日本のケースの違いは、日本の場合はアメリカほどGDPの低迷は深刻ではなかったが、株価の回復にはより時間がかかっている、という点である。日本の株価のバブルはそれだけ大きかったということかもしれない。

　ともあれ、日本経済は、長い時間をかけながらも、この状況を何とか乗り切り、再生の方向に転換することができた。この主要因は、それまでの日本経済の発展により、重病を乗り切る体力が十分に備わっていたことを指摘しなくてはならない。日本経済のデフレ化は、一定程度世界経済にも悪影響を与えたが、混乱や混迷に至るほどではなかった。アメリカにおける株価の暴落から大不況に突入した1930年代の世界経済に比較すると、世界経済自体も大きく発展をとげ規模が大きくなっていたことや、国際協調の進展などの面での当時との違いがあったためと考えられる。

　不良債権問題への対応の過程で、戦後形成された金融制度には、不良債権問題への対応のために改革を余儀なくされるという形で、大きなリストラが発生することになった。本来的には時代の変化に適合させるために、監督当局や金融機関自らが着々と推進すべきであったと思われるものである。

　具体的には、①**破綻金融機関の続出と公的資金の導入による救済**、②**都市銀行など大手銀行の統合とメガバンク化**、③**公的金融機関の再編による公的金融の縮小**、④**銀行経営の規律の見直し**（コーポレート・ガバナンス、監査体制を含む）、⑤**金融行政の見直し**（監督体制の再編、裁量主義から市場規律主義への移行）、といったものである。メインバンク制は変質し、メインバンクの機能が低下、株式持合は、銀行と企業における株価の下落と低迷による損失の発生により、一定程度解消の方向に向かった。このように、バブル崩壊後の不良債権問題は、昭和前期まで何度かあった金融恐慌の比ではなく、明治以降のわが国金融において、もっとも深刻な金融問題となったのである。

2．不良債権の定義とその認識

　不良債権とは、銀行が保有する貸出などの債権のうち、元本または利息の回収に問題が生じている、あるいは、問題の生じる可能性のある債権である。
　以下は、法的に開示が義務付けられている不良債権である。

リスク管理債権
（銀行法に基づく。対象は貸出金、分類は個別の貸出金単位）
　①破綻先債権
　②延滞債権
　③3カ月以上延滞債権
　④貸出条件緩和債権

金融再生法開示債権
（1998年10月施行の金融再生法に基づく。対象は貸出金＋支払承諾見返不足など、分類は債務者単位で、①から④の要管理先までが不良債権とされた）
　①**破綻先**：法的・形式的な経営破綻（破産・会社更生法）に陥っている貸出先
　②**実質破綻先**：深刻な経営危機の状態にあり、再建の見通しがないなど、実質的に破綻状態にある貸出先
　③**破綻懸念先**：今後経営破綻に陥る可能性の高い貸出先
　④**要注意先**：金融支援を受けているなど今後の管理に注意が必要な貸出先
　　　要管理先：債務の履行を3カ月以上延滞または貸出条件の緩和を受けている先
　　　要管理先以外：それ以外の貸付先
　⑤**正常先**

　不良債権処理の取り組みは後手に回った。これは、バブル崩壊後に直ちに大量の不良債権が発生したわけではなく、また、不良債権の規模が正しく認識されたわけではなかったためである。
　監督当局も銀行も問題処理の先送りをすることになった。この理由は、誰もが資産価格の先行きについて楽観的に考えていた点にある。時がたてば、株価・地

価は回復する、したがって、それにより状況は改善する、それまで待つのが賢明だという考え方だったと思われる。1929年10月24日のアメリカの株価暴落(暗黒の木曜日)の後、多くの人々は、株価下落は一過性のもので回復すると考えた。当時ハーバード大学の景気予測グループは楽観的な経済見通しを出し続けた。しかし、現実の株価は、1930年代のアメリカにおいても1990年代の日本においても回復はしなかった。

次に、実態の正確な把握の難しさと情報開示の不足があった。監督当局や銀行が不良債権の開示に消極的なのは、正常債権と不良債権との間のグレイ・ゾーンにある債権もあり、ある意味ではやむをえない側面もあった。

1993年3月から不良債権の開示が開始されたが、この時点での不良債権の定義は、銀行法上のリスク管理債権のうち、「①破綻先債権+②延滞債権」(イ)だった。1996年3月より「①+②+③6カ月以上延滞債権+金利減免債権」(ロ)に拡大されたが、これでも定義が甘すぎるという見方があった(表18-1参照)。

その後、大蔵省は、1998年に銀行の自己査定をベースに、自己査定分類債権(ハ)として不良債権額を発表した。リスク管理債権のうち、延滞債権には6カ月以上ではなく3カ月以上返済が滞っている貸付金や、経営支援先債権(経営支援のための貸付)を含めることになり、これにより不良債権額は50%以上増加し、1998年3月時点では、以下のような不良債権額となった。自己査定分類債権について、銀行側は認識の幅が広すぎるという見方だったが、実際には実態をもっとも正確に示すとみられた。また、情報開示の不足については、監督責任や経営責任が追及され、さらに監査を行う公認会計士の責任にも発展した。

表18-1 不良債権の額

(1998年3月時点、単位:兆円)

定義	(イ)	(ロ)	(ハ)
全体	19.5	29.8	71.8
主要銀行	14.5	22.0	50.0

3. 金融機関の破綻

1990年代に入ると、金融機関の破綻が現れるようになった。最初に破綻が発生したのは、住専(住宅金融専門会社)であり、その後、信用金庫や信用組合の

表18-2 バブル崩壊後の銀行・金融機関などの主な破綻

住専問題：	住宅金融専門会社とは個人向け住宅ローンを扱う貸金業で、1995年3月、最大手の日本住宅金融（1971設立、融資残高2兆円）が破綻、バブル崩壊後7社が破綻した。1980年代には、母体行、住宅金融公庫、大手信販会社との競争でローン市場が圧迫され、企業向け不動産融資が拡大し、農林系金融機関等が貸し込んでいた
1992年10月：	東洋信用金庫破綻（尾上縫による巨額詐欺事件）
1994年10月：	東京協和信用組合・安全信用組合破綻、1,100億円が回収不能（貸付の6割）日銀と民間銀行の出資により「東京共同銀行」設立（後に整理回収銀行）日銀と東京都が特別融資
1995年 7月：	コスモ信用組合経営破綻（不良債権は3,540億円）日銀は特別融資　東京都は業務停止命令
1995年 8月：	木津信用組合（信用組合で資金量トップ）不良債権8,000億円兵庫銀行（第二地銀トップ）清算　日銀特別融資（不良債権1.5兆円、回収不可能な損失7,900億円）監査を行っていた監査法人が訴えられる（破綻前の破綻先債権が609億円であったのに対し、破綻後の回収不能金額は7,900億円だった）
1996年 3月：	太平洋銀行が破綻し、さくら銀行が100％出資してわかしお銀行設立
1996年11月：	阪和銀行に業務停止命令が出され、日銀特融実施
1997年 4月：	日本債券信用銀行の関連ノンバンク3社が破産宣告負債総額は2兆1,838億円で同行の格付は最低に引き下げされた日本債券信用銀行は、経営再建策を発表、大蔵省は民間銀行に同銀行の増資を引き受けさせる「奉加帳方式」をとろうとした
1997年 4月：	日産生命に業務停止命令
1997年 4月：	北海道拓殖銀行と地方銀行の北海道銀行の合併計画は頓挫し、北海道拓殖銀行の格付けは最低レベルに格下げ
1997年11月：	三洋証券がインターバンク市場でのデフォルトを引き起こし、会社更生法を適用し倒産
1997年11月：	北海道拓殖銀行、デフォルト発生で経営破綻、日銀特融は2兆円規模となる大手金融機関の破綻は戦後初めて
1997年11月：	資金繰りのめどがたたなくなったことにより、四大証券の一角の山一証券破綻負債総額は3兆円で戦後最大の経営破綻、預り資産は24兆円で日銀特融実施
1998年10月：	日本長期信用銀行が破綻申請し、「金融再生関連法」に基づく特別公的管理となり、その後日本債券信用銀行も特別公的管理
1999年 4月：	国民銀行に整理管財人派遣
1999年 6月：	東京相和銀行に整理管財人派遣、東邦生命が破綻
1999年 8月：	なみはや銀行が破綻し、大和銀行が受け皿銀行となる
1999年10月：	新潟中央銀行が破綻
2000年 5月：	第一火災海上、第百生命保険が破綻
8月：	大正生命保険が破綻
10月：	千代田生命保険、協栄生命保険が破綻
2000年　　：	長崎屋、日貿信、ライフ、第一ホテル、そごうが経営破綻
2003年 5月：	りそな銀行、監査法人の監査により自己資本比率4％未達成の見込が明らかとなり、一時国有化され2兆円の公的資金投入（予防的公的資金注入）が実施された

破綻を経て、1996年に阪和銀行に**業務停止命令**が出され、業務停止命令の初のケースとなった。1997年から1998年にかけて不良債権問題は最悪期を迎え、大手や中堅金融機関の破綻が相次ぐようになった。主なものは、日産生命(1997年)、三洋証券(1997年)、北海道拓殖銀行(1997年)、山一證券(1997年)、日本長期信用銀行(1998年)、日本債券信用銀行(1998年)である。1991年から2003年までの預金取扱金融機関の破綻数は、銀行20、信用金庫27、信用組合114となり、証券・保険業においても多くの金融機関が破綻した。

4．不良債権問題への対応

（1）破綻銀行への従来型の対応

バブル崩壊以前の護送船団行政時代には、破綻金融機関はあまり発生しなかったが、それまでにとられた対応策は以下のようなものである。

①吸収・統合方式

体力のある大手銀行が破綻金融機関を引き取る方式で、バブル以前には、1986年の住友銀行による平和相互銀行の吸収のケースが代表例である。バブル崩壊後の1992年の東洋信用金庫の破綻時には、都市銀行の三和銀行が吸収合併を行った。

②奉加帳方式

大蔵省の指導のもとに単一ないし複数の銀行が協力して資金援助し、金融機関の経営を維持する方式。

③日銀特融(日銀特別融資)

バブル崩壊後、大手銀行も不良債権を抱えるようになっており、①と②は、もはや困難な状況となっていた。協力した銀行自体の体力の低下や格付引下げ、株価下落などの問題があったからである。日銀特融は、経営悪化が資金繰りの問題で、特融を行えば流動性不足が回避される、という見込みがあるケースに実施されるのが基本であり、破綻が免れないと想定されるケースでは難しかった。ただし、バブル崩壊後は、破綻金融機関にも破綻前に日銀特融が実施されたりした。北海道拓殖銀行のケースでは、2兆円規模の日銀特融が実施された。

（2）破綻銀行への新しい対応

　バブル崩壊後の破綻銀行への対応は、新しい方式がとられることになった。もちろん、これはアメリカの先例に倣ったものである。基本的には、市場規律を重視し、破綻銀行には**業務停止命令**を出し、破綻処理を行うというものだった。1998年に発足した**金融再生委員会**による破綻処理は、以下の対応により構成された。

　①金融整理管財人による清算
　②公的継承銀行（ブリッジバンク）
　③特別公的管理（一時国有化）

　破綻した金融機関には、正常債権（健全債権）と不良債権が存在している。この正常債権（good bank）と不良債権（bad bank）を分離し、正常債権は公的継承銀行（ブリッジ・バンク）へ移管し、不良債権を新設の**整理回収機構**へ移管して処理するというもので、公的管理が成功した後には、健全債権部分について営業譲渡、株式譲渡、合併により民営化を行う、もしも不成功に終わった場合には整理・清算を行い、回収しきれない損失には公的資金をあてがうというものだった。

5．不良債権問題の克服

（1）公的資金の導入

　1990年代後半になると、不良債権問題の克服のためには**公的資金**が必要になると認識されるようになった。公的資金とは、財政資金、すなわち国民の税金であり、金融機関への公的資金の注入には国民の強い反発もあり、安易に実施することはできない情勢にあった。しかし、1998年頃になると、事態は急速に悪化し、公的資金注入に向けて実際に動き出していくことになった。公的資金の準備と支出は特別法に基づくものとし、**預金保険機構**のなかに設けられた特別勘定を通して実行されることになった。

　1998年2月には**金融安定化法**が成立し、預金保険機構の**特別業務勘定**に、預金者保護のための資金として17兆円の公的資金枠が導入された。1998年3月には、大手銀行21行に対し1.8兆円の公的資金が予防的注入という名目で注入されたが、横並び実施されたため、市場の信任を得ることはできなかった。

1998年4月には**早期是正措置**が発表された。これは、自己資本比率を維持できない銀行に対しては監督当局が介入するというもので、ルール主義(恣意性の排除)が採用され、先送り主義が排除された。

1998年6月には**金融監督庁**(FSA：Financial Services Agency)が発足した(2001年1月に**金融庁**に改組)。1998年10月には、**金融再生法**により18兆円の公的資金が預金保険機構の**金融再生勘定**に準備され、公的管理のための資金として使われることになった。また、**金融機能早期健全化法**により、25兆円が預金保険機構の**金融健全化勘定**に準備された。これは、破綻していない銀行の資本増強に使われる資金であり、これにより特別勘定に準備された公的資金は**総額60兆円**に達し、2002年3月までに実際に24兆円が支出された。

1998年10月には**日本長期信用銀行**が破綻申請し、金融再生法に基づく特別公的管理に入り一時国有化され、**日本債券信用銀行**も同様の展開となった。1998年12月には金融安定化法により2001年3月までの時限措置として、**金融再生委員会**が発足した(その後金融庁に統合)。

1999年3月には、金融再生委員会は東京三菱銀行(当時)を除く大手銀行15行に対し7.5兆円の公的資金を注入した。大手銀行の自己資本比率向上策であり、「貸し渋り」、「貸しはがし」への対応でもあった。1999年4月には**整理回収機構**(RCC、日本版RTC)[注]が発足した。この間、金融政策においては1999年2月から2006年7月までゼロ金利政策が、2001年3月から2006年3月まで量的緩和政策が追加され、金融正常化への格闘が続いた。

注) 整理回収機構：Resolution and Collection Corporation
住宅金融債権管理機構と整理回収銀行の統合により形成された預金保険機構の100％出資による株式会社。RTCは整理信託公社(Resolution Trust Corporation)と呼ばれ、アメリカのS&L(貯蓄貸付組合)の危機の際に設立された資産管理会社で、整理回収機構はRTCをモデルにして設立された。

(2)「金融再生プログラム」

小泉内閣は、2002年10月に総合デフレ対策を打ち出した。このなかの「**金融再生プログラム**」は、民間エコノミストから財務大臣に就任した**竹中平蔵氏**によって推進され、「**竹中プラン**」と呼ばれた。

「竹中プラン」は、2001年度末の**不良債権比率**(貸出金に対する不良債権の比率) 8.4％を2005年3月期までの3年間に4％台に半減する、という数値目標

を設定し、**ペイオフ解禁**をそれまで延期することとした。主な施策は①資産査定の強化、②自己資本の充実、③ガバナンスの強化だった。不良債権処理は、金融再生法開示債権の①〜③の債権に加え、④の要管理先債権が中心となり、金融機関の資産査定の一層の厳格化を求めるとともに、早期是正措置の厳格化（改善期間は3年から1年に短縮）が行われた。

「竹中プラン」のポイントは、自己資本比率などで問題が発生する可能性のある場合には、**破綻していない銀行にも強制的に公的資金を注入し、公的管理に置くという厳しい措置**を打ち出した点にある。銀行界は、当然ながら、経営への介入政策に反発し「竹中プラン」に反対の姿勢をとった。前任の柳沢財務大臣も、大手銀行は健全で、さらなる公的資金注入は不要という立場をとっており、このような姿勢の結果として海外投資家の不信継続と株価低迷が続いていたのである。

ところが、2003年3月に新発足した**りそな銀行**で、監査法人の監査により自己資本比率4％未達成の見込みが明らかとなり、決算が否認される、という事態が発生した。これにより、「竹中プラン」が実行に移され、りそな銀行は直ちに公的

表18-3　金融機関の不良債権の状況

単位：億円

	平成11（1999）年3月期			平成20（2008）年3月期		
	総与信	金融再生法開示債権	不良債権比率(%)	総与信	金融再生法開示債権	不良債権比率(%)
都銀・旧長信銀・信託	3,579,640	219,450	6.1	2,798,260	38,590	1.4
都市銀行	2,797,950	142,840	5.1	2,355,220	33,300	1.4
旧長信銀	275,820	21,450	7.8	95,750	930	1.0
信託銀行	505,870	55,160	10.9	347,290	4,360	1.3
地域銀行	1,934,190	119,980	6.2	2,018,010	75,460	3.7
地方銀行	1,437,530	83,750	5.8	1,519,390	55,510	3.7
第二地方銀行	496,660	36,230	7.3	436,010	19,070	4.4
協同組合組織金融機関	979,070	86,080	8.8	907,650	56,630	6.2
信用金庫	764,960	68,100	8.9	704,580	45,160	6.4
信用組合	140,750	17,240	12.1	99,010	10,180	10.3
全国銀行	5,513,830	339,430	6.2	4,816,270	114,050	2.4
預金取扱金融機関	6,492,900	425,510	6.6	5,723,920	170,680	3.0

（資料）金融庁：金融再生法開示債権等の推移

管理に入り、予防的公的資金2兆円が強制的に注入された。「金融再生プログラム」の適用第1号となり、経営陣は刷新され、銀行界以外のJR東日本などから経営陣が入ることになった。このように、「竹中プラン」が現実に断行されたことで、不良債権問題が解決に向かうという観測が内外に広がり、これ以後銀行株が回復し始めた。

結果的には、不良債権の数値目標は達成された。不良債権比率(都市銀行＋長期信用銀行＋信託銀行)はピークの平成14(2002)年3月期の8.3％から、平成19(2007)年3月期には1.4％まで低下し、通常時のさほど問題のない水準まで改善したのである。主要銀行に注入された公的資金は、毎年度の利益により返済され、りそな銀行を除いて、主要銀行の不良債権処理は終了したといえる段階に達した。しかし、中小金融機関の不良債権比率は主要銀行に比べ高い状況がその後も続いた。

(3)銀行の統合

1990年代以降、主要銀行においては統合が進展していくことになった。統合は多くの場合、銀行の自主的な経営判断によるものであり、大蔵省の指導で統合したのは、三井銀行と太陽神戸銀行の統合により1990年に発足した**太陽神戸三井銀行**(大蔵省事務次官だった**松下康雄**氏が太陽神戸銀行の頭取に就任して推進し、その後行名を**さくら銀行**に変更した)のケースだけであり、監督当局の銀行再編にはたした役割は小さかった。同時期に、保険会社(生保・損保)や証券会社の統合も進んだ。

主要銀行の統合は、1996年に発足した**東京三菱銀行**のように、業態を超えた世界でも最大級の規模の銀行を生み出すことになった。その後、大手銀行の規模拡大競争は続き、1999年には東京三菱銀行を上回る**みずほフィナンシャル・グループ**が、業態を超えた大手3行(日本興業・富士・第一勧業)のみつどもえの同時統合によって実現、2001年には住友銀行とさくら銀行の統合により**三井住友銀行**が、2002年には三和銀行と東海銀行の統合による**UFJ銀行**が形成された。そして、2006年にはさらに東京三菱銀行が、不良債権処理問題で赤字決算を行い問題が発生したUFJ銀行との統合を実現して**三菱東京UFJ銀行**を形成し、再びわが国最大の銀行となり、規模拡大競争に決着をつけることになった。3つの**メガバンク**はいずれも**金融持株会社**(三菱UFJ、みずほ、三井住友)による

金融グループとなった。19世紀後半の明治期以降設立され、さまざまな沿革を持つわが国の主要銀行は、21世紀初頭に集約の最終段階に行き着いたのである。

このようなわが国の大手銀行統合の展開のなかで、日本だけではなく、主要先進国においても日本と相前後して大手銀行の統合が進展し、各国の主要銀行は巨大化した。例えば、アメリカにおける**JPモルガン・チェース**(JPモルガン＋チェース・マンハッタン銀行)の形成、シティコープとトラベラーズ・グループの統合による**新シティ・グループ**の形成、ネーションズ・バンクのバンク・オブ・アメリカ統合による新**バンク・オブ・アメリカ**形成などがそれである。欧州主要国においても大手銀行の統合が進展した。銀行の規模拡大を巡って一定の国際競争が作用したと考えられる。

表18-4　大手銀行の統合の動き

1990年 4月：	太陽神戸三井銀行発足（三井＋太陽神戸）
	1992年にさくら銀行に名称変更し、歴史ある三井の名称はいったん消滅
1991年 4月：	協和埼玉銀行発足（協和＋埼玉）、1992年にあさひ銀行に名称変更
1996年 4月：	東京三菱銀行発足（三菱＋東京）
1999年 8月：	みずほフィナンシャル・グループ（MHFG）の形成発表
	（日本興業＋富士＋第一勧業）　正式発足は20013年1月
	銀行としては、みずほ銀行とみずほコーポレート銀行が合併分割により発足（2002年4月）
2000年 4月：	三菱東京フィナンシャル・グループ発足
2001年 4月：	三井住友銀行発足（住友＋さくら）、三井の名称復活
2001年 4月：	UFJホールディングス発足（三和＋東海＋東洋信託）
2001年12月：	りそなホールディングス発足（大和＋親密地銀（近畿大阪＋奈良））
2002年 1月：	UFJ銀行発足（三和＋東海）
2002年 3月：	あさひ銀行がりそなHDに参加
2002年12月：	三井住友フィナンシャル・グループ（MSFG）発足
2003年 3月：	りそな銀行発足（大和＋あさひ）
	および、あさひ銀行の合併分割による埼玉りそな銀行発足
2005年10月：	三菱UFJフィナンシャル・グループ（MUFG）発足（三菱東京FG＋UFJ HD）
2006年 1月：	三菱東京UFJ銀行発足

第19章 金融ビッグ・バン

1．金融ビッグ・バン

　金融における**ビッグ・バン**とは、そもそもは、イギリスにおいてサッチャー政権当時の1980年代後半に行われた証券市場の抜本的な改革を、宇宙開闢の大爆発になぞらえて、イギリスにおいてビッグ・バンと称したものである。**金融ビッグ・バン(日本版金融ビッグ・バン)** とは、わが国において1990年代後半から実施された規制緩和・自由化政策を、イギリスの例にちなんでこのように称したものである。

　日本版ビッグ・バンは橋本内閣当時に提出され、1996年度から2001年度にかけて実施された大幅な金融制度改革(自由化・規制緩和)を意味する。その目的は、グローバリゼーションの進展した新時代に即した自由化徹底による金融の活性化とわが国金融市場の地位向上、金融機関の国際競争における勝ち残りを目指すものだった。そのスローガンは、フリー(市場原理が機能する自由な市場)、フェア(透明で公正な市場)、グローバル(国際的で時代を先取りする市場)の3つだった。

　1980年代まで金融自由化で先行したアメリカでは、その後**1994年リーグル・ニール州際銀行業務・支店設置効率化法**(Riegle-Neal Interstate Banking and Branching Efficiency Act of 1994)により、長年続いていたアメリカ固有の規制であった**州際業務規制**(州を越えて銀行業を行うことの規制)が撤廃され、**スーパーリージョナル・バンク**[注]形成へ途を開いた。さらに、1999年の**グラム＝リーチ＝ブライリー法**(Gramm-Leach-Bliley Act、1999年金融サービス近代化法、Financial Services Modernization Act of 1999)により、銀行・証券の垣根が撤廃され、金融持株会社による銀行・証券業務兼営が認可された。わが国のビッグ・バンは、アメリカと同時並行的な規制緩和・自由化措置になったと言える。

注）本店所在州以外の複数の州にまたがって業務展開する銀行で、USバンコープが代表的である。規模的にはマネーセンターバンク(日本のメガバンクやかつての都市銀行に相当)とリージョナルバンク(日本の地方銀行や大手信用金庫に相当)との間にあり、わが国で言えばりそな銀行に相当する。

（1）日本銀行法改正

1997年6月、日本銀行法が改正され、**新日銀法**と呼ばれた。日銀の独立性（金融政策の独立性、業務運営の自主性）や透明性の確保が制定された。

（2）外国為替及び外国貿易法

外国為替及び外国貿易法は1998年4月に施行された。これにより、銀行(外国為替専門銀行および外国為替公認銀行)が独占していた外国為替業務が自由化され、**為銀主義**は廃止された。個人・企業の国内外における国際金融取引が完全自由化され、海外の銀行での口座開設も自由化された。また、**外国為替証拠金取引(FX)**注）が認可され、個人の外貨取引の自由化が進んだ。

注）売りと買いの両方向からの外貨取引が可能で、証拠金の何倍かの取引を差額決済で行うことのできる取引で、多くの金融業者が参入した。

（3）金融システム改革法

1998年6月に成立し、銀行法、証券取引法、保険業法などを一括して改正することになった。従来の証券取引法は**金融商品取引法**となり、1998年12月に施工された。さらに独占禁止法の改正が行われ、金融監督庁設置法により**金融監督庁**が1998年6月に発足し、その後2000年に改組され、**金融庁**へ名称を変えた。

2．銀行における変化

独占禁止法の改正により、**金融持株会社**注）が解禁され、第1号として1999年8月に富士・第一勧業・日本興業の3行の統合が発表され、その後**みずほフィナンシャル・グループ**が形成された。現在ではメガバンクはすべて金融持株会社となり、地方銀行においてもいくつかの持株会社が形成されている。業務範囲の自由化は、金融持株会社という金融グループ総体でみれば、これ以前の子会社方式に比べ大きく進展した形となった。

注）持株会社は、みずからは特定の事業を行わない純粋持株会社とし、持株会社の傘下に金融機関を置き、グループとして総合金融サービスを提供する体制となった。持株会社は、事実上、持株会社を設立した銀行により運営されている。

　銀行においては、銀行法改正により、投資信託の窓口販売（窓販）が1998年12月から可能となった。業態間の相互参入としてはあらたに保険業が加わり、2000年代に入って保険商品の窓販（生保・損保・個人年金保険）が、保険会社の商品を銀行の窓口経由で販売するという方式で実施された。

3．証券業における変化

　証券総合口座が導入され、銀行の普通預金に相当するMRF（Money Reserve Fund）が使われるようになり、証券売買代金の自動振替に使われた。決済機能は依然として持っていない。

　1998年11月の証券取引法改正により**インターネット証券**の新規参入が認められ、さらに1999年には**株式売買手数料**の全面自由化が実施された。インターネット証券は支店を持たずインターネットを通じて株式売買取引を行うため、売買手数料が既存の証券会社よりもかなり低くなり、個人取引の相当部分が既存の証券会社からインターネット証券にシフトしていった。インターネット証券には、**松井証券**のように従来の証券会社から転業したケースや、**マネックス証券**などのように新規に設立されたケースもあった。一方で、多くの中小証券会社が廃業することになった。

　証券会社に運用を一任する投資一任業務である**ラップ口座**は1999年に導入されたが、2004年の証券取引法が改正により規制緩和が進んだ。

　1998年12月には、従来の契約型投資信託に対して**会社型投資信託**が解禁された。これは、投信の投資活動を目的とする株式会社を設立し、投資家は株主となり配当を受け取るもので、運用は運用会社、資産の保管は受託銀行が行う。2001年6月にETFの取引、2001年9月にREITの取引が開始された[注]。

注）ETF：指数連動型上場投資信託（Exchange Traded Fund）
　　REIT：リート、不動産投資信託（Real Estate Investment Trust）

　ベンチャー向け市場の拡大も推進され、以下のような市場が新興市場として形成された。このような環境のもとで、楽天やライブドアを代表例とする**ベン**

チャー企業の設立が活発化した。

- ジャスダック(JASDAQ)：店頭市場(1998)から証券取引所へ(2004)
- マザーズ(1999.11)：東京証券取引所により開設
- ヘラクレス(1999.6)：大阪証券取引所により開設
- セントレックス(1999.10)：名古屋証券取引所により開設
- Qボード：福岡証券取引所(2000.05)により開設
- アンビシャス：札幌証券取引所(2000.04)により開設
- NEO（2007.08)：ジャスダックにより開設

4．保険業における変化

1998年7月に、自動車保険や火災保険について**保険料率**が自由化された。保険商品の自由化も推進され、外資系保険会社の独壇場だった医療保険・がん保険などが日本の保険会社にも開放された。

5．新たな形態の銀行の登場と新しい金融サービス

銀行法に基づく銀行であるが、従来の銀行とはコンセプトを異にする銀行が、2000年9月のジャパンネット銀行を皮切りに設立された。店舗数を最低限におさえて運営コストを低くし、手数料を安くし、預金金利を通常の銀行よりも高めに設定することが特徴となった。以下のような銀行が設立された。

インターネット専業銀行(ネット銀行)
　　ジャパンネット銀行、ソニー銀行、イーバンク銀行、住信SBIネット銀行、楽天銀行など
コンビニATMの展開を主体とする銀行：セブン銀行
ショッピングセンター利用の個人を対象とした銀行：イオン銀行
中小企業への融資を主体にする銀行：首都銀行東京、日本振興銀行

首都銀行東京は石原新太郎都知事が設立したが、その後経営は赤字が続いた。

日本振興銀行はその後、内部統治の問題が発生し閉鎖された。

ITの発展により、**ユビキタス社会**が到来したと言われる。すなわち、「いつでも、どこでも、だれもが」、コンピューターネットワークを通じてさまざまなサービスを受けられる社会という意味であり、金融サービスにおいてもその要素が加わることになった。**インターネット・バンキング**（パソコンを通じた銀行取引）や**モバイル・バンキング**（携帯電話を使った銀行取引）が普及し、銀行の窓口に行かなくても銀行の提供するサービスを受けられるというホーム・バンキングが実現し、証券取引においても同様に**ホーム・トレード**が実現している。

また、**カード社会**が一層進展しており、代用通貨として**電子マネー**が普及するようになり、**プリペイド・カード**（イーディー、ナナコ、スイカなど）が広く使われ、現金の携帯や使用が幾分減少していると考えられる。カード利用の形態は複合化し、従来の銀行の**キャッシュ・カード**には**クレジット・カード**や**プリペイド・カード**の機能が一体化したものが現われている。買い物をすると即時に自分の口座から代金が決済される**デビット・カード**（debit card）も2000年代に入っていくつかの金融機関やカード会社が提供するようになっている。

2001年には**個人型確定拠出年金**が登場した。これは、確定拠出年金法によるもので、アメリカの確定拠出年金のひとつである401kにちなんで「**日本版401k**」とも呼ばれる。従来型の**確定給付年金**に対して、年金資産は年金基金ではなく加入者が自分で運用し、その損益に応じて年金が支払われる。個人ごとに年金資産が管理され、運用成績や残高が容易に把握でき、転職時には資産の移転が容易に行え、企業規模を問わずに実施することが可能である、という特長を持つが、運用する個人がその損益にかかわるリスクを負うことになる。

第20章 プルーデンス政策と銀行監督

1. プルーデンス政策

　プルーデンス政策(prudential policy)とは金融システムの安定性、金融機関の健全性を維持するための政策である。大きく分けると、事前的措置、事後的措置に分けられる。

　事前的措置とは、問題が発生しないような制度・規制の枠組みであり、競争制限的規制、自己資本比率規制、**大口融資規制**[注]、流動性資産比率規制、配当率規制、金融機関検査といった措置が該当する。

注) 大口融資規制または大口信用供与規制(銀行法第13条)と呼ばれる。
　　一企業に対する融資が銀行の連結自己資本の25%以内に制限されている。特定企業への融資集中を避け、銀行の経営健全性を確保するための規制である。

　事後的措置とは、問題が発生した場合における対応措置であり、セーフティネットとしての預金保険、公的資金注入、日本銀行特別融資(日銀特融)といった措置が該当する。

　バブル崩壊以前の戦後期におけるわが国のプルーデンス政策は、**護送船団方式**ないし**護送船団行政**と呼ばれた行政指導が活用されたが、今日のプルーデンス政策は、**市場規律型行政**に変わっている。これらの主な違いは表20-1に示した通りである。

表20-1　わが国のプルーデンス政策の変化

護送船団行政	市場規律型行政
①規制主義 (競争制限的、経営安定重視) ②裁量主義 (行政指導、通達行政) ③事前指導型	①市場主義 (競争促進的、セーフティネット) 自己責任原則、透明性、情報開示 ②ルール主義と懲罰主義 (業務改善命令) ③事後監視型

今日では、金融機関の自己責任原則がより重視され、資産内容の健全性の維持のために、自己資本比率規制が厳格化されており、金融庁が検査と業務改善命令を通じて金融機関の健全性を維持する体制となっている。

2．銀行監督

（1）銀行監督の目的

銀行（金融機関）の監督は、信用秩序の維持、預金者保護、金融の円滑化を図るために、金融機関の業務の健全かつ適切な運営を維持する目的で実施されている。かつては、大蔵省銀行局・証券局が監督主体だったが、今日では金融庁・日本銀行および**財務省国際局**が業務を担っている。

金融庁は、立ち入り検査権・資料提出請求権といった検査権限や罰則措置を保有する。金融検査マニュアルに基づく**金融庁検査**が行われている。日銀は、**考査**（日銀考査）や**オフサイトモニタリング**を行っている。

①考査
　数週間金融機関に立ち入り、内部の経営資料を閲覧、事務の現場を実査して実態把握を行うもの（行政権限はなく、罰則措置はなし）
②オフサイトモニタリング
　ヒアリングや資料提出により業務運営や経営動向を把握するもの

金融検査マニュアル（「預金等受入金融機関に関する検査マニュアル」）は、預金等受入金融機関を対象として1999年より適用されている。**内部監査**を重視し、**内部統制の有効性の検証**、**法令遵守**（コンプライアンス）、**リスクコントロール**などをチェックする内容となっている。金融機関にはマニュアルが開示され、金融機関自らに態勢を構築することが求められている。

金融検査マニュアルの主な項目
　　経営管理態勢：コーポレート・ガバナンス
　　法令遵守等態勢：コンプライアンス
　　顧客保護等管理態勢
　　総合的リスク管理態勢

第20章　プルーデンス政策と銀行監督

　　自己資本管理態勢
　　信用リスク管理態勢
　　市場リスク管理態勢
　　資産査定管理態勢
　　市場リスク管理態勢
　　流動性リスク管理態勢
　　オペレーショナル・リスク管理態勢

　いわゆる **COSO（コソ）のフレームワーク**[注]は、**内部統制**（internal control）の重要性を強調し、これに基づき**リスクベース監査**が行われるようになっている。金融検査マニュアルでも、検査という名称が使われているが、内部統制重視の内部監査の立場に立っている。金融機関においても**検査から監査**への動きが進展し、監査部や業務監査部といった名称の部署が設置されるようになっている。

　従来の銀行検査は、ルール（手続）に従って事務が行われているか点検することが主だった。これに対して、内部監査は、組織内のルール自体およびその実施状況がリスクコントロールの観点からみて十分であるかどうかを点検するもので、プロセス・チェックが行われることになった。プロセス・チェックとは、具体的には、①ルールの存在、②ルールの周知、③ルールの定着、④ルール遵守の検証、⑤ルール違反への対応、といった諸点を検証するものである。

　　注）アメリカでは、1985年に上場企業の財務報告書の健全性を求める目的でトレッドウェイ委員会が組織され、この委員会の支援組織委員会であったCOSO (Committee of Sponsoring Organization of the Treadway Commission)が、1992年9月に「内部統制－統合的フレームワーク－」(Internal Control － Integrated Framework)という報告書を提出した。この報告書が、その後の内部統制の整備・構築・有効性の評価に関するフレームワークとなり、リスクベースの監査につながった。わが国の内部統制制度もこれに依拠して整備されるようになった。リスクベースの監査とは、リスクの評価（リスクアセスメント）を重視する監査である。すなわち、経営者・管理者は、業務の目的の達成を目指し、その際に生じると想定されるリスクを評価し識別する。識別されたリスクに対してはそれをコントロールするための行動が実施される。統制活動は、この行動を監視し、必要な措置を講じるためのものとなる。

3．預金保険制度

（1）預金保険機構

　預金保険制度とは、金融機関の破綻時に、預金を保護する制度である。わが国の**預金保険機構**（DIC：Deposit Insurance Corporation of Japan）は、1971

年に設立された。世界の最初の預金保険制度は、アメリカのFDIC（Federal Deposit Insurance Corporation）によって担われ、アメリカの大恐慌時に、**1933年銀行法**（通称グラス・スティーガル法）により1934年に設立された。わが国の預金保険制度はアメリカの制度を範にしたものである。

当初は、**ペイオフ**（預金保険支払）機能に限定され、**定額保護**で上限は100万円だったが、護送船団行政のもとで、金融機関の破綻はほとんどなく、バブル崩壊後まで預金保険が発動されることはなかった。ただし、1986年に預金保険法が改正され、破綻銀行の処理に必要な資金を供給する**資金援助機能**が付与された。

破綻処理は、①**保険金支払い方式（ペイオフ）**、②**資金援助方式**となった。ペイオフは、預金保険機構が預金者に対して直接保険金を支払うかたちで預金の保護を行う方法で、資金援助方式は、破綻金融機関の営業の一部を他の健全な金融機関（救済金融機関）が受け継ぎ、そのために必要なコスト等を預金保険機構が救済金融機関等に資金援助するかたちで、預金等の保護を行う方法である。バブル崩壊後の1992年に、第一号として、東邦相互銀行の伊予銀行による救済合併が実施された。

金融庁の方針は、ペイオフではなく可能な限り資金援助方式により処理するというもので、以下のような対応を行った。資金援助実績（1992～2007年度）は、合計で180件となり、合併10件、事業譲渡・営業譲渡166件、その他4件であった。

  イ．金融整理管財人を送り込む
  ロ．救済金融機関を選定（あるいは継承銀行の設立→再継承金融機関の選定）
  ハ．預金保険コスト内の資金援助や不良債権の買取
  ニ．整理回収機構へ債権を渡し、健全資産の受け皿金融機関への譲渡を行う

（2）ペイオフ

ペイオフは、金融情勢の悪化から、1996年に凍結され、定額保護は**全額保護**に変わった。その後、2002年4月にペイオフの一部解禁（定期預金等）が実施され、2005年4月にペイオフの本格的解禁が実施され、全額保護という特例措置

は終了した。現状のペイオフの保護の範囲は以下のようになっている。

①全額保護：「決済性預金」（3つの要件を満たすことが必要）
　3つの要件：「無利息、要求払い、決済サービスを提供できること」
　具体的には当座預金と利息のつかない普通預金
②定額保護：「一般預金」
　「決済性預金」に該当しない当座預金・普通預金・別段預金
　定額保護とは1金融機関ごとに名寄せが行われ、預金者1人当たり元本1,000万円までとその利息等が保護されるもの
③対象外：外貨預金・譲渡性預金・金融債・投資信託

　金融機関は預金保険機構に預金保険料を支払っており、預金保険料率（平成27年度）は決済性預金0.054％、一般預金0.041％となっている。

4．金融商品取引法

　金融ビッグバンに対応した法的枠組みとして、証券取引法を改正し、2001年に金融商品販売法へ、2006年に**金融商品取引法**に名称が変更され発展した。規制緩和により、証券業務を行う金融機関が増加してきたため、縦割り業法を見直し、金融商品に対する行為規制を、業態を問わず適用し、消費者・投資家保護を図るものである。また、アメリカで**ソックス法**（サーベンス・オックスリー法、SOX法）が2002年7月に成立し、企業の不正会計防止と投資家保護が強化されたことも背景となった。金融機関経営のディスクロージャー、金融商品についての説明と顧客保護の徹底、金融商品取引の公平性と透明性、投資家の自己責任原則が盛り込まれ、顧客保護においては、特に「**説明責任**」と「**適合性の原則**」が重視された。

5．不正取引対策

（1）マネーローンダリング規制

　2001年の同時多発テロ以降、**マネーローンダリング**[注]対策が強化され、①疑

わしい取引の届け出制度（2002年）、②テロリズム対策、③本人確認法（2003年1月）が導入された。本人確認法は、その後2008年に**犯罪収益移転防止法**に強化され、10万円超の現金送金における**本人確認義務**が課されている。

注）マネーローンダリング（money laundering）とは、資金洗浄とも呼ばれ、犯罪によって不正に取得した資金について、金融機関の口座の移動などを通じて出所を不明確にするというような洗浄行為を行って、表面的に不正な資金に見えないような操作をすることを言う。

（2）内部不正への対処

近年問題となってきたのは、**インサイダー情報**に基づく**インサイダー取引**である。これに対しては、**ファイアウォール**と**チャイニーズウォール**があり、組織内に何らかの**業務隔壁**を設定して情報を遮断することにより不正防止が図られている。

①ファイアウォール

ファイアウォールとは、金融機関内部の部門間の交流を意図的に遮断し不正を防止することで、**利益相反**を防止するものである。例えば、融資の際に企業から得た内部情報（インサイダー情報）が、その金融機関の証券売買部門においてインサイダー取引として使われることにより、利益相反が発生するのを防止する施策である。

②チャイニーズウォール

1989年の証券取引法改正でインサイダー取引への規制が強化されたことを受け、証券業界が自主ルールを設定したもので、これをチャイニーズウォールと呼んでいる。証券会社において、引受部門は、企業のインサイダー情報を知りえる立場にあるが、引受部門と営業部門について、両部門を異なる場所に配置したり、管理体制を徹底するなどの対策を通じて業務隔壁を作ることを言う。

第Ⅱ部

国際金融編

第21章

貿易と外国為替

1. 外国為替の国際的な決済

　外国送金・輸出入などの国際取引の最終的な資金決済は、銀行間決済によって個別に行われており、国際的に一元的な決済システムまだ存在していない。各国の銀行は相互に**コルレス契約**(correspondent arrangement)を結び、**コルレス勘定**ないし**コルレス預金**と呼ばれる預金口座を持ち合い、その口座を通じた入出金によって決済が行われている。

　米ドル資金の決済であれば、シティ・コープやJPモルガンといったアメリカの主要銀行に置かれている米ドルのコルレス勘定を通じて決済されることが多く、円資金の決済であれば、わが国では主に三菱東京UFJ銀行に外国銀行の円建コルレス勘定が置かれており、そこで決済されることが多い。これは、かつては外国為替専門銀行の東京銀行に外国銀行の円建コルレス勘定が置かれていた経緯があるためである。

　国際的な一元的決済システムは存在していないが、国際取引の決済にかかわる情報のやりとりには**SWIFT**（スウィフト）が用いられている。SWIFTとは、国際銀行間通信協会(Society for Worldwide Interbank Financial Telecommunication)の略称であり、この協会が運営する金融機関の間の通信を取り扱う情報ネットワーク・システムの略称でもある。1973年にベルギーに設立され、1977年から通信を開始した。それ以前の時代には、**テレックス、電報、郵便**が主体だった。当初15カ国、239の金融機関が参加、現時点では200カ国以上、7,800以上の金融機関が参加しており、各金融機関はSWIFTコードを持っている。決済に関する指示や情報を含め、国際金融取引に関するさまざまな情報がこれを通じてやりとりされている。わが国においては250を超える金融機関が参加しており、表21-1のように、2014年のわが国からの送信件数は1億1,115万件、わが国の世界全体に占めるシェアは2％程度である。

表 21-1 SWIFT を通じたわが国からの送信件数（2014 年）

(単位：1,000 件)

総件数	顧客送金	金融機関間付替	証券	その他
111,150	10,288	6,545	59,855	34,462

（資料）日本銀行　（注）在日銀行によるもので外銀在日支店を含む

　ここで、外国送金を例にして国際的な決済を説明する。送金人がシンガポールのX銀行から日本のY銀行にある受取人の口座へ米ドル1万ドルを送金する場合には、X銀行からY銀行へ送金メッセージ（依頼人、受取人、金額など）が送られる。その際リンバース（reimbursement：資金の受け渡し）のやり方もメッセージとして必要になる。

　もしも、アメリカのニューヨークにおけるZ銀行に両銀行のコルレス勘定があり、それを通じて決済する場合には、X銀行からZ銀行に対して、「Z銀行におけるX銀行のコルレス勘定からY銀行のコルレス勘定へ1万ドルの振替を指示」するメッセージが送られる。もちろん、このメッセージはY銀行にも同時に送られる。こうして三者の関係する決済が完了する。Y銀行は1万ドルを受け取り、受取人に対して、1万ドルないし当日の為替相場で換算された円金額を支払い、外国送金は完了する。

　このように、コルレス勘定を保有していなければ、国際的な決済は円滑に処理できなくなるので、国際業務を行う銀行は、多くの国の多くの銀行とコルレス契約を結ぶことが必要となる。現地の金融市場を通じて、コルレス勘定に決済資金の手当をすることも必要になる。したがって、このような業務を広く行える銀行は各国においてそうたくさんあるわけではなく、国際業務に従事するのは、各国とも主要大手銀行か、国際金融業務に専門化した銀行ということになる。

2．貿易取引と国内取引の違い

(1) 貿易取引における固有の問題やリスク

　国内の経済取引に比較して、貿易取引においては固有のリスクが存在する。これは、①取引相手の信用把握、②代金支払いの時期、③為替リスク、④クレームが発生したときの解決の困難性、⑤外為法上の規制、⑥事故等、⑦カントリー・リスク、といったものである。

海外との取引においては、そもそも取引相手が遠隔地におり、信用に足る相手かどうかが国内取引に比べて見定めがたく、また、言語や商習慣が異なるという問題がある。商品の輸送は、貨物船による海上輸送が圧倒的であり、契約から商品の引き渡しまで、国内取引に比べて長い期間を要することが多く、代金支払いの時期をどうするかは、国内取引に比べて重要な問題となる。さらに、今日では、為替相場が変動しており、受け取るべき、あるいは支払うべき円貨額が変動して不測の損益が生じる**為替リスク**がある。為替リスクは、わが国の輸出入企業にとっては、円建で契約を結べば発生しないが、円建の輸出入のシェアは必ずしも高くない（円建て輸出は4割程度、円建て輸入2割強程度である）。

（2）貿易取引に伴うリスクの緩和策

取引相手の信用把握には、信用調査機関の利用（Dun & Bradstreet）や日本の諸機関（JETRO（日本貿易振興機構）、商社・銀行など）がある。代金支払いについては、伝統的には**荷為替手形**と**信用状**が利用されてきた。為替リスク回避策については、第24章で詳しく述べる。また、貿易においては国際的な取引基準、慣行・ルールがあり、それに従うことが必要となる。事故については、運送保険制度（海上保険など）や**日本貿易保険**（NEXI）が行っている貿易保険制度を利用することができる。

（3）貿易の形態（当事者による分類）

貿易当事者による貿易形態の分類には、**直接貿易**と**間接貿易**がある。直接貿易とは、輸出企業が直接海外の業者との間で行う貿易形態で、間接貿易は商社などが介在して貿易を行う形態である。わが国では商社が介在する間接貿易が主体だったが、1998年以降は直接貿易が間接貿易を上回っている。また、**企業間貿易**と**企業内貿易**という分類の仕方があり、グローバル化の進展により、同じ企業グループ内の企業同士が貿易を行う企業内貿易が拡大する傾向にある。

3．貿易と決済

（1）貿易の契約と決済の時期

国際貿易においては、国のロケーションによって貨物輸送に期間を要するた

め、取引する商品の受け渡し時期と代金の受け渡し時期には通常タイム・ラグが生じる。どの時点で決済をするかは契約に依存し、それは両者の力関係を反映するものとなる。

貿易契約後のプロセスは以下のようなもので、どの段階かで代金決済が行われる。なお、貿易における商品の受け渡し時期については、国際慣行として**船積主義**(船積時点で受け渡しと解釈)が普及している。

輸出者：調達・生産→(内陸から輸出港への国内運送)→船積み→海上輸送
輸入者：輸入港で貨物受領→国内市場での販売→代金回収

前受け (advance payment) は、商品を受け渡す前に支払いが行われるケースであり、調達・生産の段階で代金を受領できれば、輸出者にとって極めて有利である。**後払い** (deferred payment) は、商品の受け渡し後に支払いが行われるケースで、輸入地での販売後に支払うのであれば、輸入者にとって極めて有利となる。**同時払い**(船積払い、cash on shipment)は、船積と同時に支払いを行う方式である。

(2) 国際貿易取引における決済の手段

国際貿易の決済では、当然ながら、各国の通貨は異なるので**現金決済**は行われない。

手形は、伝統的・代表的な貿易決済手段であり、**為替手形**が用いられる。企業内貿易では必要性が薄いため利用度は低く、その貿易決済におけるウェイトは3割程度に低下傾向となっているが、発展途上国との企業間貿易取引ではまだウェイトは高い。為替手形を用いる場合、介在する銀行取引では、輸出地における銀行の**買取**(BB：Bills Bought)あるいは**取立**(collection)という2形態がある。買取は輸出者・輸入者双方に利益をもたらすので、一般的に行われるが、その際には、信用強化のために**信用状**が用いられる。**小切手**は、用いられるとすれば銀行小切手であるが、用いられることはほとんどない。

外国送金は、今日では主流であり、貿易の7割程度が送金で決済されるようになっている。これは、ITの発展と企業内貿易の拡大によるものである。ただし、企業間貿易においては、送金をいつ行うかにより、どちらかが有利か不利

になる。

表 21-2　主な決済手段

決済手段	国内取引	国際貿易
現　金	○（小額取引）	×（通貨が異なる）
小切手	○	×
手　形	○（約束手形）	○（為替手形）
送　金	○(全体の9割程度)	○（今日主流）

（3）為替手形と貿易決済

　約束手形(promissory note)は振出人が一定の金額の支払いを約束するもので、今日では国内取引で使われる。**約束手形は買い手によって振り出される。**

「買い手が振出→売り手が受領→銀行に持ち込み期日前に資金化(手形割引)→期日に手形交換で支払銀行に請求→買い手が決済」という流れになる。

　為替手形(bill of exchange、図21-1)は、振出人が一定の金額の支払いを第三者(支払人)に委託するもので、国際貿易で利用される。**為替手形は輸出者(売り手)によって振り出される。**

図 21-1　為替手形

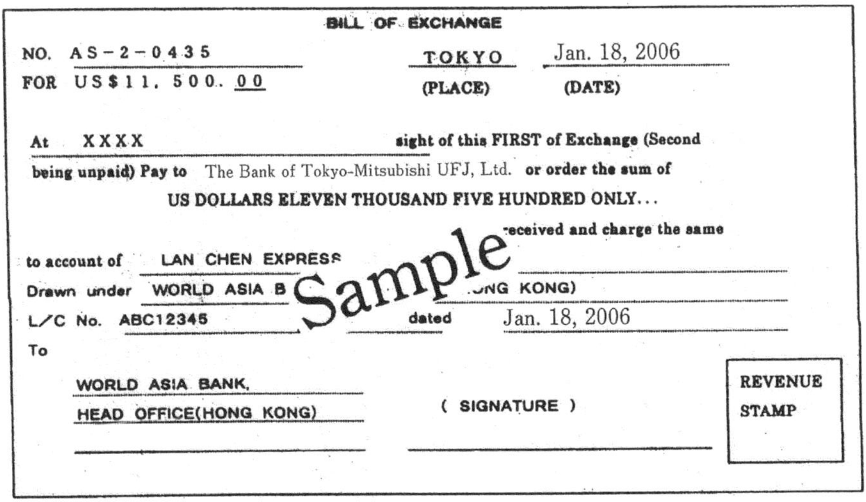

```
BILL OF EXCHANGE
NO. AS-2-0435                    TOKYO    Jan. 18, 2006
FOR US$11,500.00                (PLACE)    (DATE)

At  XXXX                        sight of this FIRST of Exchange (Second
being unpaid) Pay to  The Bank of Tokyo-Mitsubishi UFJ, Ltd.  or order the sum of
             US DOLLARS ELEVEN THOUSAND FIVE HUNDRED ONLY...
                                      received and charge the same
to account of   LAN CHEN EXPRESS
Drawn under   WORLD ASIA B          (HONG KONG)
L/C No. ABC12345           dated   Jan. 18, 2006
To
    WORLD ASIA BANK,                                    REVENUE
    HEAD OFFICE(HONG KONG)       ( SIGNATURE )          STAMP
```

(資料) 三菱東京UFJ銀行「貿易・為替入門」

「売り手(輸出者)が振出→国内銀行で買取ないし取立→海外の銀行へ送付→輸入者に手形を呈示→輸入者が決済」という流れになる。

なぜ国際貿易において為替手形が利用されるのかというと、輸出者が貨物発送と同時に為替手形を振り出すほうが、貨物到着後に輸入者が約束手形を振り出し、それを輸出者に送るよりも便利だからである。

かつては、手形割引市場がロンドンに成立しており、買取を行った銀行は、輸入者が決済する以前に、ロンドン市場で手形を資金化することが可能だった。今日では、為替手形の再割市場はなく(わが国にもない)、買取銀行には輸入者が決済するまで、資金の立替期間が生じる。

為替手形には以下のように2種類ある。
　一覧払手形(sight bill)：呈示されたら即支払を行う条件の手形
　期限付手形(time bill)：呈示後一定期間の後に支払を行う条件の手形

国際貿易は、伝統的には為替手形によって決済されてきたが、さらに、**信用状**を用いるケースと用いないケースに分けられる。信用状を用いるのが一般的で伝統的な手段である

信用状を用いないケース：「手形＋船積書類」
　①買取：信用度が劣るため、銀行の手形買取は一般的ではない。
　②取立：銀行経由取立するもので、手形のみの場合の一般的な扱いであり、輸入地で決済された後、輸出者は代金を受け取る。**D/P手形**と**D/A手形**の2形態がある[注]。
　　　注) D/P：輸入地で手形呈示時に支払いを行う条件のケース
　　　　　　　(一覧払手形のケース、Documents against Payment)
　　　　　D/A：輸入地で手形引受によりドキュメンツを引き渡すケース
　　　　　　　(期限付き手形のケース、Documents against Acceptance)

信用状を用いるケース：「手形＋信用状＋船積書類」
　①買取：通常行われ、輸出者は船積後代金をすぐに受領できる
　②取立：信用状を用いる意味がなく、銀行の買取に問題のある場合のみに適

用される

　伝統的には、「**為替手形＋信用状＋船積書類**」を用い、**輸出地で銀行による手形買取**、というやり方がとられてきた（図 21-2）。このやり方により、輸出者は船積後すぐに代金を受領でき、輸入者は貨物到着後、一覧払手形の場合には手形呈示時点、期限付手形の場合にはさらに一覧後の猶予期間経過後に支払いをすればよく、双方が利益を受けることになる。

図 21-2　信用状付荷為替手形を利用した貿易取引（CIF 契約・一覧払）

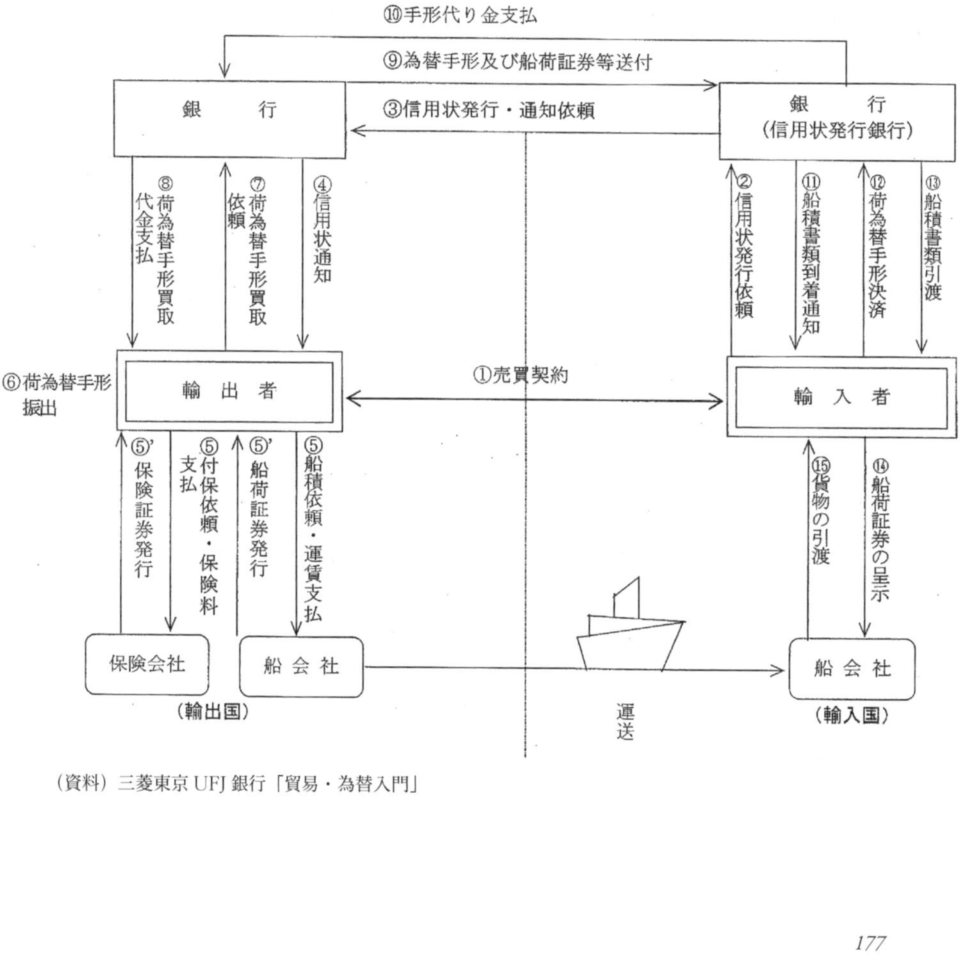

```
                    ⑩手形代り金支払
                    ⑨為替手形及び船荷証券等送付
   ┌─────────┐  ③信用状発行・通知依頼  ┌──────────────┐
   │ 銀　行  │ ←──────────────── │   銀　行   │
   │         │                        │（信用状発行銀行）│
   └─────────┘                        └──────────────┘
    ⑧  ⑦  ④                          ②  ⑪  ⑫  ⑬
    代  荷  信                          信  船  荷  船
    金  為  用                          用  積  為  積
    支  替  状                          状  書  替  書
    払  手  通                          発  類  手  類
        形  知                          行  到  形  引
        買                              依  着  決  渡
        取                              頼  通  済
        依                                  知
        頼
   ⑥荷為替手形
     振出
   ┌─────────┐      ①売買契約      ┌──────────┐
   │ 輸 出 者 │ ←─────────────→ │ 輸 入 者 │
   └─────────┘                    └──────────┘
    ⑤'  ⑤  ⑤'                        ⑮  ⑭
    保  付  船                          貨  船
    険  保  荷                          物  荷
    証  険  証                          の  証
    券  依  券                          引  券
    発  頼  発                          渡  の
    行  ・  行                              呈
        保  ・                              示
        険  運
        料  賃
        支  支
        払  払
   ┌──────┐  ┌──────┐          ┌──────┐
   │保険会社│  │船会社 │          │船会社 │
   └──────┘  └──────┘          └──────┘
                        運送
    （輸出国）                        （輸入国）
```

（資料）三菱東京 UFJ 銀行「貿易・為替入門」

4．荷為替手形と信用状

（1）荷為替手形の取引の役割

荷為替手形とは、為替手形に信用状や船荷証券等の必要書類がセットされたもので、**ドキュメンツ**（documents）とも呼ばれる。国際貿易取引においては、今日においても郵送によって輸出地から輸入地に送付される。銀行が介在するため、輸出者と輸入者が直接授受をすることはほとんどなく、輸出地の銀行から輸入地の銀行に送付される。

（2）信用状

信用状（Letter of Credit、L/C）とは、**信用状発行銀行**が、輸出者に対して、信用状の条件を充足することを条件として支払を確約する書状であり、輸入地において、輸入者の依頼に応じて取引銀行が発行する**支払確約書**であり（図21-2参照）、L/Cと略記される。かつては書面で作成され、郵送されていたが、今日ではSWIFTを通じて送付されるケースが大半である。

信用状は、輸入者の信用を強化する手段として用いられ、輸出地の銀行はこれがあることによって、輸出者から手形の買取を行い、代金を輸出者に支払うことができる。

信用状取引は売買取引から独立した取引であり、これを信用状の独立抽象性と呼んでいる。すなわち、①信用状を用いた荷為替手形の取引は、銀行から見ると書類取引であり物品取引ではなく、②信用状の求める条件に合致した書類が呈示されれば、売買契約の履行に関係なく信用状発行銀行は支払い義務を負う、ということになる。逆に言うと、信用条件と不一致（ディスクレ）[注]の書類になっていると、輸入地の信用状発行銀行から支払いを拒絶される場合がある。

ディスクレが発生している場合には、①輸出者に修正を求める、②信用状の条件変更（amendment）を輸入者に要求する、③買取に先立ち、買い取りの可否を信用状発行銀行に照会する（cable negotiation）、などの対応がとられる。

注）ディスクレパンシー（discrepancy）、略してディスクレと呼ぶ

（3）信用状の種類

信用状にはいくつかの種類があり、主なものは以下の通りである。

第21章 貿易と外国為替

図21-3 信用状の例（日本の輸入の場合）

The Bank of Tokyo-Mitsubishi UFJ, Ltd. Global Service Centre P.O BOX 191, NIHONBASHI, TOKYO ○○○ JAPAN Cable Address: J22220 BTMTKY Telex No. / Swift Address: J22220 / BOTKJPJTXXX	IRREVOCABLE / Documentary Credit Number 1111 Date and place of Expiry: Mar. 28, 2006 AT THE COUNTER OF NEGOTIATING BANK
Place and Date of Issue: Jan. 10, 2006 TOKYO	
Applicant: ABC Shoji Co., Ltd 3-26 Kanda Nishikicho, Chiyoda-Ku, Tokyo, JAPAN	Beneficiary: XYZ Corporation Rotterdam
Advising Bank: ABN Amro Bank, N.V. Rotterdam	Amount: US$42,100.00 (U.S. DOLLARS FORTY TWO THOUSAND ONE HUNDRED 00/100)
Partial shipments: ALLOWED Transhipment: PROHIBITED INSURANCE IS TO BE EFFECTED BY BUYER	Amount Specification:
Shipment From: ROTTERDAM For Transportation to: YOKOHAMA Not later Than: Mar. 6, 2006	Credit Available: WITH ANY BANK BY NEGOTIATION ON SIGHT BASIS AGAINST THE DOCUMENTS DETAILED HEREIN

DOCUMENTS MUST BE PRESENTED WITHIN 21 DAYS AFTER THE DATE OF SHIPMENT BUT WITHIN THE VALIDITY OF THE CREDIT

〈DOCUMENTS REQUIRED〉
・SIGNED COMMERCIAL INVOICE IN TRIPLICATE INCLUDING THIS CREDIT NUMBER
・FULL SET OF CLEAN ON BOARD OCEAN BILLS OF LADING MADE OUT TO ORDER OF SHIPPER AND BLANK ENDORSED MARKED FREIGHT COLLECT NOTIFY APPLICANT
・PACKING LIST IN DUPLICATE

〈SHIPMENT OF GOODS〉
AUTOMOTIVE SPARE PARTS DETAILS AS PER PURCHASE CONTRACT NO. MAF1080 FOB ROTTERDAM

〈CHARGES〉
ALL BANKING CHARGES OUTSIDE JAPAN ARE FOR ACCOUNT OF THE BENEFICIARY.

〈REIMBURSEMENT BANK〉
THE BANK OF TOKYO-MITSUBISHI UFJ, LTD, NEW YORK BRANCH 1251 AVENUE OF THE AMERICAS, NEW YORK, N.Y. 10020-104, U.S.A.

〈INSTRUCTIONS TO THE PAYING/ACCEPTING/NEGOTIATING BANK〉
REIMBURSEMENT BY TELECOMMUNICATION IS PROHIBITED
NEGOTIATING BANK MUST SEND ALL DOCUMENTS TO US. i.e. THE BANK OT TOKYO-MITSUBISHI UFJ, LTD., P.O. BOX 191, NIHONBASHI, TOKYO 103-8684 IN TWO LOTS AND REIMBURSE YOURSELVES FROM REIMBURSING BANK.

〈BANK TO BANK INFORMATION〉
REIMBURSEMENT UNDER THIS CREDIT SUBJECT TO URR. 525.
PLEASE ADVICE THE BENEFICIARY WITHOUT ADDING YOUR CONFIRMATION.
--- END OF MESSAGE ---

We hereby issue this Documentary Credit in your favor, subject to the Uniform Customs and Practice for Documentary Credits (1993 Revision, International Chamber of Commerce, Paris, France, Publication No.500) and engaging us in accordance with the terms thereof, especially in accordance with the terms of Article 9. The number and date of the credit and the name of our bank must be quoted on all drafts required. If the credit is available by negotiation, each presentation must be noted on the reverse of this advice by the bank at which the credit is available.

The Bank of Tokyo-Mitsubishi UFJ, Ltd.

(SIGNATURE)
Authorized Signature

（資料）三菱東京UFJ銀行「貿易・為替入門」

①取消不能信用状(Irrevocable Letter of Credit) （vs 取消可能信用状）
　信用状発行銀行が信用状を発行したのち、変更や取り消しをしようとする場合には、受益者の同意がなければならない条件の信用状。通常、このタイプが用いられる。

②確認信用状(Confirmed Letter of Credit) （vs 無確認信用状）
　信用状の確認(confirmation)とは、信用状発行銀行以外の銀行が、他行が発行した取消不能信用状の支払いを確約することで、そもそもの信用状発行銀行の信用度が低い場合、より信用度の高い銀行に確認を求めるのが確認信用状である。

③荷為替信用状とクリーン信用状(Documentary L/C vs Clean L/C)
　荷為替信用状とは、貿易取引で用いられる信用状である。クリーン信用状とは、商業書類を要求していない信用状で無担保信用状とも呼ばれる。国際貿易に使われる信用状では、船荷証券という担保がある。

④スタンドバイ信用状(スタンドバイ・クレジット、Standby Letter of Credit)
　債務の保証を目的とするクリーン信用状の一種である。例えば、日本企業の海外現地法人が現地銀行から貸付や保証を受ける際、日本の銀行が現地の銀行を受益者として債務の弁済を保証するために発行する信用状がこれにあたる。債務不履行の場合には、現地銀行はステートメントを手形とともに呈示し、債務を求償する。

5．船積書類の種類

荷為替手形においては、通常、以下のような船積書類が必要となる。

①送り状(インボイス：Invoice)
　商業送り状(Commercial Invoice)：貿易取引の明細書であり、物品名、数量、単価、総価格、取引条件、船舶名、積出日、船積港などが記載される。
　税関用送り状(Customs Invoice)：輸入税脱税やダンピングを防止する目的輸入通関時に税権に提出される送り状
　領事送り状(Consular Invoice)：インボイス記載事項が真正であることを輸出国駐在の輸入国総領事が証明する送り状(中近東・アフリカ向けの場

合必要になる）
②運送書類
　船荷証券(Bill of Lading：B/L)：船舶輸送の際に船会社から発行される。船荷証券は有価証券であり、これを呈示しないと船会社から貨物を受領することができず、取引における担保の役割をはたす重要書類となる。B/Lと略記される。
　複合運送書類(Multimodal Transport Documents)：コンテナによるドア・ツー・ドアの国際一貫輸送の際に用いられる。
　航空運送状(Air Waybill：AWB)
　航空輸送の際に航空会社が発行するもので、有価証券ではない。
　小包郵便受取証(Parcel Post Receipt)：小さな少量の物品を郵便で送付する際に発行される。
③保険関係書類
　保険証券(Insurance Policy)が発行される。
④その他の書類
　貿易契約において求められる場合、あるいは、国の貿易規制によって、追加で求められる場合がある。
　包装明細書(Packing List)：貨物の梱包内容を示す書類。
　重量・容積明細書(Weight and Measurement List)：貨物の重量・容積を詳細に記載するもので、日本では通常、日本海事検定協会により発行される。
　原産地証明書(Certificate of Origin)：貨物の原産地の証明書で、二国間の互恵通商条約に基づき、優遇関税を適用してもらう際などに必要となる。

6．信用状統一規則と取立統一規則

　信用状の利用に関しては、パリにある**国際商工会議所**(ICC)により、「**荷為替信用状に関する統一規則および慣例**」(Uniform Customs and Practice for Documentary Credits)、いわゆる**信用状統一規則**が定められている。1933年に定められ、現在2007年改訂版(UCP600)が使用されており、120以上の国の銀行が採択している。
　信用状には、いろいろな条件が明記されているが、明記されていない項目の場

合には、信用状統一規則に従っていると解釈される。いくつか例をあげると、①about、circa、approximately などの表示は、信用状金額の 10％を超えない金額が認められる、②分割船積は禁止されていない限り認められる、③明示がない場合、船積後 21 日を過ぎて提示された書類は受理されない、④信用状使用金額については 5％以内の不足は許容される、等々がある。

取立統一規則(Uniform Rules for Collections、略称 URC522)は、信用状を用いない荷為替手形(**D/P、D/A 手形**)による取引についての国際基準であり、やはり国際商工会議所が 1956 年に制定し、現在 80 カ国以上で採択されている。

なお、クリーン取立とは、商業書類を伴わない金融書類のみの取立であり、ドキュメンタリー取立とは、商業書類＋金融書類、または商業書類のみ、についての取立である。

7．貿易契約の基本条件

貿易契約時に具備することが不可欠な基本条件は、品質、数量、価格(建値)、積出時期、代金決済、海上保険の 6 つに大別される。

このうち、この章に関連して追加的に**価格条件(建値)**を述べる。これを決定する要素としては、①貨物の引き渡し場所はどこか、②輸出者はどの段階までの費用を負担するのか、③貨物の危険が輸出者から輸入者へ移転する時点をいつにするか、が重要事項となる。

最も広く利用されているのが、国際商工会議所が制定している**解釈基準インコタームズ**(Incoterms)と呼ばれる統一規則である。簡単な略語で取引条件が示されており、E 類型、F 類型、C 類型、D 類型の 4 類型に分類される。このうち、もっとも一般的に使われているのは、F 類型における **FAS**（船側渡条件）、**FOB**（本船渡条件）、C 類型における **CFR**(運賃込条件)、**CIF**（運賃保険料込条件）である。わが国の貿易でなじみ深いのは、FOB と CIF である。E 類型は輸出者に有利となり、D 類型は輸入者に有利となる取引条件である。なお、海上保険については保険価額は契約で決められるが、商慣習では CIF 価額の 10％増とするのが一般的である。

FAS（船側渡条件、Free Alongside Ship）

ファスと読み、輸出者は輸入者が指定した船積港における指定船舶の船側に貨物を置くことを条件とする売買条件で、その後の費用・海上保険は輸入者が負担する。

FOB（本船渡条件、Free on Board）

エフオービーと読み、貨物を船舶に積み込みその船上で引き渡す売買条件であり、その後の費用・海上保険は輸入者が負担する。

CFR（運賃込条件、Cost and Freight）

輸出者が輸入地の指定仕向港までの運賃を負担するが、海上保険は輸入者が負担する。

CIF（運賃保険料込条件、Cost, Insurance and Freight）

シフまたはシーアイエフと読み、輸出者が輸入地の指定仕向港までの運賃に加えて海上保険を負担する売買契約で、その後の費用は輸入者が負担する。

第22章 外国為替相場

外国為替相場とは、異なる通貨間の取引価値を表示する相場であり、**為替相場**と略称されている。為替相場を分類すると、直物相場と先物相場、市場相場と対顧客相場(それぞれが直物相場と先物相場を含む)という分け方ができる。以下では、直物相場、先物相場の順に説明する

1. 直物為替相場

通貨の受け渡しが即座に行われる**直物取引(スポット取引)**に用いられる相場を**直物相場(スポット相場**、spot exchange rate)という。通常、約定日の2営業日後に受け渡しが行われるが、もっと短い期間に行われる取引もあり、資金受渡しが取引の当日に行われるものを当日物、翌営業日に行われるものを翌日物と呼んでいる。

市場相場は、外国為替市場で成立する直物相場を意味している。1ドル=80円55-58といった形式で表示され、これを**気配値**といい、市場で取引が成立している水準を示している。「80円55銭の買い(bid、ビッド)、80円58銭の売り(offer、オファー)」という意味である。株式市場などと同様に、寄付、安値、高値、終値、中心相場といった種類がある。**仲値**とは、市場で成立する直物相場のうち、当日の対顧客相場決定時の基準相場となる相場である。

対顧客相場とは、銀行からみて顧客と取引する場合に適用する為替相場である。表22-1は、東京三菱銀行(当時)が公表した1999年1月4日の対顧客相場表である。この日は共通通貨のユーロ(表ではEURと記載)が始めて使われた記念すべき日であり、同時にユーロ導入後に廃止されたフランス・フラン(F.FR)やドイツ・マルク(D.M.)などの通貨も表に記載され、直物相場だけでなく先物相場も表示されている。

表22-1 対顧客相場表の例

The Bank of Tokyo-Mitsubishi, Ltd.

EXCHANGE QUOTATIONS (Opening) DATE 99-01-04

SPOT

Currencies	Spot Rates	T.T./OD Selling	Acceptance	T.T.Buying	Credit A/S Buying	Credit Buying 30 d/s	60 d/s	90 d/s	120 d/s	150 d/s	180 d/s	Without Credit A/S
US.$	(per 1 unit)	114.50	114.84	112.50	112.16	111.42	110.65	109.87	109.10	108.32	107.55	111.86
EUR	(per 1 unit)	135.72	136.00	132.12	131.84	131.15	130.42	129.70	128.99	128.28	127.56	131.59
CAN.$	(per 1 unit)	75.66	75.87	72.46	72.25	71.75	71.26	70.77	70.28	69.79	69.30	71.97
STG.£	(per 1 unit)	193.05	193.69	185.05	184.41	182.92	181.49	180.10	178.77	177.43	176.11	183.71
D.M.	(per 1 unit)	69.37	69.53	67.57	67.41	67.07	66.70	66.33	65.96	65.60	65.23	67.28
S.FR.	(per 1 unit)	84.02	84.16	82.22	82.08	81.85	81.51	81.14	80.78	80.42	80.06	82.02
F.FR.	(per 1 unit)	20.69	20.74	20.15	20.10	20.00	19.89	19.78	19.67	19.56	19.45	20.06
D.GL	(per 1 unit)	61.57	61.70	59.97	59.84	59.53	59.19	58.87	58.54	58.22	57.90	59.72
B.FR.	(per 100 unit)	336.37	337.11	327.57	326.83	325.13	323.35	321.54	319.76	318.03	316.23	326.21
D.KR.	(per 1 unit)	18.28	18.33	17.68	17.63	17.51	17.41	17.29	17.18	17.08	16.97	17.59
N.KR.	(per 1 unit)	15.40	15.46	14.80	14.74	14.57	14.44	14.31	14.18	14.06	13.94	14.70
S.KR.	(per 1 unit)	14.50	14.53	13.70	13.67	13.59	13.51	13.43	13.35	13.28	13.20	13.61
A.$	(per 1 unit)	71.63	71.84	67.63	67.42	66.97	66.52	66.07	65.61	65.16	64.72	67.02
NZ.$	(per 1 unit)	61.98	62.16	57.98	57.80							57.44
LIT.	(per 100 unit)	7.01	7.03	6.83	6.81							6.79
A.SCH	(per 1 unit)	9.86	9.88	9.60	9.58							9.56
HK.$	(per 1 unit)	15.08	15.13	14.22	14.17							14.07
M.RINGGIT	(per 1 unit)											
S.$	(per 1 unit)	69.36	69.48	67.70	67.58							67.43
S.PESETA	(per 100 unit)	81.59	81.77	79.39	79.21							79.06
P.ESC	(per 1 unit)	0.68	0.69	0.66	0.65							0.64
S.RIYAL	(per 1 unit)	31.08	31.19	29.48	29.37							29.25
UAE.DHM	(per 1 unit)	31.61	31.71	30.25	30.15							30.09
MARKKA	(per 1 unit)	22.82	22.87	22.22	22.17							22.12
*RMB.¥	(per 1 unit)	14.31		13.71								
IRELAND.£	(per 1 unit)	172.35	172.74	167.75	167.36							
BAHT	(per 1 unit)	3.19	3.20	3.03	3.02							2.99
*IND.RP	(per 1 unit)	2.85		2.55								
*PAK.RP	(per 1 unit)	2.44		2.14								
K.DINAR	(per 1 unit)	385.08		369.08								
Q.RIYAL	(per 1 unit)	31.90		30.54								
INDONESIA.RP	(per 100 unit)	1.55		1.31								
M.N.PESO	(per 1 unit)	12.56		10.56								
WON	(per 100 unit)	9.83		9.43								
*PH.PESO	(per 1 unit)	3.08		2.80								
S.A.RAND	(per 1 unit)	20.92		17.92								

FORWARD

Currencies	Forward Rates		OUTRIGHT FORWARD RATES (FIXED DATE)						CALENDAR MONTH DELIVERY WITH OPTION					
			1 MO.	2 MOS.	3 MOS.	4 MOS.	5 MOS.	6 MOS.	JAN.	FEB.	MAR.	APR.	MAY.	JUN.
*US.$ (per 1 unit)	TTS		114.10	113.70	113.30	112.80	112.40	112.00	114.50	114.10	113.70	113.20	112.70	112.40
	TTB		111.80	111.40	110.90	110.50	110.00	109.60	112.10	111.60	111.10	110.70	110.20	109.80
*EUR (per 1 unit)	TTS		135.62	135.34	135.07	134.69	134.43	134.16	135.72	135.64	135.41	135.12	134.69	134.48
	TTB		131.39	131.10	130.70	130.44	130.06	129.78	131.59	131.20	130.78	130.49	130.14	129.83
*STG.£ (per 1 unit)	TTS		192.32	191.48	190.73	189.86	189.13	188.41	193.05	192.47	191.69	190.86	189.86	189.27
	TTB		183.51	182.68	181.74	181.01	180.11	179.39	183.95	182.97	181.93	181.15	180.30	179.53

① T. T. BUYING RATES FOR RMB. ¥, PH. PESO, IND. RP AND PAK. RP ARE FOR INDICATION PURPOSE ONLY. (*)
② FORWARD RATES ARE FOR INDICATION PURPOSE ONLY. (*)

(資料) 東京三菱銀行 (現三菱東京UFJ銀行)

直物相場は従来、以下のように分類されていた。

①電信売相場(TTS)と電信買相場(TTB)

TTS＝仲値＋1円、TTS＝仲値－1円である。立て替え期間のない取引に適用される相場である。「売り・買い」とは銀行からみての売りと買いであることに注意が必要である。なぜ「電信」という言葉がついているかというと、送金および決済の指示がかつては電信(テレックス)で行われたことに由来しており、これにより、銀行間の資金決済は立て替え期間なく行われたのである。

この相場は、主に外国送金に適用される。日本から海外への送金である仕向送金の場合TTS、海外から日本への送金である被仕向送金の場合TTBが適用される。このほか、外貨預金作成時(円からドル)にはTTSが、解約時(ドルから円)にはTTBが適用される。(TTS・TTBはTelegraphic Transfer Selling or Buyingの略である)

②一覧払手形買相場(At Sight Buying Rate、A/S)

日本からの輸出取引における一覧払手形の買取相場である。一覧払手形とは、輸入地で輸入企業に呈示(一覧)されたらすぐに支払いが行われる手形である。A/S＝TTB－郵送期間立替金利(mail days interest)となる。買取した日本の銀行が資金を受け取るのは、輸入地でドキュメンツが輸入企業に呈示され(ここまで郵送日数がかかる)、輸入企業が決済した時点になるからである。

③期限付手形買相場

期限付輸出手形とは、呈示後一定期間後に支払いが行われる手形である。この場合の手形買取に適用される相場であり、支払猶予期間(ユーザンス)は一覧後30日などといった条件になる。この期間の立替金利が郵送期間の立て替え金利に加えて相場に織り込まれる。②と③は日本からの輸出の際に使われる為替相場である。

④一覧払輸入手形決済相場(アクセプタンス・レート：Acceptance Rate)

日本の輸入企業が輸入の決済をする際に適用される為替相場である。TTS＋郵送期間立替金利コストとなる。海外の輸出地で手形買取→日本の銀行のドル預

け金引落・海外輸出業者への代金支払→ドキュメンツ郵送→日本の銀行が輸入企業へ呈示→決済(ここまで立替期間発生)という順序になるためである。輸入企業に金融をつけたりして、日本サイドでの最終的な決済がもっと後の時期になることもあるが、わが国では、従来、どの時点で決済するにしても輸入決済相場としてはアクセプタンス・レートが使われてきた。

⑤外貨現金両替取引に使われる相場

外貨現金のキャリング・コスト(輸送費・管理費・保険料など)が加味された相場となり、通常、現金の売り相場はTTS＋2円、買い相場はTTS－2円であるが、取り扱う両替業者によって適用される相場は異なっている。

なお、対顧客相場は、顧客への優遇措置などがとられるようになっており、銀行や証券会社において、以上に述べた通りの相場が一律に適用されているわけではないことに注意が必要である。

2．先物為替相場

先物為替相場(**先物相場**、forward exchange rate)は、先物取引に適用される為替相場である。外国為替取引における先物取引とは、資金の受け渡しが取引の2営業日以降に行われる取引の総称である。これについても、より短い取引がある[注]。先物取引では、その受け渡しが行われる営業日の直物相場がどのような水準になっても、事前に約定していた先物相場で取引が行われる。

注) O/N：当日スタート翌営業日エンド
　　T/N（トムネ）：翌営業日スタート翌々営業日エンド
　　　　　　　　（取引日から数えて3営業日目に取引が終わる）
　　S/N（スポネ）：翌々営業日スタート翌々々営業日エンド
　　　　　　　　（取引日から数えて4営業日目に取引が終わる）

先物相場は、**為替予約**(将来時点の為替相場の約定)や**為替スワップ取引**(次章で説明する)に用いられる。また、先物相場は電信売買相場のみである。

なお、外国為替市場では伝統的に「先物相場」という用語が使われているが、先物とはいっても、「先渡し契約」(outright forward)のことであり、金融先物取

引(futures)ではない点に注意が必要である。受渡時期については、ある確定日に取引を行う確定日渡相場(outright forward rate-fixed date)と受渡日の選択可能なデリバリー・オプション付歴月渡相場(calendar month delivery with option)がある。

3．先物為替相場の決定

　先物相場は、直物相場を基準に、資金移動や直先為替取引に制限がないことを前提として、**二国間の金利差を反映して決定**される。金利の高い国の先物相場は直物相場に対して金利差分だけ先安(ディスカウント：discount)、金利の低い国の先物相場は、直物相場に対して金利差分だけ先高(プレミアム：premium)となる。円ドル相場の場合、米国金利＞日本金利となっているから、先物相場は円プレミアム、ドル・ディスカウントとなる。

　もしも直物相場と先物相場の水準が同じであれば、金利の高い通貨で運用し、先物予約をすることにより利益を得ることができる。すなわち、**裁定取引**の機会が発生する

　　(例)　直物相場：1ドル＝100円、1年後の先物相場：1ドル＝100円
　　　　日本金利：年2.5％　　米国金利：年7.5％　とすると
　　　　1年後の円運用元利合計＝100円×(1＋0.025)＝102.50円
　　　　1年後のドル運用元利合計の円換算額
　　　　＝1ドル×(1＋0.075)×100（先物相場）＝107.50円

　このように、直物相場＝先物相場であると、先物相場を使って5.00円、すなわち、金利差分(5％)に相当する利益が発生することになる。ドルで運用することが有利になるので、直物でドル買い、先物でドル売りの裁定取引が発生することになる。したがって、先物相場は裁定取引が発生しないような水準に決定される。

　直物相場(1ドル＝100円)に対する1年後の先物相場の水準をXとすると、
　　A：1年後の円運用元利合計＝100円×(1＋0.025)＝102.50円
　　B：1年後のドル運用元利合計の円換算額＝1ドル×(1＋0.075)×X

$$= 1.075 \times X 円$$

　裁定取引はA＝Bの状況では発生せず、この場合に成立するXが先物相場となる。すなわち、X＝102.75÷1.075＝95.35円となる。直物相場1ドル＝100円、先物相場1ドル＝95.35円となり、先物相場はドルのディスカウント、円のプレミアムとなり、先物相場は金利差5％に相当する円高ドル安の水準となる。

　したがって、金利の高い外貨に投資する場合、満期時点での為替予約を行えば、受取円貨額を固定できる反面、基本的には自国通貨で運用するのと同じ結果になり、金利差の利益は消滅する。

　先物相場は、しばしば、直物為替相場に対する値幅（スプレッド）で示される。プレミアム（直物相場よりも高いケース）の場合、p0.035と表記、ディスカウント（直物相場よりも安いケース）の場合d0.035と表記される[注]。

注）日本経済新聞には銀行間ドル直先スプレッドが掲載されている。
　　（例）　　　　　実勢　　年率（％）
　　　　1カ月　　　d0.038　　0.43
　　　dはディスカウント、pはプレミアムを示す。
　　　ディスカウント率（またはプレミアム率）
　　　＝直先スプレッド÷直物相場×（12カ月÷先物期間）×100（％）

4．為替相場の表示方法

　為替相場の表示方法には以下の2通りがある。
　外貨建（rate in foreign currency、receiving quotation）
　　表示の左側にくる通貨が外貨建表示と呼ばれる。
　　1ドル＝100円　（ドルについて外貨建表示）
　邦貨建（rate in home currency 、giving quotation）
　　表示の右側にくる通貨が邦貨建表示と呼ばれる。
　　1ドル＝100円（円について邦貨建表示）
　今日、基軸通貨である米ドルは外貨建、他通貨は邦貨建表示が一般的である。ただし、ユーロについては、ユーロが外貨建で表示され、対ドル相場もユーロについて外貨建表示となっている。また、英ポンドは通常外貨建で表示され、対ドル相場も英ポンドが外貨建で表示されている。対ユーロ相場では邦貨建表示であ

る。わが国は、明治期以降、円を外貨建で表示していた（例：100 円 ＝ 49.845 ドル）が、今日では邦貨建で表示されている。なお、外貨建表示は Continental Term、邦貨建表示は、New York Term とも呼ばれる。

5．クロス・レート

　為替相場はバイラテラル（二国間）に成立するだけでなく、マルチラテラル（多国間）に成立する。しかし、すべての為替相場が実際の市場取引により決定されているわけではない。外為市場では、ドル以外の通貨同士の取引はあまり行われておらず、通常は米ドルとの相場が決定され、それによりその他通貨との相場が間接的に決定される。このように、間接的に決定される為替相場を**クロス相場（クロス・レート、cross rate）** という。クロス・レートは計算で求められるが、実際にも裁定が働き、成立しなければならないものである。

　例えば、以下のように為替相場が計算される。
　　1 ドル＝X 円、1 ドル＝Y カナダ・ドル、1 ユーロ＝Z ドル
　　　→　1 カナダ・ドル＝X／Y 円
　　　→　1 ユーロ＝X×Z 円
　　1 ドル＝X 円、1 英ポンド＝Y ドル
　　　→　1 英ポンド＝X×Y 円となる。

　1 ドル＝109.50 円、1 ドル＝1.2560 カナダ・ドル
　1 ユーロ＝1.2050 ドルの場合、
　　1 カナダ・ドル＝109.50 ÷ 1.2560 ＝ 87.18 円
　　1 ユーロ＝1.2050 × 109.50 ＝ 131.94 円

　表 22-2 は、クロス・レートを表形式で表示したものである。縦にみると、1 と記載された通貨（外貨建表示）に対して各通貨は邦貨建表示となっている。
　（X、Y、Z がそれぞれどのような値になるか計算してみてください。）

表 22-2 クロス・レート表の例

	ドル	ユーロ	ポンド	円
円	X	167.63	211.75	1
ポンド	0.50135	0.79164	1	0.22472
ユーロ	0.63331	1	Y	0.00597
ドル	1	Z	1.9946	0.00942

6．為替相場の変動率の計算

通貨の価値である為替相場が高くなる場合の言い方には、増価(appreciation)、切り上げ、円高(円高ドル安)、ドル高(円安ドル高)、といった言い方があり、為替相場が安くなる場合の言い方には、減価(depreciation)、切り下げ、円安(円安ドル高)、ドル安(円高ドル安)、といった言い方がある。円が外貨建で表示されている場合、「円高」では円表示額が減少、「円安」では円表示額が増加する。円が邦貨建で表示されている場合にはこの逆となる。

為替相場がどの程度変化しているのをみるのに、変動率という考え方がある。これには、**IMF 方式**というルールがある。これは、為替相場制度が固定相場制度だった時代の概念であり、フロートとなった今日ではあまり用いられない。

1 ドル＝240 円の相場が 1 ドル＝120 円になった場合、ドルは何％、円は何％変化したというのだろうか。IMF 方式に従えば、

　外貨建の通貨の変動率は、
　　(新為替相場の外貨額／旧為替相場の外貨額－1)×100
　　ドルの変化率＝(120／240－1)×100
　　　　　　　　＝(120－240)／240×100＝－50％
円を外貨建表示すれば、1 円＝1／240 ドルから 1 円＝1／120 ドルとなったわけだから、
　　((1／120)÷1／240－1)×100
　＝(240／120－1)×100
　＝(240－120)／120×100＝＋100％

邦貨建の通貨の変動率は

(旧為替相場の邦貨額／新為替相場の邦貨額－1)×100

すなわち、このケースでは

(240／120－1)×100＝＋100％

　このように、同じ相場の変動でも、ドルの変化率と円の変化率は同じではないことに注意が必要である。

　1971年12月の**スミソニアン合意**では、円は、1ドル＝360円から1ドル＝308円に切り上げられた。これはIMF方式の計算では16.88％の切り上げとなっている。では、このときドルは円に対して何％切り下げられたのかというと、14.44％の切り下げとなる。当時は、為替相場の切り上げ(切り下げ)が外交交渉によって決定された時代である。

第23章 外国為替市場

1. 外国為替市場（外為市場）

　外国為替市場(foreign exchange market)とは、市場参加者が、短資会社や電話・電子端末などを通じて通貨を取引する市場である。通貨が売買される市場であるが、通貨市場という言い方はなく、伝統的に外国為替市場あるいは略して**外為市場**（がいためしじょう）と呼ばれている。

　外為市場は、証券取引所のように物理的な場所が市場としてあるわけではなく、また、国内に市場が複数あるわけではない。わが国では、**東京外国為替市場**と呼ばれることが多いが、東京に市場があるというわけではなく、また、市場参加者も東京だけにいるわけではない。その国における外為取引について、代表的な都市の名称をつけて呼ばれることが多く、その意味で東京外国為替市場と呼ばれているのである。

　外為市場は、インターバンク市場での為替取引が行われる市場を指し、対顧客取引（銀行とその顧客取引など）はこの市場には含まれない。しかし、対顧客取引は外為市場の取引に反映されることになる。

　市場参加者は、1998年以前は**為銀主義**と言われ、**外国為替銀行（為銀**（ためぎん））[注1]と**短資会社**（外為ブローカー）[注2]および**政策当局**のみが参加する市場だった。電話を用い、短資会社を介して取引が行われた。短資会社は外為ブローカーとも呼ばれる。ただ、今日では短資会社を経由しない直接取引（直取引）が7割を占める。電話によるボイス・ブローキング、およびロイターやEBS（Electric Broking System）を用いる電子ブローキングが主流である。

　取引単位は「1本」という呼び方が行われ、**1本＝100万米ドル**である。10本とは1,000万ドルを意味する。

注1) 外国為替専門銀行（東京銀行1行）と多くの外国為替公認銀行（都市銀行・長期信用銀行・信託銀行・地方銀行・外国銀行など）から構成。
注2) 短資会社：現在はメイタントラディション、トウキョウフォレックス上田ハーローの2社である。

2. 東京外国為替市場の沿革

1970年代までは、1949年に制定された「**原則禁止、例外自由**」の規制色の強い「**外国為替及び外国貿易管理法**」(**外為法**)のもとで、外国為替取引が行われたが、1980年の外為法改正により、「**原則自由、例外禁止**」の原則に変わり、自由化・規制緩和が進んだ。

外国為替市場に関するものは以下の通りである。

1980年：ファーム・オーダー方式実施
 これ以前は、メイ・ビー・オーダーと呼ばれ、売り買いの指値注文を出しても、必ずしも取引の実行を義務付けられなかったが、ファーム・オーダー方式では、アンダーレファレンスなどの意思表示がない限り、呈示した指値での取引が実行されることになった。

1984年：先物為替取引の実需原則撤廃
 これ以前には、貿易など実需の裏付けがなければ、先物為替予約はできなかったが、これ以後実需原則は撤廃された。

1984年：IB（インターナショナル・ブローキング）実施
 海外からの注文による外為取引（クロスボーダー取引）が認可された。

1985年：DD（ダイレクト・ブローキング）実施
 ブローカーを通さず市場参加者が直接取引する直取引（じきとりひき）が認可された。

その後、1998年には外為法が抜本改正され、「**外国為替及び外国貿易法**」となり、法律名から「管理」という言葉が抜けた。対外取引は自由となり、為銀主義は撤廃され、外為市場に他業態の参入が可能となるなど、一層の自由化が実施された。東京銀行と三菱銀行の合併により、外国為替専門銀行法に基づく銀行は消滅した。

表23-1　東京外国為替市場の沿革

1949年4月23日：1ドル360円という単一為替相場決定
1949年12月：外貨の管理権が日本へ返還
「外国為替及び外国貿易管理法」公布
1950年：国営貿易から民間貿易への完全移行
1952年：外貨の「全面集中制」は「持ち高集中制」へ変更
これにより外国為替銀行は本来の機能を回復
1952年7月：東京外国為替市場開設
1952年8月：ブレトン・ウッズ体制（IMF）へ加盟
1960年6月：「円為替」制度の導入（対外決済に円の使用が可能となった）
1963年4月：基準外国為替相場の変動幅拡大（0.5%→0.75%）
（西欧諸国の対米ドル変動幅と同じとなった）
日銀の平衡操作の導入決定
1964年4月：IMF8条国へ移行（経常取引については為替制限不可）
1973年2月14日：変動相場制移行
1972年4月：東京ドルコール市場発足
1980年：外為管理法の規制大幅緩和　「原則禁止」から「原則自由」へ
1985年：銀行間直接取引開始
インターナショナル・ブローキング開始
1986年12月：東京オフショア市場開設
1994年12月：市場取引時間制撤廃
1998年4月：「外国為替及び外国貿易法」施行
対外取引は名実ともに原則自由　「有事規制」は残された
資本取引：許可・事前届出制は一部を除き廃止、原則事後報告制
貿易取引：輸出入報告書の廃止、特殊決済の廃止
ネッティングの自由化　外国為替証拠金取引（FX）の導入

3．外国為替取引の分類

　外国為替取引は、**アウトライト取引**と**スワップ取引**に大別される。アウトライト取引とは、直物・先物の買い切りないし売り切り取引をいう。具体的には、直物取引（スポット取引、spot transaction）と**先物アウトライト取引**（outright forward）が含まれる。**スワップ取引**（swap transaction）とは、同一の取引相手に対し、同一金額で、かつ逆方向の直物取引と先物取引を行う取引であり、持高操作や資金操作に利用される。先物の受け渡し期日に合わせて「1カ月物ス

ワップ」などと呼ばれる。スワップ取引がどのように行われるか、例をあげて述べる（第24章でもスワップ取引を述べているので参照のこと）。

（例）輸出企業の為替予約
① 1カ月後に輸出手形の買取を銀行に依頼する予定の輸出企業が、100万ドルの1カ月先物の為替予約（輸出予約）を行う。輸出企業のドル売り円買いの為替予約は、銀行にとっては1カ月後のドル買い円売りを意味する。
② 銀行は、100万ドルの直物ドル売りと同時に、**100万ドルの直物ドル買い・先物ドル売りのスワップ取引**を行う。これにより、直物取引は相殺され、輸出予約（先物買い）と先物ドル売りのポジションが均衡する。
③ 1カ月後の為替予約実行時に、銀行は輸出企業から100万ドルのドル買いを行い（先物予約実行）、先物ドル売りの決済にあてる。なお、この例からわかるように、銀行が顧客にどの程度の範囲（通貨や期間）で先物予約を提供できるかは、スワップ取引が外為市場でどの程度約定できるかどうかに依存する。

　外国為替取引は、**実需取引**と**投機取引**にも大別できる。実需取引とは、貿易取引などで発生する外為取引であり、為替リスクを回避するカバー取引としても発生する。投機取引とは、実情の裏付けなく外貨の売買を行う取引である。かつては実需原則の規制があったが、今日では撤廃されている。

4．銀行の外為取引

　今日でも多くの企業は、銀行を通して外為取引を行っておりメガバンクを中心に、主要銀行は外為取引を担う部署を本部に設けている。三菱東京UFJ銀行を例に述べると、本部には、**為替資金部**と呼ばれる部署がある。外為取引を行う場所は、**ディーリング・ルーム**と呼ばれる。外為市場を相手に取引を行うのはいわゆる**為替ディーラー**で、**インターバンク・ディーラー**とも呼ばれる。本部において顧客との取引をつなぐ役割をはたしているのは**カスタマー・ディーラー**と呼ばれる。外国為替取引約定後の事務はバック・オフィスと呼ばれる部門が処理している。また、国内主要支店には、マネーデスクと呼ばれるグループが配置されて

おり、数カ店をまとめて、外国為替取引やデリバティブ取引について本部と顧客を仲介する業務を行っている。為替資金部は国内支店だけでなく、ニューヨーク支店やロンドン支店など、主要海外支店とも連携をとって外為取引を行っている。図 23-1 は外為取引の事例を示している。

図 23-1　外国為替取引の事例

```
SPOT 取引の事例
 (a) Dealing 機器による場合
    （シンガポールの XX 銀行と日本の YY 銀行のクロスボーダーの直取引）
    XX(Singapore)：YEN 10 PLS
    （円買いドル売り）      （PLEASE）
    YY(Tokyo)：25-30
    （円売りドル買い）
    XX：SELL(10)
    YY：DONE     （注）DONE は取引の約定を意味する。
         YY BANK TOKYO BOUGHT USD 10 MIO
         AGST YEN AT 120.25 VAL APR 10, 2003
         (AGAINST)        (VALUE)
         USD TO OUR NY VIA CHIPS ABA...UID...
         AND WHERE FOR YOU PLS?
            （注）CHIPS はアメリカの決済制度の略称　 ABA…米国の銀行コード
                                              UID…登録番号を意味する
    XX：YEN TO OUR TOKYO PLS
    YY：TKS FOR THE DEAL
        (THANKS)
    XX：TKS AND BIBI

 (b) 電話による場合（日本における XX 銀行と YY 銀行の直取引）
    XX：（ドル売り）XX 銀行です。
    YY：（ドル買い）YY 銀行○○ですが、スポット円 10 本（10 百万ドル）お願いします。
    XX：30-35 です。
    YY：35 で 10 本お願いします。（Ten mine お願いします）
    XX：Done です。XX 銀行 120.35 で 10 百万ドルお売りしました。
        △△と申します。
    YY：YY 銀行 120.35 で 10 百万ドル買いました
        ○○です。ありがとうございました。
```

（資料）「外国為替・資金取引に関わる行動規範」東京外国為替市場委員会（2003 年版）（編集して表示）

5．市場介入

市場介入(為替介入)とは、政策当局による外為市場における売買取引である。為替相場の水準形成や変動方向に影響を与える目的で行われ、必要に応じて行われる。市場介入の実行や規模は財務省によって決定され、日銀が代理人として取引を行っている。市場介入資金は政府の**外国為替資金特別会計**によって運営されている。平成25年度末時点では128兆円相当の資金があり、保有する外貨証券は、国債が9割で、また、満期までの期間1年超の債券が9割を占める。ドル売り介入の場合には、この外貨準備としてのドル資金が使われる。ドル買い介入の場合には円資金が必要となるが、必要に応じて国庫短期証券の発行が行われたりする。市場介入実績は財務省国際局が公表している。

市場介入の種類としては、**単独介入**(1カ国の中央銀行の判断で介入するケース)、**委託介入**(海外の中央銀行に介入を委託するケース)、**協調介入**(複数の中央銀行が協力して同時に市場介入を実施するケース)といった種類がある。

介入資金を調達するために、中央銀行間で資金を融通しあう**スワップ協定**が結ばれたりしている。

市場介入と外貨準備、マネーサプライの関係は以下のようになる、

　　ドル買い介入：外貨準備増加および国内のマネー・サプライ増加要因となる
　　ドル売り介入：外貨準備減少および国内のマネー・サプライ減少要因となる

不胎化介入(sterilized intervention)とは、国内のマネーサプライへの影響が発生しないような対応を行う市場介入である。すなわち、以下のような金融調節を行えば、国内金融市場に対して中立的となる。

　　ドル買い介入(市場に円資金供給)→売りオペにより市場から円資金を吸収
　　ドル売り介入(市場から円資金吸収)→買いオペにより市場に円資金を供給

ドル買い介入の規模が大きく、一方で、日銀が円資金吸収の市場調節を行わないとすると(これを**非不胎化介入**と言う)、ドル買い介入は金融緩和効果を生むこ

とになる。もちろん、日銀の金融市場の調節は、市場全体の需給を考慮して実施されており、市場介入が直接的に金融緩和・引締効果をもたらすことは少なく、不胎化介入という言葉はあまり使われなくなっている。

6．世界の外国為替市場とその規模

外為取引は時差を越えて行われる。すなわち、24時間、世界のどこかで取引が行われている。以下のように、世界の主要外為替市場で取引が続く。

ニューヨーク→シドニー→東京→香港・シンガポール→バーレーン注)→フランクフルト・チューリッヒ→ロンドン→ニューヨーク

注）バーレーンは土日にも市場オープン、金曜が休み。

BIS（国際決済銀行）は、3年に1度、各国の中央銀行の協力により世界の外為市場の取引高を調査・集計して発表している（表23-2）。最新の調査は2013年に行われ、2013年4月**営業日1日当たり平均取引額は、約5.3兆ドル**となっている。このうち、直物取引が2.0兆ドル、先物アウトライト取引が6,800億ドル、スワップ取引が2.2兆ドルとなっている。スワップ取引は1週間以内のスワップが全体の8割近くを占めている。また、国内取引よりも**クロスボーダー取引**のほうが大きくなっている。

イギリス（ロンドン市場）が世界最大の市場で、第2位のアメリカ（ニューヨーク市場）と合わせ、全体の6割の取引が行われている。わが国の取引高は、2013年時点では、シンガポールに次いで第4位であるが、過去の動向からみると、ロンドンやニューヨークに次ぐ外為市場と言えるだろう。

通貨別には、ドルは全体の87％、次いでユーロが33％、円は23％である（ひとつの取引で2つの通貨が関係するので、全体を200％としたシェアである）。

通貨の組み合わせでは、全体を100％とすると、ドル・ユーロ取引が24％、ドル・円取引が18％を占めている。ドル対他通貨の組み合わせのケースが全体の87％を占めており、ドル以外の通貨の組み合わせによる取引のシェアは低い。すなわち、多くのドル以外の通貨同士の相場は、ドルとの相場が決定されることにより、そこから決まるクロス・レートであり、この意味で、ドルは**国際通貨**な

表23-2　世界の外国為替市場の取引高

(各年4月の営業日1日当たり平均取引額、単位：10億ドル)

年	1998	2001	2004	2007	2010	2013
合計	1,527	1,239	1,934	3,324	3,971	5,345
直物	568	387	631	1,005	1,488	2,046
先物アウトライト	128	131	209	362	475	680
スワップ	734	656	954	1,714	1,759	2,228
デリバティブ	97	67	140	243	250	391

(注1) 2010年の合計のうち、国内 (local) 取引が 1,395（35％）、国際 (cross-border) 取引が 2,586（65％）
(注2) 2010年のスワップの内訳では、7日までの取引が 1,304（76％）

国別取引高（2013年）

	10億ドル	シェア、％
イギリス	2,726	40.9
アメリカ	1,263	18.9
シンガポール	383	5.7
日本	374	5.6
香港	275	4.1
スイス	216	3.2

通貨別売買高シェア（2013年、％）

合計	200.0
米ドル	87.0
ユーロ	33.4
日本円	23.0
英ポンド	11.8
豪ドル	8.6
スイス・フラン	5.2

(注) 取引の集中：日本では8つの銀行が取引高の75％を占める
　　（米は7行、英は9行で75％を占める）

取引通貨の組み合わせ別取引高（2013年）

	10億ドル	シェア、％
総合計	5,345	100.0
ドル／ユーロ	1,289	24.1
ドル／円	978	18.3
ドル／ポンド	472	8.8
ドル／豪ドル	364	6.8
ドル／カナダ・ドル	200	3.7
ドル／その他通貨	1,352	25.3
ドル合計	4,655	87.0
ユーロ／円	147	2.8
ユーロ／ポンド	102	1.9
ユーロ／スイス・フラン	71	1.3
ユーロ／その他通貨	179	3.3
ユーロ合計（対ドル、円除く）	499	9.3
円合計（対ドル、ユーロ除く）	106	2.0
その他通貨／その他通貨	89	1.7

(資料) BIS（国際決済銀行）

いし**ビークル・カレンシー**（vehicle currency）と呼ばれる。

　外為市場は、少数の市場参加者に取引が集中する寡占状況にある。わが国の外為取引（調査における報告銀行は 21 行）においては、8 つの銀行の取引が取引高全体の 75％を占めており、ロンドン市場・ニューヨーク市場でも同じような寡占状況がみられる。今日の外為市場は、少数の市場参加者（銀行）により、クロスボーダー取引がさかんに行われる市場になっている、と言うことができる。

第24章
為替リスクへの対応

1. 為替リスクとは

為替リスクとは、為替相場の変動によって損失を受けるリスクである。国際貿易を行う企業にとっては、為替相場の変動は収益を左右するほどの影響を与えることもあり、為替リスク対策は極めて重要である。

為替リスクを負っている外貨建債権・債務の額を**エクスポージャー**(exposure)または**ポジション**(position)と言う。エクスポージャーへの対応には、**ヘッジ**(hedge)や**投機**(speculation)の二通りがある。

ヘッジとは、エクスポージャーを消滅させるか、または、エクスポージャーは存続するものの相殺したりして、為替リスクを消滅させる対応である。投機とは、発生したエクスポージャーへの対応をとらずに放置したり、エクスポージャーを積極的に造成して為替相場変動による利益を得ようとする対応であり、こちらは通常の為替リスク対策というわけではない。

2. 為替持高の把握

銀行や企業においては、エクスポージャーは複数あり、それらは合計して全体の為替リスクを考える必要があり、**為替持高**として以下のように把握される。

　　為替持高＝外貨建債権－外貨建債務
　　債権＞債務：**買い持ち**(買い持ちポジション long or bought position)
　　債権＜債務：**売り持ち**(売り持ちポジション short or sold position)
　　債権＝債務：**スクエア**(square position)

買い持ちの場合、円安が進展すれば利益、円高が進展すれば損失が発生する。

売り持ちの場合は、円安進展ならば損失、円高進展ならば利益が発生する。

為替持高の把握のために、**為替持高表**というものが使われたりする。これは、以下の3種類の持高から構成される。

- **直物持高**(actual position)
- **先物持高**(forward position)
- **総合持高**(net position、overall position)

外国為替業務を本格的に行っている大手銀行では、多くの外貨建債権・債務が常に発生し、為替リスクにさらされるので、為替持高を把握することは極めて重要である。銀行の為替持高表の例は以下の通りである。

(例)銀行の為替持高計上
①輸出業者Aから100万ドルの荷為替手形を買い取って信用状発行銀行へ送付した。(輸出手形買取)
②米銀から邦銀に、その取引先である輸入業者あての額面80万ドルの手形が送付されるとともに、輸入業者は手形を決済した。(輸入手形決済)
③輸入業者Bの依頼により米国向け10万ドルの外国送金を実施した。
(外国送金のうち仕向送金)
④米銀から、輸出業者Cあての5万ドルの外国送金指図を受領し、Cの口座に5万ドル相当の円資金を入金した。
(外国送金のうち被仕向送金)
⑤輸出業者Dから3カ月先物ドル100万ドルを買い取る契約を結んだ。
(先物買い予約)
⑥輸入業者Eに3カ月先物ドル150万ドルを売り渡す契約を結んだ。
(先物売り予約)

以上の6つの取引は、為替持高表においては、表24-1のように仕訳される。

表24-1 為替持高表の例（1）

	買為替残高		売為替残高	
直物取引	①輸出手形	100	②輸入手形	80
	④被仕向け送金	5	③仕向け送金	10
	債権計	105	債務計	90
先物取引	⑤買い予約	100	⑥売り予約	150
直先合計		205		240

	買い持ち	売り持ち
直物持高	15	
先物持高		50
総合持高		35

(注) 買為替：銀行が顧客（取引先）の持つ外貨債権を買い入れる取引
売為替：銀行が顧客に顧客（取引先）に外貨債権を売り渡す取引

　これによれば、直物取引における持高は、差し引きで15万ドルの買い持ち、先物取引における持高は50万ドルの売り持ちであり、これらを合計した総合持高は、35万ドルの売り持ちとなっている。為替リスクを回避するためには、買い持ちないし売り持ちのエクスポージャーをスクエアにしていくことが必要であり、基本的には、反対売買を行うことになる。

3. 銀行の為替リスクヘッジ

　銀行は、顧客との外為取引については受け身で対応することになるので、為替持高がスクエアな状態は通常存在しない。発生したエクスポージャーにどの程度対応するかは、その残高や外為市場の状況によって決定されることになる。

　かりに、すべての為替リスクを消滅させるという場合には、外国為替市場で**カバー取引**を行って対応することになる。すなわち、買い持ちの場合には同額を外為市場で売り、売り持ちの場合には同額を外為市場で買うことによって為替リスクを消滅させる。もちろん、銀行は自ら為替ディーリングを行っており、積極的にエクスポージャーを造成する投機取引も行っているので、顧客との取引によって発生したエクスポージャーが放置されることもある。なお、銀行の総合持高は1998年4月から規制が撤廃されている。

以下は、仮説例である。

> ケース：X銀行が輸出業者から100万ドルの一覧後3カ月払いの輸出手形を買い取る（@1ドル＝100円）

この取引により、X銀行は**100万ドルの買い持ち**のエクスポージャーを持つ。1ドル＝100円よりも円安になれば差益が、円高になれば差損が発生する。

この為替リスクを消滅させる場合、一例としては、X銀行は手形買取と同時に外為市場において**100万ドルの直物売り取引**、および、**100万ドルの直物買い・先物売りのスワップ取引**を実行する。これにより、総合持高はスクエアとなる（表24-2参照）。

表24-2　為替持高表の例（2）

	買為替残高		売為替残高	
直物取引	輸出手形買取	100	直物売	100
	直物買 (スワップ)	100		
先物取引			先物売 (スワップ)	100
総合持高		200		200

この取引の意味は、①外為市場における直物売り取引によって、輸出業者からの直物買い取引（輸出手形買取）が相殺される、②外為市場で直物売りするためのドル資金をスワップ取引により一時的に調達する（輸出業者からは手形を受領したのみで、100万ドルの資金は輸入業者の決済が一覧後3カ月であるため、まだ受領していないため）、という2点にある。

これらは、**為替操作・資金操作**と呼ばれる。為替操作は為替リスクを消滅させるカバー取引（外為市場での反対売買）であり、資金操作はスワップによるドル資金の一時的調達、および、同時に発生する円資金の調達・運用である。

先物売りのエクスポージャーは、輸入業者の決済期日に合わせるか、あるいは、短期のスワップ取引をロール・オーバーする。すなわち、当初の先物売りの期日に、直物買い・先物売りのスワップ取引を再び行うことにより、新しい先物売りポジションを造成する。そして、海外で手形の一覧後3カ月が経過し、輸入業者が手形を決済し、X銀行の海外のコルレス勘定に100万ドルが入金された時点で、この100万ドルを先物売りポジションの最終的な決済にあてれば操作が終了する。

以上は、もちろん、仮設例である。銀行は、取引1件毎にこのようなカバー取引を行うことはなく、全体の持高について、必要に応じてカバー取引を行うのが通常である。

4．一般企業の為替リスクのヘッジ

一般企業は、輸出入双方を手がける総合商社のような場合を除けば、銀行のように買為替・売為替の両方が常に発生するわけではなく、輸出企業であれば買い持ち、輸入企業であれば売り持ちといった、ワンサイドのエクスポージャーが発生する。また、よほどの大企業でもなければ、銀行のように、外為市場でカバー取引を行うほどの資金力や金融技術も備えていないので、独自の為替リスク対策が必要になる。

（1）貿易契約における為替リスク対策

貿易契約時に為替リスク対策を盛り込む対策であり、①**円建契約**、②為替差益・為替差損の負担割合を明確にする、③為替リスクにさらされる金額・期間を圧縮する、といった対応が考えられる。円建て契約の場合には、為替リスクは海外の輸入業者が負担することになるが、一次産品などはドル建で取引が行われるため、円建化を推進することは難しい。わが国の貿易においては、円建契約は、輸出における比率は相対的に高いが、輸入においては一次産品輸入が多いこともあり、低くなっている。

（2）貿易契約後の為替リスク対策

金融的手法によって、為替リスクを軽減する対策である。これには、①**先物予約**、②**通貨オプション**、③**マリー**、④**リーズ・アンド・ラグズ**といった手法がある。

先物予約は、為替リスクを消滅させるというよりは、取引採算を確保するという観点で用いられる。例えば、銀行と1カ月先物予約を100円／ドルで結べば、1カ月後の直物相場がどのような水準に変化していても、約定した100円の相場で売買を行うことができる。また、ある輸出企業のその期の目標相場が90円であれば、100円で先物予約を約定することは目標相場をクリアすることにな

るので、為替予約を結ぶことが積極的に行われる。もちろん、1カ月後の直物相場がより有利な水準に変動していても、約定した先物相場での取引をキャンセルすることは基本的にできないので、その場合は利益を放棄することになる。先物予約は、銀行との間で先物予約締結に関わる契約が結ばれれば、手数料なしで実行できる。

通貨オプションは、先物予約の一変形とも言える手法であり、先物予約(例えば1カ月後)の約定相場について、それを用いた売買をする(権利行使)か、そうではなく1カ月後の直物相場で売買する(権利放棄)かが選択できる、という取引手法である。通貨オプションがわが国で導入された当時は、選択権付為替予約と呼ばれたこともあった。手数料(オプション・プレミアム)がなければ、先物予約より有利となるが、手数料を考慮すると先物予約より有利になるとは限らない。(オプションについては第29章を参照)

例えば、輸出企業が1カ月後にドル建で輸出代金を受け取るケースについて、オープン・ポジション(エクスポージャーを放置するケース)と先物予約および通貨オプション(この場合ドル・プット・オプション)の3手法について比較すると図24-1のようになる。為替予約相場およびドル・プット・オプションの権利行使価格を100円／ドルとする。この場合、1カ月後の直物相場がPよりも円高になるとオープン・ポジション＜オプション＜為替予約の順に受取円貨額が大きくなり、Qよりも円安になると、為替予約＜オプション＜オープン・ポジションの順に受取円貨額が大きくなる。PとQの間の水準では、オプションの受取額がもっとも少なくなる。このように、将来の直物相場の水準如何により、どの手法が最善かは変わってくる。

マリー (marry)は為替マリーとも呼ばれ、同額の外貨建債権(または債務)を新規に保有し、為替リスクを相殺するという手法である。例えば、ある外貨建債権(あるいは債務)がある場合、それと同額の外貨借入(外貨運用)を行うことによって相殺することができる。

リーズ・アンド・ラグズ(leads and lags)は、外貨建債権・債務の決済時期を早めたり(リーズ)遅くしたり(ラグズ)する対策であり、フロート移行後の1970年代頃には、よく使われたと言われる。円高進展時には、輸出企業は手取りの円金額を増やすために決済を早め、輸入企業は支払円金額を減らすために決済を遅らせるという行動がこれにあたる。ただし、この手法を多くの輸出入企業が一斉

図24-1 為替予約、オプション、オープン・ポジションの比較

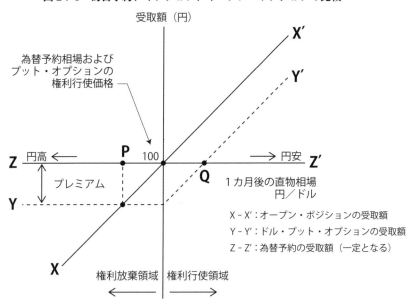

X–X′：オープン・ポジションの受取額
Y–Y′：ドル・プット・オプションの受取額
Z–Z′：為替予約の受取額（一定となる）

に行った場合、所期の効果が得られなくなるという事態もありうる。例えば、円高進展時に輸出企業が決済を早め、輸入企業が決済を遅くすれば、外為市場では、ドル売りがドル買いよりも早く大きく発生し、それが想定以上に円高を急速に進展させてしまう、といった点である。この手法は、今日では話題になることはなくなった。

（3）その他の為替リスク対策

（2）は、決済手法における為替リスク対応策であったが、これ以外に以下のような対応もある。これらは単純な為替リスク対策ではなく、それ以外の要素も含んでいる。

①ネッティング

ネッティング(netting、差額決済)とは、グローバル企業において国際的に発生する債権・債務の決済について、差額のみの決済を行うことを意味する。資金の節約が行われるうえにエクスポージャーも縮小するため、為替リスク対策にもなる。これには、二者間で行う、**バイラテラル・ネッティング**(bilateral netting)や、関係者が三者以上となる**マルチラテラル・ネッティング**

(multilateral netting)がある。マルチにネッティングを行う場合には、金融子会社が設立され、それを通して行われるケースもある。

②**プーリング**

プーリング(pooling)とは、同じ企業グループ内でプール口座を開設し、余剰部門はプール口座へ資金を運用、資金不足の部門はプール口座から資金を調達し、企業全体としては、最終的に残った資金の不足分についてのみ外部の銀行などから資金を調達する、といった手法である。キャッシュ・マネージメントの一貫であり、国内的にも国際的にも、企業財務の効率化のために実施されたりしている。これを通じて、やはりエクスポージャーが縮小し為替リスク対策につながることになる。

③**海外生産の拡大**

直接投資を通じた海外生産の拡大は、1980年代後半の円高進展以降、わが国大企業が推進することになった。国内生産→輸出という従来からのビジネス・モデルは円高進展により通用しなくなったためでもある。

第25章

為替相場の理論

この章では、為替相場決定の考え方、あるべき水準について説明することにする。

1. 適切な為替相場の水準

適切な為替相場の水準とはどのように考えるべきであろうか。いろいろな見解があると考えられるが、ここでは、適切な為替相場の水準の定義は、経済に悪影響をもたらさない為替相場の水準とする。「経済に悪影響をもたらさない」というのは、例えば、貿易の障害にならない、貿易収支や経常収支の黒字や赤字を過度に増幅させない、国内の景気拡大に悪影響をもたらさない、インフレーションの原因にならない、等々のネガティブ・イフェクト(negative effect)が発生しない状況を意味する。

為替相場が適切な水準かどうかの問題は、為替相場制度が**フロート**であるか、**固定相場制**であるかには関係しない。もしも、為替相場が適切な水準にない場合には、フロートであれば、市場参加者がやがてそれを認識して、市場での取引により相場が適切な方向へ変化していくはず、ということになる。固定相場制においては、当初は適切と考えられる水準に為替相場が固定されるであろうが、それが永劫に適切な水準であり続ける保証はない。経済の変化にともない適切な水準が変化した場合には、固定相場制であっても、切り上げや切り下げが必要になる。放置しておけば、悪影響がはっきりしていき、ある時点でその固定相場制は維持できなくなり、切り上げないし切り下げを余儀なくされることになる。

1970年代まで、世界において為替相場は固定相場制度が長らく続いた。このため、為替相場は固定すべきものであるという通念が存在していた。アメリカの経済学者**フリードマン**は、1960年代の固定相場制度の時代にフロートを推奨したが、その論拠は、フロートのもとでは、為替相場が市場の需給で自動的に望ま

しい水準に調整され、各国は為替相場をフロートにすることにより、為替相場調整に政策を割り当てることなく、国内経済の調整（景気や雇用・物価）に政策を割り当てることができるというものだった。その主張は、今日から見ればおおむね正しく、為替相場が通貨の価格であるのなら、モノの価格が不変ということは今日の経済ではありえないことであり、本来の方向へ世界が動いてきたということになろう。

　先進国のフロート移行後今日まで、為替相場には大きな変動が見られた。そして、フロートの経験が長くなるにつれて為替相場変動への知見が増していった。

　為替相場のごく短期的な変動には**ボラティリティ**（volatility：浮動性）があり、短期的な変動は**ランダム・ウォーク**（random walk：酔歩過程）ととらえられ、非合理的で予測できないと考えられている。一方、中期的には**ミスアラインメント**（misalignment、適性水準からの乖離）が発生することも認識されている。典型例としては、1980年代前半のドル高（円安）と、その後のドル安（円高）進展を指摘することができる。ミスアラインメントは日々の為替相場の変動の累積として発生していくことになるので、日々の変動がランダム・ウォークであったとしても、ミスアラインメントをもたらす中期的要素が日々の変動に盛り込まれていると考えられる。ミスアラインメントは、いったん発生すれば経済的に問題を生み出して維持可能ではなくなり、それが認識されれば、やがて適切な水準に向けての調整が発生する。フリードマンの見解とは異なり、為替相場の変動は大きく、自動的に望ましい水準に調整されることはなく、為替相場を常に適切な水準に維持することは、フロートの時代に入ってからも、必ずしも容易なことではなかった。

2．為替相場に影響を与える要因

　為替相場を決定しているのはどのような要因であろうか。影響を与える要因として考えられるのは、①**経済ファンダメンタルズ**（各国の国際収支・成長率・インフレ・雇用・対外債務など）、②**各国の経済・金融政策**、③**外為市場参加者の期待や思惑**、④**ニュース**（各国のリーダーや通貨当局の声明や発言、原油価格の予期せぬ変動、政治・経済上の事件、天災など、特に市場参加者のマインドにショックを与えるような想定外の新しい変化を意味する）、等が指摘されている。

これらは、単一の要因としてではなく、複合的に絡み合い為替相場の水準決定に影響していると考えられる。

3．購買力平価（PPP）

購買力平価(PPP：Purchasing Power Parity）とは、二国間の購買力をつねに等しくするような為替相場である。1921年に、スウェーデンのグスタフ・カッセルが提唱した。為替相場決定の考え方のなかで、物価データのみで為替相場を説明し予測するもっともシンプルなものである。

ある同じ商品Xについて、アメリカの価格＝1万ドル、日本の価格＝100万円とすると、

商品Xの価格＝1万ドル＝100万円（円の購買力＝ドルの購買力が成立）であるから、**購買力平価は1ドル＝100円**となる。

もしも、現実の為替相場が
① 1ドル＝150円なら　→　円の購買力＜ドルの購買力
② 1ドル＝50円なら　　→　円の購買力＞ドルの購買力　である。

①のケースにおいては、1万ドルの価格で商品Xをアメリカで売れば150万円の代金が入り、日本で販売するよりも50万円だけ大きな利益が発生する。すなわち、日本からアメリカへの輸出（アメリカの輸入）が有利となる。

②のケースにおいては、1万ドルの価格で商品Xをアメリカから買えば50万円払うだけで済み、日本で購入するよりも50万円だけ大きな利益が発生する。すなわち、アメリカから日本へ輸出（日本の輸入）が有利となる。

①の場合には、日本の輸出増加→ドル売り円買いの動きが出る→円高ドル安への調整（1ドル＝100円への調整）が起こる。②の場合には、日本の輸入増加→ドル買い円売りの動きが出る→円安ドル高の方向への調整（1ドル＝100円への調整）が起こる。

どちらの調整過程でも1ドル＝100円となれば、利益は消滅する。すなわち、購買力平価の水準に現実の為替相場が収束する動きが生じるのである。これは、

価格差の存在によって発生する一種の裁定取引である。

　さて、この商品 X について、ある期における物価上昇の発生を考え、以下のような変化があったとする。
　　アメリカにおける 10％の物価上昇→ X の価格は 1.10 ドルへ上昇
　　日本における 5％の物価上昇→ X の価格は 105 円へ上昇

　それぞれの物価上昇後の購買力平価（円の購買力＝ドルの購買力）が成立するためには 1 ドル× 1.1 ＝ 100 円× 1.05 が成立することが必要で、**購買力平価は 1 ドル ＝ 95.45 円**（＝ 105 円÷ 1.10 ドル）となる。

　次の期において、さらに同じ物価上昇が発生したとすると、
　　アメリカにおける X の価格 10％上昇＝ 1.10 ドル× 1.1 ＝ 1.21 ドル
　　日本における X の価格 5％上昇＝ 105 円× 1.05 ＝ 110.25 円、
　　同じように、1.21 ドル＝ 110.25 円が成立することが必要で、
　　購買力平価は 1 ドル ＝ 91.11 円（＝ 110.25 円÷ 1.21 ドル）となる。

　このように、**購買力平価は物価の変動によって変化する。物価上昇率の高い国の通貨は減価し、物価上昇率の低い国の通貨は増価する。変動幅は物価上昇率の格差に担当するものとなる。**

　かりに PPP よりも大幅に円高の水準が持続すれば、日本にとっては、輸入が有利となり輸入は増加、輸出は不利となり低迷し、貿易収支は悪化する。かりに PPP よりも大幅に円安の水準が持続すれば、輸入は不利となり輸入は低迷、輸出は有利となり輸出が増加し、貿易収支は改善する。
　購買力平価は個別の商品でも想定できるが、貿易はさまざまな商品で行われており、マクロで考えるには、貿易財のバスケットの物価指数で考えることが一般的である。この例において、商品 X の価格とは、それぞれ日米の貿易財の物価水準と読みかえればよい。ただし、実際の統計では、貿易される財の物価指数としてぴったりしたデータはなく、それに近い物価指数が用いられる。また、購買力平価の概念は、中長期的な相場水準のあるべき水準を示すものであり、日々の

第Ⅱ部　国際金融編

図25-1　ドル円購買力平価と実勢相場

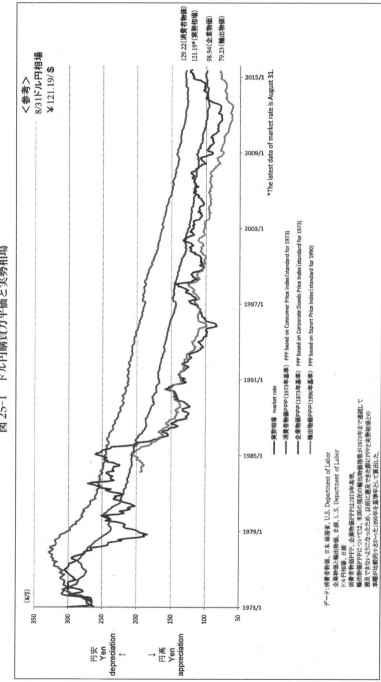

(資料)　公益財団法人　国際通貨研究所

短期的な相場の動きを説明するものではない。

　図 25-1 は、1973 年から 2015 年までの円ドル相場と、いくつか物価指数から計算した PPP を示している。この図からはいくつかのポイントが判明する。

①いずれの物価指数でも PPP は長期的に円高ドル安の方向となっている
　　（長期的に、日本の物価上昇率＜アメリカの物価上昇率である）
②輸出物価＞卸売物価＞消費者物価の順により円高の方向となっている
　　（この順に日米の物価上昇率格差が大きかったことを意味する）
③現実の為替相場は、振幅はあるものの円高の方向に進展してきている
　　（3 つの PPP が指し示す方向に現実の為替相場の方向は合致している）
④現実の円ドル相場にもっとも沿って動いているのは、輸出物価を用いたPPP である
　　（輸出物価は貿易財の価格をもっとも反映していると考えられる）
⑤現実の為替相場は、振幅はあるものの、PPP の水準から大きく乖離したまま推移してはいない
　　（PPP は長期的には為替相場の動向を示すことができている）

4．マネタリー・アプローチ

　マネタリー・アプローチとは、PPP の考え方に近く、物価水準を決める要因として貨幣供給量（マネーサプライ）を重視する考え方である。物価上昇の高い国＝貨幣供給量の多い通貨（＝金融緩和をおこなっている国の通貨）は、物価上昇の低い国＝貨幣供給量の少ない通貨（金融引締を行っている国の通貨）に対して安くなる、という考え方である。

　ハイパーインフレーション[注]の世界では、通貨の供給増→インフレ上昇という関係がはっきりしていて、マネタリー・アプローチが成立しており、ほぼインフレ率分だけ通貨の対外価値が下落する。しかし、通常の経済においては、物価を決定する要因はマネーサプライだけではなく、為替相場を決定する要因として説明力はあまりない。

注） ハイパーインフレーションとは、年間に数百～数千％のインフレ率が発生する現象である。通常の財・サービスの価格上昇ではこのようなインフレは発生しない。物価上昇というよりは、貨幣への信任の喪失、貨幣価値の崩落とでもいうべき現象で、放漫な財政支出や過剰な通貨供給といった政府の政策の失敗によって発生する。第一次世界大戦後のドイツの例が代表的であり、戦後も、中南米諸国において何度も発生している。最終的にはデノミネーション（通貨単位や通貨名の変更による貨幣価値の修正）が実施され、財政規律が取り戻されることにより収束をみる。

5．フロー・アプローチ

　フロー・アプローチとは、国際収支における経常取引（対外貿易・サービス取引）から発生する外為市場の需給に基づいて為替相場が決定されるという考え方である。

　この考え方が成立するのは、経常取引は自由化されているが、直接投資・証券投資のような資本取引が規制されて、実需に基づかない投機取引が禁止されている状態である。資本収支はもっぱら、為銀の調整取引を反映する程度にしか行われないと想定する。したがって、経常取引から発生する外為市場の取引が為替相場を決定する。わが国においては、1970年代の初めから1970年代末頃までが比較的このような状況に該当するものと考えられる。

　もしも、日本の貿易収支が赤字（＝輸出＜輸入）であれば、外為市場ではドル売り＜ドル買いとなり、この結果、円相場下落→輸入不利・輸出有利→貿易収支改善＝赤字縮小、という展開が発生する。逆に、日本の貿易収支が黒字（＝輸出＞輸入）、であれば、外為市場ではドル売り＞ドル買いが発生し、この結果、円相場上昇→輸入有利・輸出不利→貿易収支悪化＝黒字縮小、という展開が発生する。そして、貿易収支が均衡する状況では、外為市場で、ドル売り＝ドル買いとなり、為替相場は安定する。

　この考え方は、貿易・サービス取引を中心とした経常取引における実需による為替の売買を重視している。このような売買要因は否定できず、かつてはこういうルートを通じた為替相場の変動も発生したと思われるが、1980年代以後は、資本取引や投機取引がどんどん拡大し、必ずしも経常収支を調整する方向に為替相場が変動しなくなっている。すなわち、経常収支の大きさとは無関係に為替相場が変動する場合が多く、今日ではほとんど重視されてはいない。

6．アセット・アプローチ

アセット・アプローチは、経常取引＜資本取引の時代の考え方で、資本取引を重視する。わが国では外為法の規制が緩和された1980年代から今日までが該当する。

金利平価の考え方はアセット・アプローチに属し、購買力平価と同様に、金利の高い国の通貨が、金利の低い国の通貨に、金利差分だけ先行き下落するという考え方である。円ドル相場の先物相場の水準は日米の金利差から決定されており、これを直物相場の決定に拡張しているのが金利平価と言える。ただし、金利差は物価上昇率格差に相応して発生すると考えると、購買力平価と金利平価とは類似したものと言える、

投資ファンドの観点から世界的な資産運用における通貨ポートフォリオの構成を考えると、収益性や安全性の両面で最適なポートフォリオを組み立てることが必要である。運用の収益率に影響を与える各国の金融政策の変化やさまざまなニュースの発生のもとで、通貨ポートフォリオの組み換えが行われ、通貨別には、ドル・ユーロ・円を中心とした通貨の組み替えによる売買が発生し為替相場の変動がもたらされる、という考え方は**ポートフォリオ・バランス・アプローチ**と呼ばれる。言い換えると、各通貨の収益率の差異（＝金利差）や投資リスクの評価（リスク・プレミアム）いかんにより為替相場の変動が決定される、という考え方になる。

この観点からの分析として、かつて深尾光洋氏は、1980年代の日銀時代に、**実質為替相場**の変動を**内外実質金利差**要因や**リスク・プレミアム**要因から説明する分析を行い、事後的・統計的な説明力は高く、有力な研究業績となっている。ただし、このアプローチは、具体的に為替相場の水準を予測するものではない。為替相場変動についての主な分析を述べると、1970年代後半から1980年代にかけては、わが国では為替相場予測を内生的に組み入れた**計量経済モデル**（フレックス・モデル）が神戸大学の天野明弘教授によって開発されたりしたが、このような計量分析は今日では下火となっている。また、為替相場のチャート分析を行うアナリストもいたが、あまり説明力はなかった。その後、伊藤隆敏教授はフランケル教授の分析を下敷きに、円ドル相場について為替相場変動の**ニュース分析**を行った。海外ではドーンブッシュ教授が、**オーバー・シューティング・モ**

デルにより、短期的なPPPからのオーバーシュートと、その後のPPP水準への回帰を論理的に説明したが、現実の為替相場の変動を必ずしも説明するものではなかった。また、クルーグマン教授は、アメリカの対外不均衡が大きく拡大した1980年代に、アメリカの対外不均衡を為替相場で調整するにはドルはどのくらい下落しなければならないか、という観点から為替相場の変動を理論的に分析した。このように、有力な経済学者が為替相場変動について分析を行ってきているが、今日でも正確な予測は難しい。

第26章 国際収支と対外資産負債残高

1．国際収支

（1）国際収支とは

　国際収支とは、①一定期間における、②**居住者**と**非居住者**の経常取引（モノ、サービスなど）と資本取引（カネ）を、③市場価格を基準に、④所有権ないし債権・債務の移動があった時点を計上時期とし、⑤**複式計上方式**により把握・記録し、対外受払・収支動向を明らかにした統計である。英語ではBalance of Paymentsであるが、アメリカの国際収支統計（商務省作成）では、International Transactionsと呼ばれている。今日では、IMFの国際収支マニュアルに沿って各国共通の統計が作成されている。わが国においては財務省の委任を受け、日本銀行が作成している。

（2）定義と概念

①経済領域、居住性

　国際取引かどうかは居住性の概念で判断され、国際収支は**居住者と非居住者の取引を計上する**。いわゆる、「**内－内**」取引（居住者間の取引）や「**外－外**」取引（非居住者間の取引）は計上されず、「**内－外**」取引が計上される。わが国の統計では、2年以上海外に滞在する本邦人は非居住者、6カ月以上本邦に滞在する外国人は居住者として扱われる。

②複式計上方式

　すべての取引は金額の等しい2つの項目によって示される。ある取引を貸方に計上する場合には同時にいずれかの借方に同額が計上されることになるが、報告ベースである。

③取引の評価と計上時期

　取引の評価は市場価格評価であり、計上時期は、現金主義ではなく**発生主義**を

219

とる。発生主義とは、財貨の取引については所有権が移転した時期(貿易の場合は通関を通過した時期)、サービス取引についてはサービスが提供された時点、金融取引については債権・債務が発生した時点となる。

④取引の概念と種類

「支払」のみを計上するのではなく、「取引」を計上する。「取引」とは、支払の発生する取引だけでなく、交換、移転、移住、その他帰属取引も含む。

⑤計算単位と換算方法

1996年より円建表示のみ公表されている。それ以前は円建、ドル建の両方を公表していた。

(3)国際収支統計の項目

国際収支、国際取引についてその受取・支払・収支を記録するが、2013年までは以下のような項目に分類されてきた。

経常収支＝①＋②＋③＋④
①**貿易収支**＝輸出－輸入
②**サービス収支**＝サービスにかかわる受取－同支払
　　　　サービス：輸送＋旅行＋その他サービス
　　　　　　その他サービス：通信、建設、保険、金融、情報、特許
　　　　　　　　　　　　　　等使用料など
③**所得収支**＝所得に関する受取－同支払
　　　所得：雇用者報酬、投資収益
④**経常移転収支**＝経常移転の受取－同支払
　　　経常移転：無償資金協力、国際機関分担金、労働者送金、贈与など

資本収支＝①＋②
①**投資収支**＝資本取引の支払－同受取
　　　直接投資：株式資本、再投資収益、証券投資(株式＋債券)
　　　その他投資：貸付・借入、貿易信用、現金・預金、雑投資
　　　　　　　　(直接投資、証券投資、外貨準備増減に該当しないすべ
　　　　　　　　ての資本取引)

②その他資本収支＝資本移転およびその他資産の支払－同受取

外貨準備増減＝通貨当局の管理下にある対外資産の支払－同受取
　　　　　　該当資産：貨幣用金、SDR、IMFリザーブポジション、外貨資産（現金、預金、有価証券）

誤差脱漏：統計作成上の誤差の調整項目
　　　　　誤差が発生するのは、統計が取引者の報告によって作成されており、報告が行われていないこと、あるいは、ひとつの取引における２つの貸借項目が完全に報告されず補足されていないためと考えられる。特に資本取引において補足漏れが多いと考えられている。

（４）経常収支と資本収支の関係

2013年までの発表形式では、以下のような定義式が成立する。

経常収支＝貿易収支＋サービス収支＋所得収支＋経常移転収支
資本収支＝投資収支＋その他資本収支
経常収支＋資本収支＋外貨準備増減＋誤差脱漏＝０

したがって、かりに誤差脱漏＝０とすれば
経常収支＋資本収支＋外貨準備増減＝０

さらに、外貨準備増減＝０とすれば、
経常収支＋資本収支＝０　　（経常収支＝－資本収支赤字）となる。

すなわち、ある国の経常収支は、符号を逆にした資本収支に等しいことになる。
　世界の経常収支の総和はゼロとなる。すなわち、２国モデルで考えれば、A国の経常収支黒字はB国の経常収支赤字である。したがって、論理的には、世界の経常収支の総和＝０となる。ただし、IMFの統計では世界の総和は０にはなっていない。この理由は、誤差脱漏要因、すなわち、集計が完璧でないという問

題、あるいは、捕捉上の問題などが存在するためである。

（5）わが国国際収支の改訂

わが国の国際収支統計は、1996年に大幅な改訂が行われた。当時の主な改訂点は以下の通りである。これは国際取引の変化を反映したものである。

①総合収支および金融勘定の廃止
②移転収支→経常移転収支と資本移転収支に分離
③貿易外収支の廃止とサービス収支および所得収支の新設
④長短資本収支および基礎収支の廃止
⑤表示金額の円建化
⑥再投資収益の計上
⑦金融派生商品の計上

さらに、2014年から、IMF国際収支マニュアル第6版に基づいた改訂が行われた。主な改訂点は以下の通りである。第27章の表27-1は改訂後の国際収支の数値を示している。

①計上時の符号表示の変更
　　資産側取引(対外投資)の資金流出(＝資産増加)：マイナス→プラス
　　資産側取引(対外投資)の資金流入(＝資産減少)：プラス→マイナス
　　負債側取引は変更なし
②所得収支　　　→　**第一次所得収支**に名称変更
③経常移転収支　→　**第二次所得収支**に名称変更
④その他資本収支→　資本移転等収支として独立
⑤投資収支と外貨準備増減をあわせ、**金融収支**へ名称変更
⑥符号表示の変更と名称変更により、従来の定義式は以下のように変わる
　　「経常収支＋資本収支＋外貨準備増減＝0」
　　→**「経常収支＋資本移転等収支－金融収支＝0」**

したがって、改訂後は以下のように定義式が成立する。

経常収支＝貿易・サービス収支＋第一次所得収支＋第二次所得収支
金融収支＝直接投資＋証券投資＋金融派生商品＋その他投資＋外貨準備
経常収支＋資本移転等収支＝金融収支

（6）国際収支統計における注意事項

①国際収支には「黒字」、「赤字」という呼称があるが、国際収支はいわゆる損益計算書ではなく、黒字が良いこと、赤字が悪いことという価値判断は含まれない。あくまで収支差額を黒字ないし赤字と表現している。ただし、過去においては、黒字を計上することが必要と考えられた時代もあり（例えば、金本位制の時代、日本の戦後の復興期、対外借り入れのある発展途上国、等）黒字が良いことであるという考え方がなされる場合もあった。

②通関統計では、輸出はFOB（Free on Board）、輸入はCIF（Cost、Insurance and Freight）で把握されるが、国際収支統計では、輸入も輸出もFOBとなる。CIFに含まれる運賃や保険料はサービス収支に含まれることになる。したがって、通関統計と国際収支の輸入や貿易収支にはこの差額が発生することになる。

③船舶や航空機による輸送は、その運送会社の居住国に帰属する。したがって、海上輸送による輸出入貨物のうち日本国籍の船舶が輸送する分のみが、日本の国際収支に反映される。パナマやリベリア船籍の船舶が日本の輸出入貨物を運んでも、日本の国際収支における輸送の受取・支払いには反映されない。ちなみに、日本国籍の船舶の輸送比率は低下傾向である。

④直接投資の範囲は、IMFの定義では出資の割合が10％以上となるケースである。10％未満は通常の証券投資（間接投資）である。

⑤為替先物（フォワード）予約：契約約定時点では資金が移動しないため国際収支に計上されない

⑥外貨預金購入は「内－内」取引に当たり国際収支には計上されない。また、本邦銀行による居住者への外貨資金貸付も「内－内」取引に当たり、国際収支に計上されない。ただし、これに関連して銀行が「内－外」取引を行えば、それは国際収支に反映される。

2．国際収支と対外資産負債残高

（1）国際収支（フロー）と対外資産負債残高（ストック）

国際収支はフローの統計であるが、**対外資産負債残高**は、ストックの統計であり、企業会計の貸借対照表（バランス・シート）に相当する。対外資産負債残高とは、国際取引の結果として発生する、わが国が対外的に保有する資産（対外資産）と海外諸国がわが国に保有する資産（わが国からみて対外負債）を意味する。国際収支というフロー統計から対外資産残高というストック統計が形成されるのである。なお、アメリカの統計では**国際投資ポジション**（International Investment Position）という言い方がなされている。

国際収支と対外資産負債残高の関係は以下のようになる。

経常収支黒字＝資本収支赤字
　＝対外ネット資本流出（資本流出＞資本流入）＝ネット対外資産増

経常収支赤字＝資本収支黒字
　＝対外ネット資本流入（資本流出＜資本流入）＝ネット対外資産減

国際投資ポジションまたは対外債権債務残高
　　対外資産＞対外債務の場合には純債権国、
　　対外資産＜対外債務の場合には純債務国、と呼ばれる。

当年度末対外純資産残高
＝前年度末対外純資産残高＋当年度経常収支[注]＋当年度中の価格変動による評価増減

注）正確には「経常収支－誤差脱漏」

（2）わが国の対外純資産残高

2014年末時点における対外資産残高は945.2兆円（うち外貨準備151兆円）、対外負債残高は578.4兆円であり、純資産残高は366.8兆円となっている。今日わが国は世界最大の対外純資産国となっている。一方、アメリカの国債投資ポ

ジション上では、アメリカは世界最大級の対外純債務国となっている。また、中国の対外純資産は近年急速に増加している。

表26-1　わが国の対外資産負債残高（2014年末）

(単位：10億円)

	資産	負債	（差引）
直接投資	143,940	23,344	120,596
証券投資	410,056	285,228	124,828
株式・投資ファンド持分	143,656	169,144	-25,488
株式	64,427	167,634	-103,207
投資ファンド持分	79,229	1,510	77,719
債券	266,401	116,084	150,317
中長期債	260,856	64,502	196,354
短期債	5.544	51,492	-51,486
金融派生商品	56,342	59,183	-2,841
その他投資	183,854	210,661	-26,807
貸付	130,044	156,723	-26,679
貿易信用	8,821	3,887	4,934
現・預金	16,193	14,842	1,351
その他	20,242	32,081	-11,839
外貨準備	151,080		
合計	945,273	578,416	366,856
純資産			366,856
（公的部門）			70,351
（民間部門）			296,505
（うち銀行部門）			60,255

（資料）財務省

第27章

わが国の国際収支と国際投資ポジションの推移

1. 戦後の国際収支の推移

戦後の為替管理（外国為替及び外国貿易管理法）は「原則禁止・例外自由」の原則で開始されることになり、10年間は外貨の**政府集中制**と**外貨割当制**がとられ、政府により厳しく管理された。政府集中制とは、民間が得た外貨を政府に集中する制度であり、外貨割当制とは、対外決済に必要な外貨を政府が民間に割り当てるという制度である。

1954年に東京銀行（東銀）が外国為替専門銀行として開業し、**MOF勘定**（モフ勘定：政府保有外貨預金勘定）は東銀に開設された。その後、1972年には外貨集中制度が廃止され、1980年にMOF勘定は日銀へ移された。外国為替取引は、1980年代半ばまでには原則自由化されていった。

1946～1950年の復興期においては、経常赤字、貿易赤字、移転収支黒字の状況だった。輸入額の半分以上は食料であり、輸出品は繊維製品が主体だった。朝鮮戦争までは、アメリカから総額18億ドルにのぼる**ガリオア**（GARIOA）[注1]および**エロア**（EROA）[注2]の援助を受け、移転収支は黒字だった。

注1) Government Appropriation for Relief in Occupied Area
　　　占領地域救済政府資金
　　　生活必要物資の緊急輸入（食糧・肥料・石油・医薬品）
注2) Economic Rehabilitation in Occupied Area
　　　生産物資の供給のために充当（綿花・羊毛）1951年までに実施

1950年代に入ると、朝鮮戦争が勃発し、その特需がわが国にもたらされ、日本経済が自立するきっかけとなった。1958年には**貿易収支は戦後初めて黒字化**し、貿易外収支赤字、経常収支黒字の状態となった。

1960年代の高度成長期には、貿易黒字と赤字が現われるようになった。高度経済成長期には重化学工業化が進み、輸出が増加する一方、原燃料の輸入も増加した。景気拡大にともない、貿易収支が悪化し、国内景気の抑制の必要性も生ま

れるようになった。当時は生産に見合う供給能力が十分ではなく、国内景気の拡大は、輸入増加に直結したのである。1960年代前半は特に、国内景気拡大→輸入増加→外貨準備不足→景気引き締めという連鎖があり、「**国際収支の天井**」と呼ばれた。

1960年代後半になると、**貿易黒字が定着**したことにより「国際収支の天井」問題は解消された。当時は、**貿易外収支**（現在のサービス収支＋所得収支）いう概念が使われており、この収支は赤字だったが、この時期には貿易収支黒字は貿易外収支赤字を上回るようになり、**経常収支の黒字**が形成されてきた。資本収支は黒字で、資本輸出国となり**長期資本収支**において流出超がみられた。

1970年代には、石油ショックによる貿易収支の変動はあったものの、経常収支の黒字は定着するようになった。1970年には自動車輸出台数は100万を台突破した。1973〜1975年にかけては、円切り上げや原油価格上昇により貿易黒字は大幅縮小し、貿易外収支赤字とあいまって、経常収支はいったん赤字となった。しかし、1970年代後半には貿易黒字が拡大し、経常収支は再び大幅黒字となった。1976年の貿易黒字は通関ベースで100億ドルを突破した。1970年代末には第二次石油ショックにより再び貿易黒字は縮小し、経常収支は赤字となった。円高が進行し、200円を突破し一時180円台へ上昇したが、1980年にかけては200円台に戻った。

1980年代になると、**経常収支黒字は本格的に拡大した**。1980年代前半にはドル高円安による対米輸出増加、原油価格下落による輸入減少で貿易黒字はさらに拡大した。わが国は、対外資産負債残高において、**1986年に純債権国となった**（純資産28.9兆円）。国際収支の観点からみると、戦後のキャッチ・アップの過程は終わりの段階に到達した。1980年代後半、プラザ合意以降の著しい円高進展により、日本企業のグローバル化が進展、製造業企業の海外直接投資がアメリカや東アジアを中心として増加していった。

1990年代には貿易・経常収支の黒字は維持され、**対外純債権国としての立場は強まり、所得収支の黒字拡大**がみられるようになった。わが国は、1991年以降**世界最大の対外純資産残高の保有国**となった。一方で、貿易収支の黒字はピークアウトするようになった。サービス収支の赤字は縮小傾向ではあるが持続し、貿易・サービス収支の黒字は減少傾向となった。1990年にはわが国の外貨準備が100億ドルを超えた。

2．最近の国際収支の推移

　改訂後の分類によりわが国の最近の国際収支動向をみると、貿易収支の黒字のピークは 1998 年の 16 兆円であり、以後縮小してきた。2014 年には 10.4 兆円の赤字であり、東日本大震災による原燃料の輸入増加により、2011 年以降 4 年連続で赤字となっている。

　第一次所得収支の黒字は 2014 年には 18.1 兆円と、貿易赤字の赤字幅を上回る黒字である。所得収支の黒字の拡大は続き、2004 年には 10 兆円台に乗せ、2000 年代半ば頃より貿易黒字を上回るようになってきた。今後も黒字拡大傾向が続くとみられる。

　サービス収支は 2014 年には 3 兆円の赤字で、赤字幅は長期的には縮小傾向にある。第二次所得収支は 2 兆円の赤字で、基調は大きく変わっていない。これらを反映して、経常収支の黒字は 2007 年の 24.89 兆円をピークに、以後縮小傾向である。経常収支の黒字縮小傾向を受けて、金融収支の黒字（対外純資産の増加）も縮小傾向である。直接投資は増加傾向にあり、証券投資は年によって変動が著しい。

表 27-1 わが国の国際収支の推移

(単位：億円)

暦年	経常収支	貿易・サービス収支	貿易収支	輸出	輸入	サービス収支	第一次所得収支	第二次所得収支	資本移転等収支	金融収支	直接投資	証券投資	金融派生商品	その他投資	外貨準備	誤差脱漏
1996年	74,943	23,174	90,346	430,153	339,807	-67,172	61,544	-9,775	-3,537	72,723	28,648	37,082	8,011	-40,442	39,424	1,317
1997年	115,700	57,680	123,709	488,801	365,091	-66,029	68,733	-10,713	-4,879	152,467	25,910	-41,402	7,166	153,133	7,660	41,645
1998年	149,981	95,299	160,782	482,899	322,117	-65,483	66,146	-11,463	-19,313	136,226	22,141	57,989	-1,035	67,118	-9,986	5,558
1999年	129,734	78,650	141,370	452,547	311,176	-62,720	64,953	-13,869	-19,088	130,830	10,604	30,022	3,305	-1,064	87,963	20,184
2000年	140,616	74,298	126,983	489,635	362,652	-52,685	76,914	-10,596	-9,947	148,757	36,900	38,470	5,090	15,688	52,609	18,088
2001年	104,524	32,120	88,469	460,367	371,898	-56,349	82,009	-9,604	-3,462	105,629	37,001	56,291	-1,853	-35,175	49,364	4,567
2002年	136,837	64,690	121,211	489,029	367,817	-56,521	78,105	-5,958	-4,217	133,968	24,331	131,486	-2,630	-77,189	57,969	1,348
2003年	161,254	83,553	124,631	513,292	388,660	-41,078	86,398	-8,697	-4,672	136,860	29,643	114,731	-6,074	-216,728	215,288	-19,722
2004年	196,941	101,961	144,235	577,036	432,801	-42,274	103,488	-8,509	-5,134	160,928	35,789	-23,403	-2,590	-21,542	172,675	-30,879
2005年	187,277	76,930	117,712	630,094	512,382	-40,782	118,503	-8,157	-5,490	163,444	51,703	10,700	8,023	68,456	24,562	-18,343
2006年	203,307	73,460	110,701	720,268	609,567	-37,241	142,277	-12,429	-5,533	160,494	70,191	-147,961	-2,835	203,903	37,196	-37,280
2007年	249,490	98,253	141,873	800,236	658,364	-43,620	164,818	-13,581	-4,731	263,775	60,203	-82,515	-3,249	246,362	42,974	19,016
2008年	148,786	18,899	58,031	776,111	718,081	-39,131	143,402	-13,515	-5,583	186,502	89,243	281,887	-24,562	-192,067	32,001	43,299
2009年	135,925	21,249	53,876	511,216	457,340	-32,627	126,312	-11,635	-4,653	156,292	57,294	199,485	-9,487	-116,266	25,265	25,019
2010年	193,828	68,571	95,160	643,914	548,754	-26,588	136,173	-10,917	-4,341	217,099	62,511	127,014	-10,262	-89	37,925	27,612
2011年	104,013	-31,101	-3,302	629,653	632,955	-27,799	146,210	-11,096	282	126,294	93,101	-135,245	-13,470	44,010	137,897	21,998
2012年	47,640	-80,829	-42,719	619,568	662,287	-38,110	139,914	-11,445	-804	41,925	93,591	24,435	5,903	-51,490	-30,515	-4,911
2013年	39,317	-122,521	-87,734	678,290	766,024	-34,786	171,729	-9,892	-7,436	-9,336	137,210	-265,652	55,516	25,085	38,504	-41,217
2014年	26,458	-134,817	-104,016	741,016	845,032	-30,801	181,203	-19,929	-1,987	54,991	118,134	-49,502	36,396	-58,935	8,898	30,520

(注) ① 合計は四捨五入により合わないことがある。
② 金融収支のプラス (+) は純資産の増加、マイナス (−) は純資産の減少を示す。
③ 2013年以前の計数は、国際収支マニュアル第5版準拠統計を第6版の基準により組み替えたもの。
④ 2015年4月8日付で、2008年1月から2014年9月までの計数について一部改訂を行っている。

(資料) 財務省・日本銀行

表 27-2 わが国の対外資産負債残高の推移（暦年表）

単位：10億円

	資産残高 Assets Total	直接投資 Direct Investment	証券投資 Portfolio Investment	その他投資 Other Investment	外貨準備 Reserve Assets	負債残高 Liabilities Total	直接投資 Direct Investment	証券投資 Portfolio Investment	その他投資 Other Investment	対外純資産 Net Assets Total
1995	270,738	24,520	88,257	139,129	18,832	186,666	3,448	56,379	126,839	84,072
1996	302,237	29,999	111,165	135,372	25,242	198,878	3,473	66,077	129,013	103,359
1997	346,524	35,334	121,794	160,131	28,693	221,938	3,519	76,978	140,908	124,587
1998	336,778	31,216	127,720	152,390	24,862	203,504	3,013	76,334	123,632	133,273
1999	303,613	25,425	131,687	116,648	29,398	218,878	4,713	118,392	95,457	84,735
2000	341,206	31,993	150,115	117,239	41,478	208,159	5,782	101,609	100,402	133,047
2001	379,781	39,555	169,990	117,069	52,772	200,524	6,632	87,752	105,673	179,257
2002	365,940	36,478	167,203	105,792	56,063	190,631	9,369	73,189	107,628	175,308
2003	385,538	35,932	184,353	92,645	72,083	212,720	9,610	92,873	109,510	172,818
2004	433,864	38,581	209,247	97,718	87,720	248,067	10,098	120,091	116,756	185,797
2005	506,191	45,605	249,493	108,544	99,444	325,492	11,903	181,959	127,709	180,699
2006	558,106	53,476	278,757	116,698	106,435	343,024	12,803	209,696	116,938	215,081
2007	610,492	61,858	287,687	146,227	110,279	360,271	15,145	221,487	118,674	250,221
2008	519,179	61,740	215,682	141,752	92,983	293,271	18,456	139,907	127,146	225,908
2009	554,826	68,210	261,989	123,599	96,777	286,580	18,425	141,496	121,445	268,246
2010	560,215	67,691	269,207	129,700	89,330	304,308	17,502	152,051	129,488	255,906
2011	581,509	74,289	262,324	140,192	100,517	316,083	17,548	157,481	135,413	265,426
2012	661,902	89,813	305,112	152,891	109,464	365,588	17,808	180,504	161,950	296,315
2013	797,077	117,728	359,215	178,398	133,529	472,070	17,976	251,861	193,576	325,007

（注）国際収支マニュアル第5版準拠　　（資料）財務省

第28章

国際収支とマクロ経済

　ここでは、国際収支とマクロ経済の関係を扱ったいくつかの考え方について述べる。

1．ISバランス論（貯蓄投資バランス論）

　国民経済計算の観点からみると、以下の定義式が成立する。

　　国内総所得（Y1）＝消費＋貯蓄＋租税＝C＋S＋T
　　国内総支出（Y2）＝国内総生産（Y3）
　　　＝消費＋投資＋政府支出＋外需（輸出等－輸入等）
　　　＝C＋I＋G＋E－M
　　Y1＝Y2＝Y3（経済の三面等価の原則）であるから

　　消費＋貯蓄＋租税＝消費＋投資＋政府支出＋外需（経常収支）
　　C＋S＋T＝C＋I＋G＋E－M

　したがって、
　　経常収支＝（貯蓄－投資）＋（租税－政府支出）
　　　　　　＝貯蓄投資バランス＋財政収支
　　E－M＝（S－I）＋（T－G）

　これがいわゆるISバランス論の基本となる定義式である。定義式から導かれるのも定義式であり、この式は事後的には常に成立する。ISバランス論とは、経常収支は、国内の貯蓄投資バランスと財政収支の合計を反映する、という考え方である。ここで、定義式を因果関係式と読み替えれば、いずれかの要因が他の

231

要因の原因ないし結果である、という言い方ができることになる。

貯蓄投資バランスと財政収支を、広義の国内の貯蓄投資バランスととらえれば、貯蓄投資バランスは経常収支に等しく、その収支差額は、さらに対外純資産（ないし債務）の増減に反映されるという言い方もできる。

　　国内総貯蓄－国内総投資＝経常収支＝資本収支＋外貨準備増減
　　　　　　　　　　　　　＝対外純資産(負債)の増減

　　国内貯蓄＞国内投資の状態では
　　　　経常収支黒字＝資本収支赤字＝対外純資産増加(純負債減少)
　　国内貯蓄＜国内投資の状態では
　　　　経常収支黒字＝資本収支黒字＝対外純資産減少(純負債増加)

わが国の経常収支の黒字持続は、国内の貯蓄超過(貯蓄＞投資)の経済構造を反映したもので、それが対外純資産の増加に結びついている、ということになる。一方で、アメリカは経常収支の赤字を持続しているが、これはアメリカの投資超過(貯蓄＜投資)の経済構造を反映したもので、それが、対外純債務の増加に結びついている、ということになる。例えば、1980年代の**レーガノミックス**当時のアメリカ経済では「**双子の赤字**」(twin deficit)が発生したと言われるが、これは、減税などによるレーガノミックスの内需拡張政策が経常収支の赤字と財政赤字の拡大を同時にもたらした、という意味である[注]。

注) 1980年代の日米比較(1982～1991年)をすると以下のようになる。
　　日本：貯蓄率＝19％、投資率＝14％　　貯蓄率＞投資率⇔経常黒字
　　米国：貯蓄率＝5％、投資率＝7％　　　貯蓄率＜投資率⇔経常赤字
　　数字はいずれも対GDP比率(％)

2．アブソープション・アプローチ

アブソーブ(absorb)とは、吸い込む、吸収する、という意味である。**アブソープション・アプローチ**(absorption approach)とは、総需要・総供給の観点から経常収支の収支差額発生をみる考え方である。すなわち、総供給＝総需要とは国内総生産＋輸入等(Y＋M)＝消費＋投資＋政府支出＋輸出等(C＋I＋G

＋E)ということになり、これを書き換えればGDPの定義式、Y＝C＋I＋G＋E－Mとなる。

ここで、Y(生産、支出、需要)＝A＋E－Mと書いた場合のAがアブソープションということになり、A＝C＋I＋G(国内支出＝国内需要＝内需)である。ここから、経常収支(ないし貿易収支)は、国内の需要・供給の関係から以下のように解釈できる。

E－M＝Y－A　(経常収支＝国内供給－国内需要＝総生産－総支出)
経常収支の黒字＝国内供給＞国内需要(すなわち生産＞支出)
経常収支の赤字＝国内供給＜国内需要(すなわち生産＜支出)

国内経済が供給超過(生産＞支出)の場合に、その超過分が輸出となって経常収支(貿易収支)の黒字をもたらし、需要超過の場合にその超過分が輸入となって経常収支(貿易収支)の赤字が発生する、ということになる。すなわち、アブソープション(内需)の大きさが、国内経済における一定の供給能力のもとで経常収支の黒字・赤字をもたらすのである。

3．国際収支の発展段階

国際収支は、その国の発展段階における貯蓄投資バランスを反映して変化していくという、クローサー、キンドルバーガーなどの説である。確立された説ではないが、おおむね合理的で、長期的な国際収支の展開を理解するのに有益な考え方である。一国の経済発展の段階が国際収支の動きに反映される、というのは興味深い側面である。

〈発展途上国の段階〉
①未成熟債務国
国内産業は未発達で、資本(貯蓄)形成は遅れており、財・資本ともに海外に依存する。このため、貿易・サービス収支赤字＋所得収支赤字＝経常収支赤字、という国際収支状況が存在する。対外純債務が存在する対外債務国である。

②成熟債務国

国内産業の発展とともに、徐々に輸出が増加し、貿易収支は好転、やがて黒字に転化していく。しかし、資本はなお海外に依存しており、所得収支の赤字は大きく、貿易・サービス収支黒字＜所得収支赤字、経常収支赤字、という状況にある。

③債務返済国

貿易収支の黒字は拡大して定着し、所得収支の赤字を上回るようになり、経常収支は黒字に転じる。そして、資本も流出超に転じる。貿易・サービス収支黒字＞所得収支赤字、経常収支黒字⇔資本収支赤字、という状況に達する。このもとで、対外純債務や所得収支の赤字は縮小を続けていく。

〈先進国の段階〉

④未成熟債権国

貿易・サービス収支黒字は定着し、所得収支も黒字に転じる。経常収支の黒字と資本収支の赤字は拡大していく。そして国際投資ポジションは一層好転していき、対外純債務国から純資産国に転じていく。この転換点は、国際収支における所得収支の黒字化である。ちなみに、日本は1970年代から1980年代前半にかけてこの段階に入ったと認識されている。

⑤成熟した債権国

やがて、貿易・サービス収支の黒字はピーク・アウトする。一方、対外純資産が増加することから所得収支黒字拡大傾向は続き、経常収支はなお黒字を維持する。貿易・サービス収支のピーク・アウトは、経済発展による国内の賃金上昇・消費増大、通貨価値の上昇、これによる後発低賃金国への生産のシフト(海外生産の拡大)等の要因によってもたらされる。この段階では、その国の対外純資産は最大規模となる。日本は今日、④ないし⑤の段階にある、と言うことができる

⑥債権取崩国

貿易・サービス収支の黒字は一層縮小し、やがて赤字に転じる。そして、所得収支の黒字を上回り、経常収支は再び赤字に転じる。国債投資ポジションはやがて対外純資産国(債権国)から対外純債務国(債務国)の立場に転じていく。

図28-1　国際収支の発展段階説のイメージ

	第1段階 未成熟の 債務国	第2段階 成熟した 債務国	第3段階 債務 返済国	第4段階 未成熟の 債権国	第5段階 成熟した 債権国	第6段階 債権取 崩し国
経常収支 （＋黒字，－赤字）	－	－	＋	＋＋	＋	－
貿易・サービス収支	－	＋	＋＋	＋	－	－
所得収支	－	－	－	＋	＋＋	＋
資本収支 （＋流入超，－流出超）	＋	＋	－	－－	－	＋
対外資産・負債残高 （＋ネット資産， 　－ネット負債）	－	－	－	＋	＋＋	＋

4．外貨準備の役割

　外貨準備、もう少し広く言えば、**公的準備**は、国の対外決済のための資金であるが、どれくらいが適切な水準であるかについては明確な見解はない。対外債務を保有する国については、外貨準備÷対外短期債務残高＞１となっていることが最低限必要であり、国が貿易決済を円滑に行おうとすれば、外貨準備÷輸入＞１となっていることが最低限必要である。外貨準備が増加していくためには、マクロ的には経常収支（貿易収支）の黒字が必要であり、このために経済が発展途上の段階においては輸出促進政策がとられる。

　わが国は、世界で最大規模の外貨準備を保有しているが、国への外貨集中制のような規制は実施されておらず、外貨準備の増減は、主として外為市場介入いかんによって決定されている。すなわち、**ドル売り円買い介入の場合には外貨準備は減少、ドル買い円売り介入の場合には外貨準備は増加**していくことになる。フロート移行以後は円高が進展し、それを阻止するためのドル買い介入が実施されることが多かったため、外貨準備は増加していく結果になった。現在では、先進国のなかでは突出し、過大とも言える外貨準備を保有しているが、外貨準備の運用益が毎年蓄積されるため、外貨準備はなお増加傾向にある。外貨準備の水準の大きさから、保有されているままで、有効活用されていないという見方もなされることがある。

　もちろん、わが国が外為市場でドルを売却すれば外貨準備は減少するが、それは自国通貨安をねらう介入政策として批判を受けることになる。そもそも、市場

介入については、公的部門の過度の市場への介入は有害であるという見方が今日では支配的となっている。したがって、外為市場における売買によってわが国の外貨準備の額を調整しようとすることには無理があるのが現状である。

5．国際収支調整に関する考え方

今日では、国際収支上の問題について財政・金融政策が割り当てられることはない。これらは主として国内の景気調節や物価安定を目標として行われている。とは言え、著しい国際収支上の問題が発生し看過できない場合にはどのような対応がとられるだろうか。

まず、**経常収支大幅赤字国**においては、マクロ経済政策として、①内需抑制と財政・金融の引締政策、②自国通貨の切下げ、が考えられる。主要国通貨は今日フロートしているから、②の選択は難しい。一方で、**経常収支大幅黒字国**においては、マクロ経済政策として、①内需拡大と財政・金融の緩和政策、②自国通貨の切り上げ、が考えられる。もちろん、②の選択は先進国においては難しい。基本的には、貯蓄と投資のバランス改善という国内経済の調整を図っていくことが、結果的には、経常収支を適切な水準にしていく。

何らかの歪曲的な政策が存在する場合には、その撤廃・是正が必要となる。これは、保護主義的な貿易障壁や為替管理を設定している場合や、発展途上国において、自国通貨の割安維持政策をとっている場合、などが該当する。

6．ケインズ的分析

封鎖経済で財政を除外した簡単なケインズ・モデルは、以下のようになる。
　　$Y = C + I$　（Y：GDP、C：消費、I：投資）
　　$C = cY + A$　（消費関数、Aは定数）
　　$S = I$　（S：貯蓄、貯蓄・投資バランスを示す）
これより、$\Delta Y = 1 / (1-c) \times \Delta I$　（Δは変動分を示す）
　　　　　　$= 1 / s \times \Delta I$（c：限界消費性向、s：限界貯蓄性向）

これは**乗数理論**と呼ばれ、投資の増加は数倍の所得の増加をもたらすという考え方である。

$1/(1-c) = 1/s$ は**乗数**(multiplier)とよばれる。

限界消費性向が 0.8（限界貯蓄性向が 0.2）ならば、乗数は 5 となる（投資は 5 倍の所得を創出する）

海外部門の取引を導入すると以下のようになる。

$Y = C + I + E - M$　　$S - I = E - M$　　（$E - M$：輸出等−輸入等）

$C = cY + A$

$M = mY + B$　　（**輸入関数**、m：限界輸入性向、B は定数）

輸入は、国内需要（国内所得）によって決定されるという考え方である。一方、輸出は海外需要によって決定され、外生変数とみる。

これより、

$Y = 1/(1-c+m) \times (I + E + A + B)$

$\Delta Y = 1/(1-c+m) \times (\Delta I + \Delta E)$

$1/1-c+m$ を**外国貿易乗数**と呼ぶ。乗数の値は $1/S$ よりも小さくなる。これは、所得の増加が一定の輸入を誘発するためである。

①投資・輸出の需要創出効果

投資の増加および輸出の増加は、それぞれ、同じ程度生産・所得を増加させる効果を持つ。

$(1 - c + m) Y = I + E + A + B$

$Y = \times (I + E + A + B)$

$\Delta Y = 1/(1-c+m) \times (\Delta I + \Delta E)$

　　　$1/(1-c+m) = 1/s+m$（外国貿易乗数）

$\Delta I = 0$ とすれば、　$\Delta Y = 1/s+m \times \Delta E$

$\Delta E = 0$ とすれば、　$\Delta Y = 1/s+m \times \Delta I$

　　　（$1/(s+m) < 1/s$ である）

②投資・輸入の輸入誘発効果

投資も輸出もそれぞれ同じ程度輸入を誘発する。

この場合の乗数は所得誘発の乗数よりも小さい。

$Y + M$（総供給）$= C + I + E$（総需要）
$Y = C + I + E - M$
$\Delta Y = 1/(1-c+m) \times (\Delta I + \Delta E)$
$\quad\quad = 1/(s+m) \times (\Delta I + \Delta E)$　　①式
$\Delta M = m \Delta Y$ である　　②式
①式と②式より
$\Delta M = m \times \Delta Y = m/(1-c+m) \times (\Delta I + \Delta E)$
$\quad\quad\quad = 1/(1+s/m) \times (\Delta I + \Delta E)$　　③式

③貿易収支への影響

貿易収支が改善も悪化もしないためには、投資増分と輸出増分の比がある一定値を保たなければならない。言い換えると、投資と輸出の増加額合計のうち、一定割合は輸出の増大で占められなければならない。この水準を下回ると、貿易収支が悪化する。一定額の輸出増がある場合、貿易収支を悪化させない範囲で許容される投資増加の限界を示す。これは以下のような式の展開で示される。

貿易収支が変化しないためには、$\Delta E = \Delta M$ であることが必要。
したがって、③式より
　$\Delta E = 1/(1+s/m) \times (\Delta I + \Delta E)$
したがって、
　$\Delta E/(\Delta I + \Delta E) = 1/(1+s/m)$
右辺の値を下回ると投資が過大（輸出過小）で貿易収支は悪化する。

7．マンデル・フレミング・モデル

マンデル・フレミング・モデルは、マクロ経済学においてヒックスの考案した **IS-LM 分析**について、マンデルが国際収支条件を追加して、固定・変動相場制度を考慮し、政策効果の説明を行ったモデルである。1960 年代の固定相場制度の時代に、変動相場制度下の政策効果を分析したという点で意義がある。

IS-LM 分析（図 28-2 参照）は、財市場の均衡を示す IS 曲線（貯蓄＝投資を示す曲線）と金融市場の均衡を示す LM 曲線（貨幣供給＝貨幣需要）の交点で所得水準

と金利が決定されるというものである。財政支出の拡大は、IS曲線の右方シフトにより、所得の拡大と金利上昇をもたらし、金融緩和政策は、LM曲線の右方シフトにより、所得の拡大と金利低下をもたらす。(財政支出の削減、金融引締政策は、それぞれ、逆の効果をもたらす。)

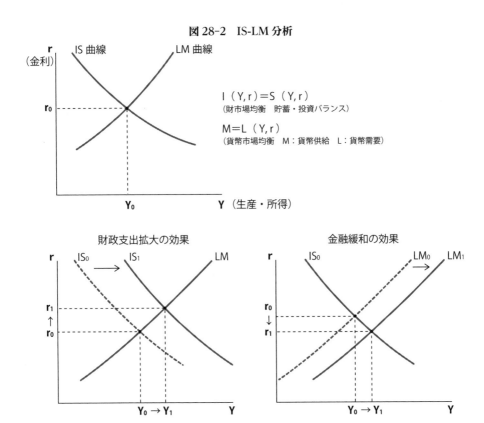

図 28-2　IS-LM 分析

マンデル・フレミング・モデル(図28-3参照)においては、これに国際収支の均衡を示すBP曲線が加えられる。すなわち、IS、LM、BPの3つの方程式により、Y(所得)、r(金利)、e(為替相場)が決定される。P(物価)を所与(外生変数)とする短期の理論である。これにより、3つの方程式によって3つの変数の解が求められることになる。

もっとも単純な考え方では、**資本移動の完全性**(国際的な金利の均等化＝金利差は発生しないこと)を前提とする。すなわち、内外金利差が発生すれば、金利

図28-3 マンデル・フレミング・モデル

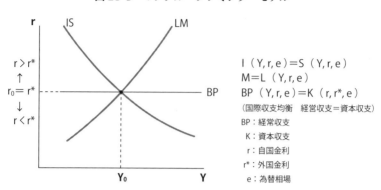

の低い国から高い国へ資本移動が発生して、金利差が消滅するような調整が直ちに行われるということが、資本移動の完全性の意味であり、必ず BP 線上の均衡がもたらされることになる。BP 曲線は水平に表現され、以下のような調整が瞬時に行われると考える(図28-3 参照)。

　自国金利＞海外金利　であるならば
　　→資本流入(＝資本収支黒字・経常収支赤字)
　　→自国金利＝海外金利(資本収支・経常収支均衡)
　　(BP 曲線より上の位置から出発してもすぐに BP 曲線上に戻る)
　自国金利＜海外金利　であるならば
　　→資本流出(＝資本収支赤字・経常収支黒字)
　　→自国金利＝海外金利(資本収支・経常収支均衡)
　　(BP 曲線より下の位置から出発してもすぐに BP 曲線上に戻る)

　よって BP 曲線はシフトせず、IS 曲線あるいは LM 曲線のシフトによって IS＝LM＝BP が成立する。BP 曲線が水平状況というのは、非現実的な想定であるが、議論の単純化がもたらされる。(資本移動の完全性を前提としないケースもあるが、ここでは割愛した。)

　IS 曲線、LM 曲線をシフトさせるのは、その国の財政・金融政策であるが、特に固定相場制度の場合(Y、r、M が内生変数、e は外生変数)には、マネーサプライの変化でLM曲線がシフトすることによって、フロートの場合(Y、r、e が

内生変数、Mは外生変数)には、為替相場が変化してIS曲線がシフトすることにより、それぞれの制度の違いによる影響の差異がもたらされる。このモデルから、**政策の有効性**(ある政策が生産・所得の拡大など所期の目的を達成するのために有効に機能するか否か)が説明される。

資本の完全移動を前提とすると、固定相場制・変動相場制について、それぞれ、以下のような結論がもたらされる。

①固定相場制のケース:金利差発生→資本流出入→マネーサプライ変化
　　　　　　　　　　(LM曲線のシフトにより均衡点変化)
　イ．財政政策有効:財政支出の拡大は所得拡大をもたらす
　ロ．金融政策無効:金融緩和は所得拡大をもたらさない
　ハ．為替相場切下げ有効:IS曲線とLM曲線のシフトにより所得拡大をもたらす
　ニ．保護主義有効:為替相場切り下げの場合と同じ

②変動相場制のケース:金利差発生→為替相場変動→国際収支変化
　　　　　　　　　　(IS曲線のシフトにより均衡点変化)
　イ．財政政策無効:財政支出拡大は対外収支悪化に相殺され所得拡大をもたらさない
　ロ．金融政策有効:金融緩和はIS曲線をシフトさせ取得拡大をもたらす
　ハ．保護主義無効:為替相場の上昇をもたらすだけで所得拡大をもたらさない

上記の政策が有効であるか無効であるかは、以下のようなルートによってもたらされる(図28-4参照)。

①-イ．財政政策有効
　　　　財政支出拡大により、IS曲線がシフトし、均衡点はEからFに移動するが、自国金利>外国金利となり資本が流入、これによりLM曲線がシフトし、新しい均衡点Gでは生産水準は拡大することになる。
①-ロ．金融政策無効
　　　　金融緩和によりLM曲線がシフトするが、自国金利<外国金利となり資本が流出、マネーサプライが減少し、LM曲線は元の位置に戻り、

生産拡大効果をもたらさない。

①-ハ．為替相場切下げ有効

切下げによりIS曲線がシフトし、自国金利＞外国金利となり資本流入発生、これによりLM曲線がシフトし、新しい均衡点では生産が拡大している。

①-ニ．保護主義有効

輸入制限などの政策をとった場合、①-ハと同じルートで生産が拡大する。

②-イ．財政政策無効

財政支出拡大はIS曲線をシフトさせ、自国金利＞外国金利をもたらし、資本流入が発生して為替相場の上昇をもたらし、輸入増・輸出減となり、IS曲線は元の位置までシフトし、生産拡大をもたらさない。

②-ロ．金融政策有効

金融緩和によりLM曲線がシフトし自国金利＜外国金利をもたらし、資本流出が発生し、為替相場は下落し、これによりIS曲線がシフトし、新しい均衡点では生産が拡大している。

②-ハ．保護主義無効

保護主義により貿易収支は改善し、IS曲線がシフトするが、為替相場が上昇することにより輸入増・輸出減をもたらし、IS曲線は元の位置までシフト、生産拡大をもたらさない。

このモデルの正否を現実で検証することは難しいが、1980年代前半のアメリカのレーガノミックスは、財政拡張と高金利によりドル高と資本流入（＝経常赤字）を生み出し、その後の調整過程では金利低下と生産低下がもたらされ、長い目でみれば、レーガノミックスの財政拡張政策は景気拡大の持続に有効ではなかった（フロートのもとでは財政政策無効）。一方、日本における1980年代後半の金融緩和維持は、日本の内需を十分に拡大することに貢献した（フロートのもとでは金融政策有効）、という言い方ができる。

図 28-4 政策効果の図解

①-イ

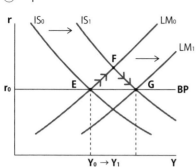

①-ロ

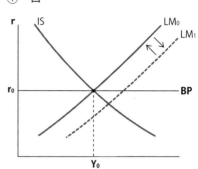

①-ハおよびニ

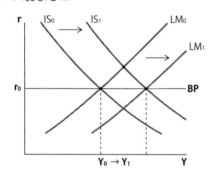

②-イおよびハ

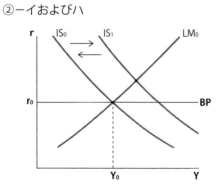

②-ロ

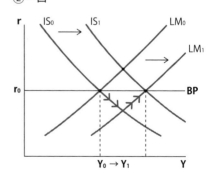

第29章 デリバティブ(金融派生商品)

1. デリバティブとは

　デリバティブ(derivatives、金融派生商品)とは、**原資産**(金利、株式、債券、通貨など)の価格に依存して価値が決定される金融商品である。取引の目的は、**アービトレージ**(arbitrage、**裁定取引**)による**リスク・ヘッジ**(リスクを回避したり軽減すること)や**スペキュレーション**(speculation、**投機取引**)である。

　デリバティブには大きく分けて、**フューチャーズ**(**先物取引**)、**フォワード**(**先渡取引**)、**オプション**、**スワップ**がある。例えば、フューチャーズにおける先物価格は、現物価格から将来予想に基づいて派生的に成立している。常に先物価格＝現物価格ならば取引の利益は発生しないが、これが異なることより、先物取引による利益が発生する。

　沿革的には、**シカゴ・マーカンタイル取引所**(CME：Chicago Mercantile Exchange)において1970年代に先物取引を中心としたデリバティブ商品が上場され、取引が活発化するようになった。今日CMEにおける取引は世界最大規模である。わが国では1980年代以降取引が行われるようになった。なお、江戸時代には、1730年代から大阪の堂島米会所において米の先物取引が行われており、世界初の先物取引所だった。

2. フューチャーズ(先物取引)

　フューチャーズ(futures)とは、ある特定の商品を、将来の一定の時点(清算日)に一定の価格で売買することを約束する取引である。そもそもは一次産品の商品取引から発展し、今日では金融取引においても行われている。

　取引所取引であり、特定の標準化商品について取引が行われ、原資産の価額の一定割合を**証拠金**として支払う。清算日までに反対売買による**差額決済**が行われ

る。買いの場合は売りによる反対売買、売りの場合は買いによる反対売買となり、この差額を授受する。

以下では、商品先物取引によるリスク・ヘッジについて、仮設例を説明する。

ある時点で商品Ｘの現物価格が100円、3カ月先の先物価格が120円とする。現物取引と先物取引の裁定を行うので、安いほうを買って高いほうを売るということになり、現物(100円)を買って先物を売る(120円)。

3カ月後に商品Ｘの現物価格が140円になっていたら、
現物取引：140円(決済日に現物売り)－100円(現物買いの価格)＝＋40円
先物取引：120円(先物売りの価格)－140円(決済日に現物買い)＝－20円
合　　計：20円の利益

3カ月後に商品Ｘの現物価格が80円になっていても、
現物取引：80円(決済日に現物売り)－100円(現物買いの価格)＝－20円
先物取引：120円(先物売りの価格)－80円(決済日に現物買い)＝＋40円
合　　計：20円の利益

つまり、先物取引をすることによって、将来の価格の値上がり・値下がりに関係なく利益を確保(＝損失を回避)することができ、リスク・ヘッジができる。現物取引だけを行っていた場合には、140円に上昇するケースでは40円の利益を得るが、80円に下落するケースでは20円の損失を被ることになる。先物取引だけを行っていた場合には、80円に下落するケースでは40円の利益となるが、140円に上昇するケースでは20円の損失となる。

現物取引と先物取引の裁定によるリスク・ヘッジではなく、先物取引のみによって売買益をねらう投機取引を行い、証拠金の何倍かの取引をするということになればリスクは大きくなる。

金融先物取引は、取引所取引であり、規格化された商品が取引される。わが国で取引されている金融先物には、債券先物(東証)、金利先物(東京金融取引所)、

株価指数先物(日経平均は大阪、TOPIX は東証)がある。

 取引対象：規格化され標準化されている。債券先物は架空の金融商品で、取引単位も決められている
 取引期間：決済期日が決められている
 決済方法：決済期日までに反対売買を行い、売りと買いの差額のみを決済する差額決済が行われる
 証拠金：取引額の一定割合を証拠金として差し入れることが必要
    少額の証拠金で多額の取引ができる。

①**債券先物　国債先物取引**：長期国債の先物取引(東証)
売買単位は額面1億円で個人も取引できる。
標準物：長期国債標準物：表面利率6％
      償還期限10年と想定した架空の銘柄
   中期国債標準物：同3％、償還期限5年
   超長期国債標準物：同6％、償還期限20年
売買単位：1億円の整数倍、いつでも1日に何度でも取引できる
受渡期間：3、6、9、12月の20日で最長1年3カ月
決済：反対売買(差額決済)か受渡決済(現物の受け渡しで受渡的確銘柄が使われる)
取引例：国債価格の上昇を予想→先物買い(@ 97.50)
    →値上がりしたところで売却(@ 98.50)
   国債価格の低下を予想→先物売り(@ 98.50)
    →値下がりしたところで購入(@ 97.50)
   いずれも1.00の利益が出る

②**金利先物**：円の短期金利の先物取引(東京金融取引所)
ユーロ円3カ月物や無担保O/N金利先物を取引する。
価格＝100－金利(％)の表示
売買単位：1億円、差額決済

取引例：現在ユーロ円金利3％で、2カ月後に1億円を3カ月間調達する予定があるが、2カ月後の金利が4％だと、1％分が負担増となる場合。
　　　　2カ月後のユーロ円金利先物を1億円売却(売り建て)
　　　　先物価格96.80（金利3.2％）
　　　　決済時点では96.00で決済→0.80ポイントの差益
　　　　96.80（売り）－96.00（反対取引＝買い）＝0.80
　　　　2カ月後の実際の調達コストは3.2％（＝4.0－0.8）となる

　③**株価指数先物**：日経225先物取引(大証)、TOPIX先物取引(東証)
　あらかじめ定められた期日(満期日)に特定の資産(原資産＝日経平均株価を、あらかじめ決められた価格で売買する契約。原資産が日経平均株価(株価指数)という実体のないものであるため、決済はすべて差額決済となる。
　　取引単位：日経平均株価の1,000倍(枚という表示)
　　満期月(限月)：5つの限月が取引(3・6・9・12月)
　　つねに異なる5つの期間の先物が取引できる。
　　満期日：SQ日(各限月の第2金曜日)
　　SQ値：special quotation
　　　　　満期日の決済に用いられる特別清算指数

　先物の「買い方」（＝取引を買いで開始した人）は、満期日の原資産(SQ値)が約定価格を上回れば利益を得、下回れば損失となる。「売り方」（＝取引を売りで開始した人）は、逆に、満期日の原資産が約定価格を下回れば利益を得、上回れば損失となる。また、満期日まで待たなくとも相場の変動に応じて反対売買(買い方の場合は転売、売り方の場合は買戻し)すれば、いつでも損益を確定することができる。

3．フォワード(先渡取引)

　フォワード(forward)とは、ある金融商品を将来の一定の時点に一定の価格で受け渡す契約で、店頭取引(相対取引)として行われる。**為替相場の先物予約**、**FRA**（金利先渡契約）、**FXA**（為替先渡契約）などがある。

為替先物予約は、将来時点の為替相場を約定し、期日に**全額決済**する。FRAは将来時点の金利を約定し、期日に差額決済する。FXAは、将来時点の為替相場を約定し、期日に差額決済する。**外国為替証拠金取引(FX)**は、金融商品取引法では、直物為替先渡取引に該当するものとされ、証拠金と差額決済により取引が行われる[注]。

注) 金融商品会計基準による分類では
　　差額決済の先渡契約＝デリバティブ
　　現物決済の先渡契約＝デリバティブではない　とされている。

① 為替先物予約：説明は第24章で行うので省略する。
② FRA（金利先渡取引：Forward Rate Agreement）
　FRAは、当初契約した金利が一定期間後に上昇または低下した場合、契約金利との差額を当事者相互で受払する取引で、日本円TIBOR、ユーロ円LIBORが用いられる。店頭取引のため、開始日・金額・期間は自由設定できる。
　FRAの買い手：約定金利(固定金利)の支払い、変動金利の受取の側
　　　　　　　　金利上昇時に金利差を受け取れる
　　　　　　　　＝金利上昇のリスク・ヘッジ手段となる
　FRAの売り手：約定金利(固定金利)の受取、変動金利の支払いの側
　　　　　　　　金利低下時に金利差を受け取れる
　　　　　　　　＝金利低下のリスク・ヘッジ手段となる

（例）2カ月後の3カ月物金利を5％で約定するケース
　2カ月後に3カ月物金利が6％になった場合、6－5＝1％の金利差が生じる。買い手は1％の金利分を受け取り、売り手はこれを支払う。もしも、4％になった場合、買い手は1％の金利分を支払い、売り手はこれを受け取る。

　FRAの契約は、この場合の5％のように**約定金利**(固定金利)を支払って**変動金利**を受け取る側と、逆に約定金利を受けとって変動金利を支払う側とがある。FRAの買い手は、5％以上に金利が上昇しても、上昇分は補填されるので、金利上昇のリスクを回避できる。5％以下に低下したら、5％の金利で我慢する(金利低下の利益は消滅する)。FRAの売り手は、5％以下に金利が低下しても、低

下分は補填されるので、金利低下のリスクを回避できる(金利上昇の利益は消滅する)。

4．スワップ

スワップ(swap)とは、一時的に交換、取り換えるこことを意味する。デリバティブのスワップとは、2つのキャッシュ・フローを一定期間において交換する取引である。スワップは店頭取引であり、標準的なスワップ商品が常に提供されているわけではなく、また、企業と金融機関の取引が大宗である。デフォルトのリスクは存在する。スワップ取引の目的は、**変動金利**と**固定金利**との変換により双方に利益を生みだすことにある。なお、外為取引におけるスワップ取引(為替スワップ)とは異なる。

①金利スワップ

同一通貨の金利のキャッシュ・フローを交換する取引であり、固定金利と変動金利を交換するのが代表的である。

例えば、表29-1のように異なる資金調達条件を持つA社とB社がある。A社は格付が高いので、借入でも社債発行(固定利付債)でもB社よりも有利な金利条件で資金を調達できる。しかし、この場合、金利スワップを実行することによって、A社、B社ともに利益が発生する。

表29-1　金利スワップの仮設例

	借入 (変動金利)	固定利付債 (固定金利)
A社（格付高）	LIBOR + 1/8%	8%
B社（格付低）	LIBOR + 1/2%	9%

すなわち、①A社は固定利付債を発行、②B社は借入を実行、③A社とB社が金利スワップを実施する。金利スワップ取引では、A社はLIBOR分の金利をB社に支払い、B社は8.25%の金利をA社に支払う。これにより、金利負担は以下のようになる。(LIBORについては第9章参照)

A社の金利負担＝ 8％－ 8.25％＋ LIBOR ＝ LIBOR － 0.25％
B社の金利負担＝ LIBOR ＋ 1/2％－ LIBOR ＋ 8.25％＝ 8.75％

　この結果、A社は自らが変動金利で借入を行う場合よりも低い金利で変動金利調達を行い、B社は自らが固定金利で資金調達する場合よりも低い金利で固定金利調達を行ったことになる。そして、金利スワップ後、A社は固定金利から変動金利へ、B社は変動金利から固定金利へ、資金調達が変換されている。

②通貨スワップ

　異なる通貨の金利のキャッシュ・フローを交換する取引で、元本と金利の両方の交換が行われる。1981年にIBMと世銀との間で行われたのがはじまりと言われる。

　例えば、ユーロ資金を低い金利で調達できる欧州企業と、円資金を低い金利で調達できる日本企業とがあり、日本企業がユーロ資金を、欧州企業が円資金を必要としている場合、日本企業が円資金調達、欧州企業がユーロ資金調達を行い、その後通貨スワップを実行する。これにより、それぞれが必要とする資金を低い金利で調達する効果をもたらす。借入期間における金利支払いは、通常、両社の間でネッティング（差額支払）が行われ、元本の返済期日にスワップした資金の再交換が行われる。

③その他のスワップ

　今日では、さまざまなスワップ商品が開発されている。**クレジット・デフォルト・スワップ**（credit default swap、CDS）はそのひとつで、信用リスクとプレミアムのスワップ取引である。

　例えば、①A社はX社に債権100を持っている。②A社はその信用リスクをヘッジしたく、プロテクションの買い手となる。③Y企業はA社の信用リスクをとって収益を得たく、プロテクションの売り手となる。④プロテクションの買い手（A社）はプロテクションの売り手（B社）にプレミアムを支払う（X社が支払う債権の金利のキャッシュ・フローがB社に支払われる）。⑤X社が債務不履行になった場合、A社はY社から一定額80の補てん（これは当初の債権額より

は小さくなる)を受け取る。この取引を通じて、信用リスクはＡ社からＹ社に移転されている。

また、**デット・エクィティ・スワップ**(debt equity swap、DES)は、債務と株式のスワップであるが、これについては、第35章の累積債務問題において例を述べる。

5．オプション

オプション(option)とは、ある資産(原資産)を一定の価格で売買する権利の取引である。店頭取引(現物のオプションのみ)と取引所取引(現物と先物のオプション)がある。わが国のオプション取引は、1980年代に**通貨オプション**から始まった。

店頭取引：通貨オプションが代表的である。
取引所取引：東証、大証(国債先物、株価指数、個別株式のオプション)
　　　　　　東京金融取引所(ユーロ円3カ月先物オプション)

プット・オプション(put option)とは、原資産を売る権利で、通貨オプションでは、例えばドルを売る権利(ドル・プット)である。**コール・オプション**(call option)とは原資産を買う権利であり、通貨オプションでは、例えばドルを買う権利(ドル・コール)である。将来の受け渡しが実行されるか否かはオプションの契約者の権利となり、選択権を持つが、オプションの契約者は、この代価としてオプション料(保険料)を支払う。オプション料は、**オプション・プレミアム**(option premium)あるいは略してプレミアムと呼ばれる。
権利行使価格は**ストライク・プライス**(strike price)と呼ばれ、事前に約定していた権利行使の際の価格である。**行使期日**(expiration date)とは、オプションの実行ができる最終期日であり、**ヨーロピアンタイプ**では、オプション期間の最終期日にしか権利行使できない。一方、**アメリカンタイプ**ではオプション契約の締結日から最終期日まで、いつでも権利行使できる。主流は、ヨーロピアンタイプであり、オプション・プレミアムの決定について、ヨーロピアンタイプでは、**ブラック・ショールズの公式**が解明している。この公式に、①原資産価格、②権

利行使価格、③非危険利子率、④満期までの期間、⑤原資産の価格変動性(ボラティリティ)[注]の5つの変数を代入することによってプレミアムが求められる。

注) ボラティリティにはヒストリカル・ボラティリティ（過去の原資産の市場価格の騰落率の標準偏差）とインプライド・ボラティリティ（オプションの市場価格からB-S公式により逆算）がある。

長期国債先物を原資産としたオプションの取引例は、以下の通りである。

長期国債先物コール・オプション(図29-1)

　権利行使価格：139円、オプション料70銭(100円あたり)、1単位(1億円)

　① 70銭×1億円÷100円＝70万円を支払う

　②先物価格が140円になった場合→権利行使(139円で買う)

　　139円で買い140円で売る

　　差額の1円×1億円÷100＝100万円

　　100万円−70万円＝30万円が利益となる

　③先物価格が138円になった場合→権利放棄

　　損失は70万円に限定される。

長期国債先物プット・オプション(図29-2)

　権利行使価格：139円、オプション料70銭(100円あたり)、1単位(1億円)

　① 70銭×1億円÷100円＝70万円を支払う

　②先物価格が140円になった場合→権利放棄

　　損失は70万円に限定される。

　③先物価格が138円になった場合→権利行使(139円で売る)

　　139円で売り138円で買う

　　差額の1円×1億円÷100＝100万円

　　100万円−70万円＝30万円が利益となる

図 29-1 長期国債先物コール・オプション

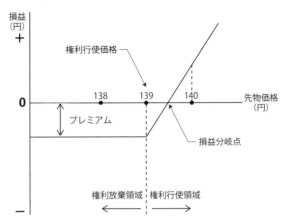

図 29-2 長期国債先物プット・オプション

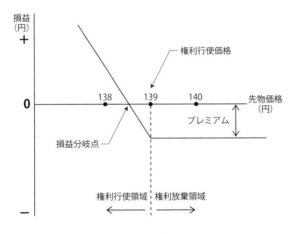

　先物取引の売買が成立した場合、先物取引について証拠金を差し入れる必要がある。また、先物取引が成立した場合の最終損益は先物取引の決済によって確定する。なお、長期国債先物取引の決済としては、権利行使（国債先物取引の成立）と権利放棄のほかに、オプションを転売または買戻しによって決済する方法もある。

第30章 国際金本位制

　国際通貨制度とは複数の国が参加する国際的な為替相場決定システムであり、為替相場制度の国際協調システムが国際通貨制度であるといえる。本章から、国際金本位制、ブレトンウッズ体制、フロートという国際通貨制度の変遷について述べる。

　国際金本位制は、1870年代に成立し、第一次大戦後、1930年代まで続いた国際通貨制度であり、国内通貨制度の発展段階として成立した金本位制が国際的に適用された制度である。

　国内通貨制度としての金本位制は、金と通貨との間に**金平価**を設定し金と通貨との兌換を認める制度であり、これにより通貨の信任を維持した。**兌換制度**は国内金融制度においては実質的に意義を失っていき、1930年代にかけて金本位制は放棄されていったが、第二次大戦後の国際通貨制度においては、1970年代初めまでブレトンウッズ体制として形を変えて存在した。国内通貨制度において意義を失った背景としては、金以外の手段による通貨供給が徐々に増加したことや、**一般的受容性**(紙幣を用いる国民が兌換を意識せずに紙幣を信認して経済・金融取引を行うようになること)が浸透したことがある。

1．本位制の種類

　本位貨幣とは貨幣制度の中心として用いられる貨幣(物品貨幣)であり、本位貨幣として金を用いる場合、金本位制と呼ばれる。今日では本位貨幣は存在せず、本位制度と呼ばれる制度ではない。何を本位貨幣として用いるかによって、**金本位制、銀本位制、金銀複本位制**(金と銀の両方を本位貨幣として使用)といった制度があった。

　金本位制には簡略化すると以下のような形態がある。

金貨本位制：金貨が本位貨幣として流通する制度
　　金地金本位制：国内における中心的貨幣は兌換紙幣で、対外決済手段として金地金を保有する制度
　　金為替本位制：国内における中心的貨幣は兌換紙幣で、対外決済手段として、金地金または交換可能な通貨（国際通貨）を保有する制度

　発展段階としては、金貨本位制→金地金本位制→金為替本位制ということになる。

2．国際金本位制

（1）金本位制の採用の時期

　イギリスでは、銀本位制からスタートし、1601年にエリザベスⅠ世が銀貨1ポンド＝銀4オンスという交換比率を定めた。1663年に**ギニー金貨**（純度91.67％の金で129.4グレイン＝約8.4グラム）が発行され、1ギニー金貨＝20シリング銀貨という交換比率が定められた。1717年には**金銀複本位制**が正式に採用され、ニュートンは1ギニー金貨＝21シリング銀貨に交換比率を定めた。

　1816年に**金本位法**（Gold Standard Act of 1816）が制定され、イギリスは世界で最も早く金本位制に移行することになった[注]。1817年には、ギニー金貨に代わって**ソブリン金貨**の鋳造が開始され、1ポンドとして流通した。ソブリン金貨は1917年まで本位貨幣として流通した。1822年には兌換が開始され、1844年にはピール銀行条例により、イングランド銀行が銀行券の発券を独占するようになり、銀行券発行高の上限を金準備＋保証準備発行高（1,400万ポンド）とすることが決定された。

　　注）1ポンド＝標準金0.2568オンス、
　　　標準金1オンス＝3.89375ポンド＝3.17ポンド＋10.5ペンス
　　　＝3ポンド17シリング10ペンス半

　ヨーロッパ大陸では**銀本位制**ないし**金銀複本位制**が実施されていたが、いちはやく経済発展したイギリスが金本位制と兌換制度を確立したことにより金本位制への収斂が進展した。その他諸国が金本位制に移行した時期は、ドイツ1871年（普仏戦争賠償金による）、フランス1878年、アルゼンチン1881年、

インド 1893 年、日本 1897 年（日清戦争賠償金による）、ロシア 1897 年、アメリカ 1900 年である。

（2）制度の概要

国際金本位制の制度は以下のように要約できる。

イ．金平価：各国は、自国通貨の価値を金の一定量によって定める
ロ．為替平価：国はこれにより他国との為替相場を決定する
ハ．固定相場制
ニ．各国は通貨の国際的な金兌換を無制限に認める
　　（＝金の取引が国際間で自由に行われることを認める）
ホ．各国には、その金保有量の増減に応じて通貨供給量を増減させ、国際収支の均衡を図る必要が生じる（物価・正貨流出入機構、国際金本位制の制約）

（3）金平価と為替平価

金平価は、以下の3カ国を例にとり、トロイオンス（troy ounce）で表現すると、以下のように決定されていた[注]。

　　アメリカ：1トロイオンス＝ 20.67 ドル
　　イギリス：1トロイオンス＝ 4.247 ポンド
　　　日本：1トロイオンス＝ 41.47 円

金平価により、**為替平価**は以下のように決定された。

　　1ポンド＝ 4.866 ドル＝ 9.764 円
　　1ドル＝ 0.2054 ポンド＝ 2.006 円
　　1円＝ 0.1024 ポンド＝ 0.4984 ドル
　　（100 円＝ 10.24 ポンド＝ 49.847 ドル）

注) 当時は度量衡が国によって異なり計算は複雑だった。
　　日本のケースは以下のようになる
　　1871 年新貨条例：1 円＝金 1 分（＝ 1.5 グラム）に設定
　　　　　　　　　　ほぼ 1 円＝ 1 両＝ 1 ドルであった
　　1897 年貨幣法　：1 円＝金 2 分（＝ 0.75 グラム＝ 750 ミリグラム）に設定
　　　　　　　　　　1 トロイオンス＝ 31.103 グラム
　　　　　　　　　　したがって、1 トロイオンス＝ 41.47 円（31.103 ÷ 0.75 ＝ 41.47）
　　アメリのケースは以下のようになる
　　　1 ドル＝純金 23.22 グレイン（grain）
　　　1 グレイン＝ 0.6479 グラム、23.22 グレイン＝ 15.044 グラム
　　　1 トロイオンス＝ 480 グレイン＝ 310.992 グラム
　　　1 トロイオンス＝ 20.67 ドル（480 ÷ 23.22 ＝ 310.992 ÷ 15.044）
　　これにより、ドルと円の為替平価は 100 円＝ 49.847 ドル（1 ドル＝ 2.006 円）
　　　　（750 × 100 ÷ 1504.6 ＝ 49.8471　1504.6 ÷ 750 ＝ 2.0061）

（4）固定相場制

　国際金本位制は、金の価格を各国通貨で表示した制度である。金という同一物の価格であり、「一物一価の原則」により、各国通貨表示の価格は基本的に変更できない固定為替相場制だった。実際、為替相場は狭い範囲におさまっていた。1898 年から 1914 年まで、円の対米ドル為替相場の年間最高値と最低値の開きは、1.08％ほどだった。制度に対する信認が固定相場制度を維持させた。

　金本位制における為替相場の固定化は、**金現送点**の存在によりバックアップされていた。すなわち、国際金本位制のもとでは、金との兌換が保証され、国際的な金取引に制限がない、という制度の前提のもとで、為替相場は金現送点範囲内でしか変動しないと想定された注)。

注）金現送点について

> 金現送点＝為替平価プラスマイナス金現送費　金現送費：金を国際的に輸送する場合の費用
> 金現送費＝金輸送費＋保険料＋その他管理費用
> 金平価は、アメリカ：1オンス＝20.67ドル　イギリス：1オンス＝4.247ポンド
> 為替平価は1ポンド＝4.866ドルである。
>
> 金1オンスの現送費を0.040ドルとすると、為替相場は1ポンド＝4.8763〜4.8575ドルの範囲内におさまる。4.8763および4.8575を「金現送点」(それぞれ金輸出点と金輸入点)と呼んだ。
>
> イ．1ポンドが1ポンド＝4.8763ドル(金輸出点)を超えて上昇した場合
> 　米当局から金を購入し、イギリスへ現送して英当局からポンドを受け取ることで利益が発生する。したがって、アメリカからイギリスへ金が流出する(アメリカからイギリスへの金輸出)。
> 例：ポンド高ドル安(1ポンド＝5.0ドル)
> 　①1オンスの金を米当局から購入(20.67ドル支払い)→②イギリスへ輸出し英当局へ売却(4.247ポンドを得る)→③このポンドを売却しドルを購入すれば利益を得る。
> 　（すなわち、4.247×5.00＝21.235ドル　21.235−0.04ドル＝21.195ドル＞20.67ドル
> 　利益は1オンスにつき0.525ドル）
> 　④この取引を続けることにより利益を得るが、外為市場ではポンド売りドル買いが増加し、ポンドが下落する。この下落は1ポンド＝4.8763ドルになってやみ、金現送による裁定取引の利益は消滅する。(4.247×X−0.04＝20.67より、X＝4.8763)
>
> ロ．ポンドが1ポンド＝4.8575ドル(金輸入点)を超えて下落した場合
> 　英当局から金を購入し、アメリカへ現送して米当局からドルを受け取ることで利益が発生する。したがって、イギリスからアメリカへ金が流出する(アメリカのイギリスからの金輸入)。
> 例：ポンド安ドル高(1ポンド＝4.5ドル)
> 　①1オンスの金を英当局から購入(4.247ポンド支払い)→②アメリカへ輸出して米当局へ売却(20.67ドルを得る)→③このドルを売却しポンドを購入すれば利益を得る。
> 　（すなわち、(20.67−0.04)÷4.5＝4.5844ポンド＞4.247ポンド
> 　利益は金1オンスにつき0.3374ポンド）
> 　④この取引を続けることにより利益を得るが、外為市場ではドル売りポンド買いが増加し、ポンドが上昇する。この上昇は1ポンド＝4.8575ドルになってやみ、金現送による裁定取引の利益は消滅する。((20.67−0.04)÷X＝4.247より、X＝4.8575)
>
> このように、金現送点の範囲を超えて為替相場が存在すれば、貿易・資本取引では通貨による決済は行われず、金での決済が行われるようになる。しかし、この金の裁定取引では、上昇した通貨を売り、下落した通貨を買うという取引が発生する。
> 　通貨の上昇した国→金の輸入発生→最終的にその通貨の売り(＝下落)が発生
> 　通貨の下落した国→金の輸出発生→最終的にその通貨の買い(＝上昇)が発生
> このことにより、金現送点の範囲内まで相場が戻り、そこで、金の裁定取引の利益は消滅する。すなわち、為替相場は、金現送点を超え続けることはできない、ということになる。

(5) 金本位制における国際収支調整メカニズム

金本位制においては、イギリスのヒュームが18世紀に述べた「**物価・正貨流出入機構**」(price-specie-flow mechanism)と呼ばれる調整メカニズムが作用したと言われる。これは以下のような内容である。

各国の金保有量は、金生産を除外すれば、国際収支(経常収支)によって決定される。そして金保有量が各国の通貨供給量(マネーサプライ)を規定する。

したがって、以下のような連鎖が作用する。

経常収支赤字→金保有量減少→マネーサプライ減少(＝金融引締め)→景気にデフレ圧力・物価下落→経常収支黒字→金保有量増加→マネーサプライ増加(＝金融緩和)→景気拡大・物価上昇→経常収支赤字

経常収支黒字の国：金が流入(＝金準備増加)
　　　　　　　　　→マネーサプライ拡大可能(＝金融緩和可能)
経常収支赤字の国：金が流出(＝金準備減少)
　　　　　　　　　→マネーサプライ収縮要(＝金融引締要)

各国が金保有量を適切に維持するような政策をとらない場合、対外決済に問題が生じることになり、国際金本位制は破綻する。すなわち、国際均衡優先の政策が国際金本位制持続の条件となる[注]。

注) 国内均衡と国際均衡とは以下の内容を意味する。
　国内均衡：経済成長・雇用の維持
　国際均衡：固定為替相場制度の維持、国際収支の均衡

(6)国際金本位制の評価

国際金本位制の長所は以下のようなものである。
①政策的な介入を必要とせずに安定的な為替相場が維持される。
②最終的には金が国際決済手段として機能し、各国の金保有が満たされる限り、国際決済手段に対する信認の欠如という問題は生じない。
③各国の物価水準は諸外国の物価水準から持続的に乖離することはできない。各国の経済パフォーマンスは収斂するような調整力が働いた。

国際金本位制の短所は以下のようなものである。
①国際収支の調整に必要となる通貨供給(金融政策)は、国内経済のために必要とされる通貨供給(金融政策)と整合的ではない可能性がある。
②金が最終的な国際決済手段であることから、世界全体としての通貨供給量

も金準備の量によって決定される。これが、世界経済の安定的発展に必要な通貨供給量と一致する保証はない。ただし、国際金本位制が安定を維持した時期の世界の金生産についてみると、1850年から1910年に至る60年間に金の生産は年率3％で増加し、同じ期間の経済成長率を若干上回った。したがって、経済成長率が相対的に低かった当時の世界経済のもとで、金生産の伸び＞経済成長だったことが国際金本位制の制度的安定の背景になったと言える。

③金を各国が準備資産・決済手段として保有するということは、金の生産や保管、国際的な金現送を必要とした。これは、通貨制度発展の歴史、すなわち、支払手段・価値貯蔵手段としての通貨の発行・管理は、資源節約的・合理的な方向へ進んできた、という点に逆行する。すなわち、国際金本位制は管理コストの高い制度だったということである。

3．国際金本位制の展開と終焉

（1）国際金本位制の展開

各国の貨幣供給量（マネーサプライ）は、保有する金の量に限定を受ける。そして、世界全体のマネーサプライは世界の金保有量に依存する。**通貨供給量＝金平価×金保有量＋その他の手段による供給（保証発行）**であるから、通貨供給量を増加させる手段は、①金準備の量（生産増か経常収支黒字）を増やす、②金平価（＝為替平価）の切り下げ、③あるいはその他の手段（保証発行の拡大）ということになる。

各国にとっては、金の保有量を確保することが最重要課題で、国際均衡が国内均衡に優先され、経常赤字であれば、国内経済の状況（景気悪化や失業）いかんにかかわらず、金融引締を行う必要性が生じ、金利は相対的に高止まり、経済成長が抑制される傾向があったと言われる。デフレ圧力が、基本的には国際金本位制にあったということになる。

通過供給を十分に行うための対応としては、国内的対応としては、金以外による通貨の供給、すなわち**保証発行**が増加傾向となっていった。国際的対応としては国際金本位制が徐々に金以外の**国際通貨**を使用する**金為替本位制**への変化をみせたという点にある。すなわち、金に加えて、信認の高い通貨、すなわ

ち、ポンドのような**国際通貨・基軸通貨**が国際決済に用いられる本位制への変化である。国際金本位制のもとで、中心国(イギリス)から周辺国への大量の長期資本移動があり、それが周辺国の経常収支赤字をファイナンスするだけでなく、後者の対外準備を増加させるという傾向がみられた。最初はポンドが、次にアメリカのドルがその役割を果たすようになった。最終的には金が国際通貨制度において排除されていくことになった。

(2) 国際金本位制の終焉

第一次世界大戦までの国際金本位制においては、イギリスのロンドン金融市場が国際金融の中心で制度は安定を維持したが、第一次世界大戦を契機に各国は金兌換を停止した。戦後の国際通貨制度の見直しにおいては、金本位制度がやはり推奨されたが、金為替本位制への移行を促す主張がなされた。当時、すでにスターリング圏諸国(英連邦諸国)は、ポンドを対外準備として保有するようになっていた。

第一次世界大戦直前の主要国の公的準備の状況をみると(表30-1)、アメリカはすでに18億ドルを超える公的準備を保有し、かつ金の保有額も約13億ドルと最大となっており、欧州の主要3カ国を合わせたよりも大きな水準となって

表30-1　1913年末の主要国の公的準備

(単位、百万ドル、%)

	総計	金	銀	外国為替
総計	7,110 (100.0)	4,846 (68.2)	1,132 (15.9)	1,132 (15.9)
三大債権国	1,364 (19.2)	1,122	189	52
イギリス	164 (2.3)	164	n.a.	――
フランス	805 (11.3)	678	123	3
ドイツ	394 (5.5)	278	65	49
アメリカ	1,813 (25.5)	1,290	523	――
ロシア	1,123 (15.8)	786	31	305
オーストリア・ハンガリー	324 (4.6)	251	55	17
イタリア	424 (6.0)	333	39	50
日本	301 (4.2)	65	0	235

資料　Peter H. Lindert, "Key Currencies and Gold, 1900-1913", 1969

いた。アメリカは、1914年当時には純債務国だったが、1918年時点で戦債保有国（71億ドル）となり、1919年には純債権国へ転化し、公的準備も倍増（1919年25億ドル）していた。

アメリカは、1919年に1オンス＝20.67ドルの戦前の金平価で金本位制に復帰した。イギリスは、1925年に戦前の金平価で金本位制に復帰した。ただし、それ以前の金貨と兌換紙幣が流通する金貨本位制ではなく、**金地金本位制**へ移行した。世界経済におけるアメリカの覇権は明確化しつつあり、国際通貨はポンドとドルになっていた。イギリスは1920年代後半に対外短期資産・負債ポジションが債務超に転じた。1930年にはイギリスの金・外貨準備は純債務額の3割余りをカバーするだけにすぎなくなった。一方で、アメリカは1920年代に経常収支黒字を累積し、投資収益収支も黒字に転じた。アメリカは巨大な資本輸出国となり、国際金融の中心国となっていた。

1929年のアメリカの株価暴落（10月24日）を契機として**世界恐慌**に突入した。1931年にオーストリア（クレディート・アンシュタルト銀行の破綻）に端を発する欧州の金融恐慌が発生し、1931年7月にドイツは金本位制を停止、1931年9月にはイギリスが金本位制を停止した。この間、多くの国は自国通貨をポンドにペッグし、外貨準備をポンド資産で保有した。日本は1930年1月に**金解禁**（金本位制復帰）を行ったが、円売りの投機が発生し、1931年12月に金本位制停止（金輸出再禁止）を余儀なくされた。

1932年には、**スターリング・ブロック**と呼ばれる英連邦諸国の特恵関税体制が形成され、フランスなどは**金ブロック**を形成した。アメリカは、1933年に金本位制を停止し、1934年の**金準備法**により**1オンス＝35ドルに金平価を切り下げた**（切り下げ幅40.94％）。そして、国内の金取引および金輸出入を禁止し、外国当局の保有するドル残高についてのみ、公定価格で金と兌換するという制限措置に踏み切り、「為替安定基金」（20億ドル）を設置し為替管理を強化した。

金本位制の停止により各国為替相場は不安定さを増すことになった。主要国の為替切り下げ幅は、1929年時点の金平価と比較すると、1934年3月時点では、日本−64％、アメリカ−40％、イギリス−38％であり、平均して−46％の切り下げとなった。1936年にはフランスが金本位制を停止し、主要国における金本位制はこれをもって終焉した。

第31章

ブレトンウッズ体制からフロートへ

1．ブレトンウッズ体制

　第二次世界大戦中の1944年7月に、戦後の国際通貨制度構築のために、アメリカのブレトンウッズでブレトンウッズ協定が結ばれた。これにちなみ戦後の国際通貨制度は**ブレトンウッズ体制**(the Bretton Woods System)と呼ばれ、また、金本位制の姿を部分的に残した制度となったので、**金ドル本位制**(金為替本位制の一形態)とも呼ばれる。

　アメリカは戦前期の**1オンス＝35ドル**(1オンス＝金28.3495グラム)にて金平価を設定、公的部門に対してのみ金の兌換に応じることになった。その他諸国は金平価を形式的に決定するが、金との兌換は行わず、米ドルに為替平価を設定して固定し、変動幅を上下1％におさえる固定相場制度をとることになった。平価の変更は、国際収支の基礎的不均衡がある場合に許されるが、IMF理事会の承認が必要とされた。この制度は**アジャスタブル・ペッグ**(Adjustable Peg、**調整可能な釘付け制度**)とも呼ばれた。

　この制度のもとで各国はドルに対して、**1米ドル＝360円＝4.20西独マルク＝119.107仏フラン、1ポンド＝4.0306米ドル＝1451円**という為替平価を設定した。

2．IMF（国際通貨基金）

（1）IMFの設立

　IMF(International Monetary Fund)は、1944年7月のIMF協定に基づき、戦後の国際金融を司る機関として1946年3月にワシントンに設立された。IMF設立と同時期に、国際金融機関として**世界銀行**(IBRD、国際復興開発銀行)も設立されている。

わが国は、国内の貨幣制度について、**新円切替**(銭・厘の廃止とデノミ実施)を1946年2月に実施したが、為替相場については、取引によって複数の相場がたてられていた。その後、1949年4月25日より1ドル＝360円という単一相場を設定、1952年8月13日にIMFに加盟し、1953年5月11日に1ドル＝360円(純金2.46853mg＝1円)というIMF平価を正式に設定した。

1960年、IMFは経常取引に関する為替管理撤廃のガイドラインを示し、1961年に西欧諸国はIMF14条国から**IMF8条国**[注]へ移行、日本は1964年4月にIMF8条国へ移行した。

注) IMF8条国：IMF協定第8条で規定された義務を受け入れている国。
　　第8条では、①経常取引における支払に対する制限の回避、②差別的通貨措置の回避、③他国保有の自国通貨残高の交換性維持、を規定している。発展途上国に対する配慮から、あくまで経過的措置であるが、加盟時における経常取引における制限を認めている(第14条)。
　　IMF8条国：自国通貨の経常取引における交換性を認めている国
　　IMF14条国：自国通貨の経常取引における交換性を実現していない国

(2) IMFの役割

IMFの役割は以下の通りである。

　①国際通貨問題の討議
　②為替制度に関する加盟国の監視(サーベイランス)
　③加盟国への融資(当初は国際収支調整のための融資とされた)

議決方式は加重方式で、議決権はIMFへの**出資額**(**クォータ、quota**)に依存する。

クォータは全体で2,381.827億SDR、議決権総数は2,520,571である。加盟国は、クォータについて、75％を自国通貨で、25％をSDRあるいは国際通貨(ドル・ユーロ・円・ポンド)で拠出する。

わが国のクォータは、156.285億SDR(全体の6.56％)で、投票権は157,023(全体の6.23％)、最大のアメリカのクォータは、421.224億SDR(全体の17.68％)、投票権は421,962(全体の16.74％)となっている。なお、各国のクォータは、2008年以降、GDP(weighted average of GDP、50％)[注]、開放性(openness、30％)、可変性(economic variability、15％)、外貨準備(international reserves、5％)の加重平均で決定されている。

注）GDP は、market exchange rates で計算された GDP(60%)と PPP exchange rates で計算された GDP(40%)の加重平均である。

（3）IMF の融資制度

設立当初の IMF の加盟国への融資は、各国で国際収支上の問題が発生した場合に、①スタンドバイ形式の短期的融資、②先進国も対象とし、③無償資金は供与せず、④特定プロジェクトへの融資は行わない、というものだった。融資資金は、**通常資金**（加盟国の出資金）と**借入資金**（先進国等からの借入）からなり、これらを合わせて**一般資金**と呼んだ。

加盟国が一般資金を利用する借り入れを行う場合は、自国通貨を対価として IMF から外貨を買い入れるか、または、SDR を引き出すという形をとり、返済する場合には、外貨（または SDR）を自国通貨で買い戻すという形をとった。

IMF が融資する場合には、**融資条件**（コンディショナリティ、conditionality）を含む「**経済調整プログラム**」の策定が求められた。

当初の IMF の融資制度は、1952 年に設けられた一般資金勘定を用いる**スタンドバイ取極**（とりきめ）（SBA：Stand-by Arrangements）であり、以下のように極めてテクニカルなものであった（図 31-1 参照）。

すでに述べたように、出資額（クォータ、quota）は、75％を自国通貨で、25％を SDR または国際通貨で払い込む。**リザーブ・トランシェ**（reserve tranche）とは、出資額のうち、自国通貨以外の部分を意味する。したがって、当初は 25％部分が相当する。加盟国は、IMF が保有するその国の通貨がクォータの 100％に達するまでは無条件で、それ以上は条件付きで融資の引き出しが可能である。リザーブ・トランシェは無条件の部分であり、各国の外貨準備の一部として計上される。100％から 200％の部分は**クレジット・トランシェ**（credit tranche）と呼ばれ、条件付きの融資となる。全体ではクォータの 200％までの引き出しが可能である。クレジット・トランシェは、クォータの 25％ずつ 4 つの部分に分けられる。第一クレジット・トランシェまでの引き出し（＝ 125％まで）は比較的容易であるが、それ以上の高次クレジット・トランシェの引き出しについては厳格なコンディショナリティが課される。

既に述べたように、リザーブ・トランシェは、「出資額－自国通貨以外の部分」であり、加盟の時点ではクォータの 25％に相当するが、他国による自国通貨の

図 31-1　リザーブ・トランシェとクレジット・トランシェ

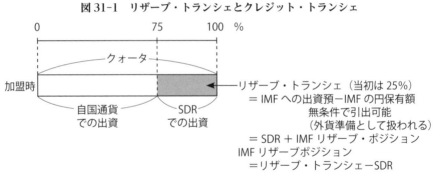

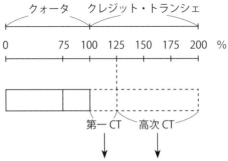

引き出しにより変動する。仮に他の国によって自国通貨が10％相当分引き出された場合、リザーブ・トランシェは35％（＝25％＋10％）に拡大する。ここで、**IMFリザーブポジション**とは、リザーブトランシェ（この場合35％）から保有するSDRを差し引いた部分を意味し、これもその国の外貨準備として扱われる[注]。

SBAについては、2009年の改革により、HAPAs (High-Access Precautionary Stand-by Arrangement) と呼ばれる制度が導入され、アクセス・リミット（200％）を超える資金の引き出しなどにより、利便性や柔軟性が高められている。

注）わが国の外貨準備においては、2015年3月時点において、SDRが179億94百万ドル相当、IMFリザーブポジションが97億52百万ドル相当ある。

IMFの融資制度は、今日まで、一般資金を原資とするSBAや拡大信用供与措置（EFF、1974年導入）などの融資から、加盟国からの拠出を原資とする構造調整ファシリティ（SAF、1986年導入）などの融資まで融資枠は目的毎に多様に

拡大されてきている。

　IMFの必要資金は国際金融問題の発生により拡大傾向となっており、資金源としては、出資額（クォータ）で2,380億SDR（3,270億ドル）、GAB（一般借入取極）[注1]で170億SDR（230億ドル）、NAB（新規借入取極）[注2]で3,700億ドル（5,150億ドル）、新規二者間取極（IMFと加盟国の2者契約）で2,700億SDR（3,700億ドル）が発効している。

注1）GAB：1962年に発効、IMFが先進国11か国から資金を借り入れる制度
注2）NAB：1998年に発効、26の加盟国や機関との信用取極

3．ブレトンウッズ体制の意義と問題点

　アメリカは第二次世界大戦後、世界のリーダーとなり、米ドルが基軸通貨となった。すでに第一次大戦当時にアメリカは最大の金保有国になっていたが、第二次世界大戦後には、アメリカは世界の金準備の3分の2を保有、1949年当時には245億ドル相当の金を保有していた。ブレトンウッズ体制は必然的にアメリカを中心とするものになった。同時に、それはIMFを軸にした国際通貨制度でもあり、戦前にはなかった国際協調の枠組が構築された。

　世界の国際取引に用いられる通貨はドルであり、そのドルは世界各国にどう供給されるかといえば、アメリカの経常収支の赤字を通じるものとなる。すなわち、アメリカの経常収支の赤字によって、他の諸国のドル資産が増加することになる。金本位制時と同様に、諸外国のドル資産とアメリカの金保有額とを比較して十分か否かで固定相場制の維持可能性が決まってくる。兌換を保証するアメリカにとっては、制度維持のためには自らの金保有量が極めて重要となる。

4．アメリカの国際収支と流動性ジレンマ

　戦後の世界経済および世界貿易は飛躍的に拡大し、そしてアメリカの経常赤字は持続した。アメリカの西側諸国への対外援助（マーシャル・プラン、ガリオア・エロア基金）は西側諸国の急速な復興をもたらし、その役割はIMFや世銀の資金供与よりもずっと大きかった。これは、一部は同盟国強化をねらったものであり、東西冷戦がもたらしたものだった。

この結果、西側諸国(特に西ドイツや日本)は、急速な成長を実現して対アメリカでの貿易・経常収支黒字を拡大していくようになった。金本位制下におけるような国際収支調節の節度はアメリカにはなく、アメリカの経常収支赤字は持続し、諸外国のドル資産は増加していった。戦後まもなくのドル不足の時代から、やがてドル過剰の時代が訪れようとしていたのである。

　ハーバード大学のトリフィンが「金とドルの危機」(1960年)において述べた**流動性ジレンマ(トリフィンのジレンマ)**とは、以下のような内容である。アメリカ以外の諸国の国際流動性(＝米ドル)の保有は、アメリカの経常収支が赤字であることによってもたらされる。アメリカが黒字になれば、国際流動性は不足する。アメリカが赤字であれば国際流動性は供給されるが、赤字が持続することにより、今度はドルに対する信認が揺らぐことになる、というものである。

　すなわち、世界経済における対外決済手段としてのマネーサプライは米ドルであり、これは、アメリカの金準備をベースとし、アメリカの経常収支赤字を通じて供給される。このシステムが安定的であるためには、「諸外国のドル資産＜アメリカの金保有額」、であることが必要で、アメリカの経常収支赤字が行き過ぎれば、上記不等号が逆転してしまうので、アメリカは金融引締政策を行い、経常収支を適切な水準に管理しなければならない、ということになる。

表 31-1　世界の公的準備の推移

(単位：億 SDR、%)

年末	金	SDR	IMF リザーブ・ポジション	外貨	合計
1951	335 (68.8)	—	17 (3.5)	135 (27.7)	487 (100.0)
1955	350 (65.3)	—	19 (3.5)	167 (31.2)	536 (100.0)
1960	379 (63.2)	—	36 (6.0)	185 (30.8)	600 (100.0)
1965	418 (58.7)	—	54 (7.6)	240 (33.7)	712 (100.0)
1970	373 (40.0)	31 (3.3)	77 (8.3)	451 (48.4)	932 (100.0)
1975	357 (18.4)	88 (4.5)	126 (6.5)	1,373 (70.6)	1,944 (100.0)
1980	335 (9.5)	118 (3.3)	168 (4.7)	2,926 (82.5)	3,547 (100.0)
1985	333 (7.6)	182 (4.2)	387 (8.8)	3,479 (79.4)	4,381 (100.0)
1990	327 (4.9)	204 (3.0)	238 (3.5)	5,936 (88.6)	6,705 (100.0)
1995	318 (3.3)	198 (2.0)	367 (3.7)	8,935 (91.0)	9,818 (100.0)
2000	344 (0.5)	2,040 (3.2)	488 (0.8)	60,119 (95.5)	62,942 (100.0)

(資料) IMF, "International Financial Statistics Yearbook"

このように、ブレトンウッズ体制の安定維持には、金本位制当時に類似した規律が必要であったが、西側のリーダーとしてアメリカは経常収支赤字持続を重視せず、1960年代には、諸外国の公的部門が保有するドル資産はアメリカの金保有額に匹敵するようになった。表31-1によれば、世界の**公的準備**(国が保有する対外決済手段)において、金は1950年代初頭には全体の約70%を占めており、その大部分はアメリカが保有していたので制度の安定は確保されていた。しかし、その後どんどん外貨準備(米ドル)が増加していき、1970年当時には外貨準備は金保有額を上回るようになっていたのである。ちなみに、1990年代になると、金は全体の2～3%を占めるだけとなり、外貨準備が90%を超えた。

5．ブレトンウッズ体制の問題への対応

（1）SDRの創出

このようなブレトンウッズ体制が構造的に持つ問題への対応がSDR（**特別引出権**、Special Drawing Right)である。アメリカの国際収支に依存することなく**国際流動性**(＝対外決済手段)を創出する手段として考案された。1966年に提案され、1969年に実施に移され、1970年に初めてのSDRの配分が実施された。当初は93億SDRであったが、今日の累積配分額は2,041億ドル(2009年9月時点)となっている。SDRは各国の外貨準備として計上され、IMF加盟国政府とIMF以外は保有することはできない。

加盟国は、IMFにSDR勘定を創設、加盟国はクォータに応じてSDRの配分を受ける。当初は1 SDR ＝ 1 ドル(＝純金0.888671グラム)に価値が決定された。

第1回目の配分(1970～72年)：93億SDR
第2回目の配分(1979～81年)：総額121億SDR　累積総額214億ドル
　　　　　　　　　　　　(IMFクォータ比約29％)。
第3回目の配分：2009年8月の一般配分(1,612億ドル)と9月の特別配分(215億ドル)により、累積総額は2,041億SDR（約3,170億ドル)となった。

SDR利用のシステムは以下の通りである。
　①外貨を必要とする国がSDR使用をIMFに通知

② IMFはSDRを引き受ける国を指定
③ SDRは使用国から受入国へ移される
④ 移されたSDRに相当する通貨が受入国から使用国へ支払われる
　通貨はドル、ポンド(今日ではユーロも含まれる)のいずれかである。

　SDRは、使用する国にとっては、「通貨提供請求権」、通貨を提供する国にとっては「通貨提供義務」(SDR受領義務)である。
　SDRの価値は、当初は1オンス=35SDR=1米ドルとされたが、1974年6月以降、標準バスケット方式によって計算されるようになり、1981年以後、5通貨を加重平均することにより決定されることになった(ユーロ登場後は4通貨となった)。構成通貨や構成比は5年ごとに見直される。2011年1月より、ドル41.9％、ユーロ37.4％、円9.4％、ポンド11.3％となっている。なお、今後中国の人民元が第3位のウェイトで構成通貨に加わることになった。また、SDRの保有額に応じて以下のようにSDRの金利受払が行われる。

　SDR保有額＞SDRの配分額→利子を受け取る
　SDR保有額＜SDRの配分額→利子を支払う

表31-2　SDRの価値計算（各国為替相場は仮設例）

	SDRに含まれる各通貨額①	為替相場②	ドル相当額＝①×②
ユーロ	0.4100	1.3629	0.558789
円	18.4000	123.44	0.149060
ポンド	0.0903	2.01430	0.181891
ドル	0.6320	1.0000	0.632000
			1.521740
		US$ 1 = SDR	0.657142
		SDR 1 = US$	1.52174

　現実的にはSDRは、当初想定された国際流動性としての役割をはたしていない。これは、発展途上国はSDRと引き換えにドルなどの国際通貨を受領するケースが多いため、SDRは先進国に偏在しやすく、先進国はSDRを対外決済手段として利用する必要性がなく、SDRの加盟国間の循環がなされにくいため

である。

（2）金プール協定

　戦後1960年になるとロンドン市場にて金価格が上昇するようになり、1オンス＝41ドル程度まで上昇した。金の市場価格とブレトンウッズ体制における公定価格（1オンス＝35ドル）の乖離がみられるようになったのである。1961年10月、ロンドン金市場における金の市場価格を1オンス＝35ドル近辺に維持することを目的とし、欧米8カ国の中央銀行が共同して金準備を拠出しロンドン市場へ供給する金を確保、売買操作を行うことになった。これを**金プール協定**と呼んでいる。

　1966年の年央まで、金プールはネットで金の買い手となり、金プールは成功裡に維持された。しかし、1967年になるとフランスが拠出を拒否し、1967年11月にはポンド切り下げ（2.80→2.40ドル／ポンド、−14.3％）が実施され、金投機が発生した。1968年3月、金プールは解体され、各国は金準備を市場に放出することをやめた。これ以後、金の二重価格が発生することになり、市場価格は自由変動に任せられた。すなわち、公定価格と市場価格（民間取引に使用）の2本が存在することになった。そして、市場価格は公定価格を上回るようになり、ブレトンウッズ体制の基本が揺らぐことになった。

　1970年当時、世界の公的準備総額において、外貨準備（主体はドル）は金を上回るようになった（これ以前には長らく外貨準備＜金であった）。1970年当時、アメリカの金準備は、110億ドルと100億ドルを割り込む寸前まで減少していた。**金とドルの交換性**（兌換）を前提とした固定相場制度維持に強い疑念がもたれるようになり、1970年6月にはカナダが変動相場制へ移行、1971年5月には西ドイツ、オランダが移行した。

6．ニクソン・ショックとスミソニアン合意

（1）ニクソン・ショック　（1971年8月）

　当時のアメリカのニクソン大統領は、1971年8月15日に、新たな経済政策を打ち出した。これは、①**金ドル交換性停止**、②10％の輸入課徴金、③対外援助の削減、というもので、金ドル交換性停止の声明が出されたことにより、ブレ

トンウッズ体制は終焉を迎えることになった。交換性停止とは、海外公的部門が保有するドル資産との見返りの金請求に対して、アメリカがもはや金兌換を行わない、ということである。これは、兌換に応じた場合、アメリカの金準備が枯渇する恐れが現実化したためである。

（2）スミソニアン合意（スミソニアン体制）

1971年12月に、アメリカのワシントンのスミソニアン博物館でG10主要国が集まり、国際通貨制度の立て直しが議論され、合意されたのが**スミソニアン合意**であり、**スミソニアン体制**とも呼ばれた。これにより、①アメリカは、ドルの対金切り下げ（1オンス＝38ドル、1973年にはさらに10％切り下げで42.22ドルとした）、②**多国間通貨調整**（主要国の対ドル中心相場切り上げ）が実施され、固定相場制維持が目指された。為替平価ではなく、中心相場（central rate、セントラル・レート）という用語が使われ、従来1％だった変動幅は中心相場比2.25％に拡大された。この時の通貨調整は以下のようなものだった。円の対ドル切り上げ幅は16.88％となったが、日本側の水田蔵相は15％の切り上げ、アメリカ側のコナリー財務長官は19％の切り上げを主張したと言われ、調整によりこの水準に決着したとみられる。

円：360円 → 308円（＋16.88％）
ポンド：2.40 → 2.6057（＋8.57％）
西独マルク：3.66 → 3.2225（＋13.58％）
仏フラン：5.55 → 5.11（＋8.57％）
伊リラ：625 → 581.5（＋7.48％）

（3）固定相場制か変動相場制かの議論

当時は、今日から見れば固定相場制の終末期にあったが、まだ固定相場制のほうが望ましいという考え方が強く、変動相場制主張者は少数であった。変動相場制主張者の代表はアメリカの経済学者フリードマンで、彼の変動相場制推奨の論拠は以下のようなものだった。

①為替相場が変動することにより、国際収支の不均衡が自動的に調整される

(フリードマンは実質為替相場の変動をゼロとする程度の名目為替相場の変動を想定したが、その後、実際には大幅な実質為替相場の変動をみることになった)
②国内金融・財政政策は為替相場に束縛されることがなくなり、独立性を確保する(政策割当の問題であり、国際均衡にわずらわされず国内均衡のために政策を実施できるというもの)

また、経済学者**マンデル**はマンデル・フレミング・モデルを考案して、それぞれの為替相場制度における政策の有効性を考察したりしていた。

7．フロートの時代へ

スミソニアン合意の固定相場制は長く維持できず、**1973年にかけて主要先進国は変動相場制(フロート)へ移行した**。フロート移行の時期は以下の通りである。

1972年6月：イギリス
1973年2月：アメリカ、ドルを対SDR10％切り下げ
1973年2月：日本とイタリア
1973年3月：西ドイツなどの欧州諸国

1974年のIMF暫定委員会においては、①SDRを主要準備通貨とし、金の役割を軽減、②金の公定価格を廃止し、IMFと加盟国の取引における金の使用を廃止する、ことが合意された。この際に、SDRはバスケット方式による評価法がとられることになった。

さらに、1976年のIMF暫定委員会における**キングストン合意**(1978年発効)により、①価値基準としての金を排除、②為替相場制度の採用は各国の自由とすること、が合意された。これにより、各国通貨の金との関係は絶たれた。

戦後のブレトンウッズ体制下の固定相場制により、各国の為替相場とその適正水準(購買力平価)には大きな乖離が発生していたと考えられ、その後の相場変動は大きなものとなった。国際通貨制度は、**ノンシステム・システム**(システムのないシステム)の時代に入り、各国通貨当局は自国通貨の水準を思う通りにコン

第Ⅱ部　国際金融編

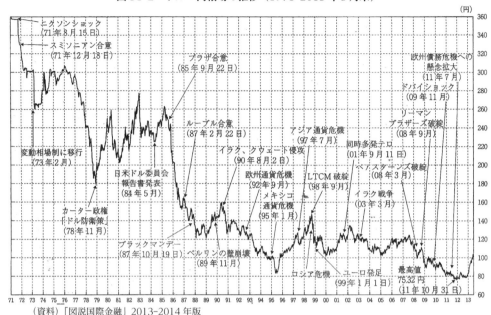

図31-2　ドル・円相場の推移（1971-2013年5月末）

(資料)「図説国際金融」2013-2014年版

トロールすることはできなくなり、為替相場の水準を政策目標とすることは放棄されたのである。国際通貨制度におけるフロート移行は、国内通貨制度における管理通貨制度への移行にたとえられよう。

8．為替相場安定化への対応

　フロートのもとでも為替相場が安定的に推移することは必要であり、これを実現するための対応がとられた。1970年代後半にかけてドルの下落が大きく進展したが、当時のアメリカのカーター政権は、1978年11月にドル防衛策を発表した（表31-3参照）。このなかで、アメリカが外為市場でドル買い介入を実施するための介入資金調達のための手段のひとつとして、いわゆる**カーター・ボンド**と呼ばれる外貨建財務省証券の発行を発表した。1977年当時、アメリカの外貨準備は29百万ドル相当にすぎず、介入資金が不足していたこともあったが、そもそも、アメリカ自身がドル買いの市場介入によりドルを支えること自体が異例であり、市場にアメリカのドル防衛が本腰であるという印象を与えた。上限は

表 31-3　カーター政権のドル防衛策（1978 年 11 月 1 日発表）

（金融引締め措置）
　1．公定歩合を 8.5% から 9.5% へ引上げ。
　2．10 万ドル以上の大口定期預金に対する準備率の 2% 引上げ。
（介入のための外貨資金調達）
　1．西ドイツ、日本、スイスの各中銀とのスワップ枠を 76 億ドル増枠して 150 億ドルとする。
　　（西ドイツ＋20 億ドル、日本＋30 億ドル、スイス＋26 億ドル）
　2．IMF のリザーブ・トランシュより 30 億ドル相当引出し。
　3．SDR を 20 億ドル売却。
　4．財務省による金売却量を月間 150 万オンスに拡大。
　5．外貨建財務省証券（いわゆるカーター・ボンド）を 100 億ドルを上限として発行。

（資料）東京銀行月報 1988 年 8 月号

100 億ドル相当とされ、実際に西独マルクで 52 億ドル相当、スイス・フラン建で 12 億ドル相当が発行された。1978 年から 1979 年の 2 年間、アメリカのドル買い介入は各年 100 億ドルを超え、1980 年にも 47 億ドルとなった。結果的には、1979 年以降ドル安はやみ、第 2 次石油ショックによる**スタグフレーション**を乗り切ったレーガン政権のもとでドル高局面が現われることになった。

　EC においては、第 32 章で詳しく述べるように、1970 年代のスネークを経て 1980 年代には EMS（欧州通貨制度）が創設され、やがて 1987 年から 1992 年にかけては安定を実現した。

　フロート移行後、G5 あるいは G7 の協調体制の進展がみられた。望ましい為替相場水準へのコメント、共同声明、協調介入等が実施されるようになった。ドル高是正のための 1985 年 9 月の**プラザ合意**や、ドル安阻止のための 1987 年 2 月の**ルーブル合意**は、その代表的な例であり、共同声明と協調介入が同時に実施された。もちろん、これらは、必ずしも所期の目的を常に実現したわけではない。

　先進国のフロートは、1970 年代から今日まで 50 年近くにわたって続いているが、これに代わる有力な制度は通貨統合以外には現われていない。フロート以後何が起こったかを考えると、大幅な為替相場の変動にもかかわらず世界貿易は急速に拡大し、国際的な資本移動は、規制ではなく撤廃の方向へ進んだ。そして外国為替市場の取引は世界貿易をはるかに上回る規模で増加してきた。この意味では、フロート移行は、世界経済の発展にマイナスの影響を与えているわけではな

いことは確かである。

20世紀においては、金を中核とする通貨制度から、金を用いない通貨制度への転換が、国内経済においても国際通貨制度においても発生した。この背景には、①金の役割の縮小（国内・世界経済ともに拡大し、通貨制度において金だけでは対応できなくなった）、②国際均衡から国内均衡を重視する経済政策への転換、③制度管理面で、より効率的な制度への移行（フロートのほうが金本位制よりも管理コストは小さい、世界は合理的な方向に進む）、④固定制度から変動制度を許容する価値観への転換（一定のインフレ・フロートの容認）があげられる。

9．本位制への復帰の可能性

2010年時点での世界の公的準備は、以下の通りであった。

```
世界の公的準備   ＝ 62,942 億 SDR    （100%）
金を除く公的準備  ＝ 62,598 億 SDR    （99.4%）
SDR            ＝ 2,040 億 SDR     （3.2%）
リザーブポジション ＝ 488 億 SDR       （0.8%）
外貨準備        ＝ 60,119 億 SDR ＝ 62,942 億ドル  （95.5%）
金             ＝ 9.8169 億トロイオンス（＝ 344 億 SDR）  （0.5%）
               （2010年時点、1SDR ＝ 1.54205 ドル）
```

金は公的準備の0.5%を占めるにすぎず、外貨準備がそのほとんどを占めている。世界の金保有量は当時約9.5億トロイオンスであり、当時の金価格（1オンス＝870ドル）で評価すると、全体では8,300億ドル程度となる。世界貿易（＝世界輸出）は15兆ドルを超えており、金保有額の15倍超であり、さらに世界の外国為替市場の取引高は、2010年当時1営業日当たり約4兆ドルであったから、年間では1,200兆ドルほどになると考えられる。概算ではあるが、これらの事実を考えれば、かつてのような何らかの本位貨幣（例えば金）を制度の中心におく国際通貨制度は到底考えられなくなっている。

第32章
欧州の通貨制度

戦後のブレトンウッズ体制崩壊後、欧州(EC)の通貨制度は、通貨統合が実現されるまで、アメリカや日本とは異なる独自の道を歩んだ。ここでは、ユーロ以前の通貨制度について述べる。

1. スネークから共同フロート

ブレトンウッズ体制の為替変動幅は、IMF平価の上下1％であったが、スミソニアン合意(1971年12月)において、変動幅は2.25％へ拡大された。この際、EC6カ国(西独、仏、伊、ベネルクス3カ国)は、1972年4月に、**スネーク**(snake)と呼ばれる為替相場制度を採用した。これは、6カ国以外の通貨に対する変動幅をスミソニアン合意に沿った上下2.25％とするものの、6カ国の通貨間では上下1.125％とスミソニアン合意の半分の変動幅におさえるというものだった。これは、「**トンネルの中のヘビ**」と呼ばれ、6カ国通貨相互に変動幅の上下限の為替相場を設定する**パリティ・グリッド方式**(parity grid、後述)が採用された。

しかし、スミソアニアン合意の固定相場を維持することは困難となり、1973年3月にスネーク通貨はドルに対してフロートし、**共同フロート**と呼ばれた。スネーク内では1.125％に許容変動幅をおさえたことから、「**トンネルを出たヘビ**」と呼ばれた。1974年1月になると、フランスがスネークを離脱し、マルク圏の通貨がスネークを維持するだけとなり、ミニ・スネークと呼ばれた。仏フラン・伊リラおよび英ポンドは単独フロートすることになった。

2. 欧州通貨制度 (EMS)

スネークは失敗に終わったが、その後、1978年に西ドイツのシュミット首相

が**欧州通貨制度**(European Monetary System)創設を提案し、1979年3月発足した。当初は8カ国7通貨(西独・仏・イタリア、ベネルクス3カ国、アイルランド、デンマーク)が参加した。

(1) EMSの特徴

EMSは、基本的には固定相場制度を目指したが、固定化するものの調整を許容する為替相場制度(fixed but adjustable)として発足した。スネークをより強化した制度であり、実質的には西独マルクが**アンカー通貨**(中心通貨)としての役割を担った。

(2) EMSの制度

① ECU(欧州通貨単位)

ECU(欧州通貨単位、European Currency Unit)が創設された。ECUはバスケット通貨として創設され、構成する通貨のウェイトは、5年毎に、あるいはある通貨のウェイトが25%以上変動した場合に見直された(表32-1参照)。なお、ECUバスケットのウェイトは1993年以後凍結された。

ECUについては、その後公的ECU、民間ECUという使い分けが行われた。

表32-1 ECUの価値の計算(1986年6月当時)

通貨	ウェイト(%)	① 構成額	② 対ドル価値	①×②
西ドイツ・マルク	33.4	0.719	45.06	32.40
イギリス・ポンド	13.8	0.0878	151.58	13.31
フランス・フラン	19.1	1.31	14.14	19.52
イタリア・リラ	9.5	140.00	0.0657	9.20
オランダ・ギルダー	10.6	0.256	40.04	10.25
ベルギー・フラン	8.5	3.71	2.206	8.18
ルクセンブルク・フラン	0.3	0.14	2.206	0.31
デンマーク・クローネ	2.7	0.219	12.16	2.66
アイルランド・ポンド	1.2	0.00871	136.30	1.19
ギリシャ・ドラクマ	0.9	1.15	0.711	0.82
	100.0			96.84
			ECU1 = US$ $\frac{①×②}{100}$	0.9684

民間 ECU とは、計算単位として使われるだけの ECU であるのに対して、公的 ECU とは、EMS 参加国が保有している金とドル準備の 20％を欧州通貨協力基金 (EMCF)[注]へ預託し、それと見返りに受け取る資金的裏付けのある ECU を意味した。(具体的には、3 カ月ごとに金・ドルと ECU の 3 カ月スワップが繰り返された。

注) EMCF：European Monetary Cooperation Fund (1979 年創設)、フランス語では FECOM

②**為替相場メカニズム**(**ERM**、Exchange Rate Mechanism)

参加国通貨は、ECU 基準相場を決定のうえ参加国通貨それぞれに基準相場を決定し、変動幅を上下 2.25％に維持する義務を負った。したがって、参加国通貨は、対 ECU、対参加国通貨に対して、基準相場および変動を許容される上下限相場を設定することになり、表にすると格子のようであることから、**パリティ・グリッド**(parity grid)と呼ばれた(表 32-2 参照)。なお、許容変動幅は基本的に 2.25％だが、その後参加国よっては、より大きな変動幅(例えば 6.0％)を認めた。実際には西独マルクがアンカー通貨(中心通貨)となり、参加国は西独マルクへの安定の維持を主眼と、事実上西独マルクへの基準相場を決定することになった。

基準相場を維持するために市場介入が義務付けられた。介入方式は、**予防的介入**(基準相場から一定程度乖離した場合に介入)と**無制限介入**(許容変動幅の上下限に至った場合の介入)に分かれ、実施が義務付けられた。

ERM は、参加国通貨間における固定相場制度であり、EMS 以外の通貨(ドルや円)に対しては、スネークと同様にフロートした。

③**信用制度**

市場介入を実施する際の介入資金の融通について、超短期、短期、長期の 3 種類の信用制度が創設された。

3．EMS の推移

(1) 1980 年代まで

EMS は、基準相場が維持できなくなった場合、その通貨間で再調整を実施、

第Ⅱ部 国際金融編

表32-2 ERM参加国諸通貨相互間の基準相場と上下限相場

(1995年3月当時)

	ECU1=		BEF/LUF.100=	DKK.100=	DEM.100=	ESP.100=	FRF.100=	IEP.100=	NLG.100=	ATS.100=	PTE.100=
BELGIUM/LUXEMBOURG: BEF/LUF.	39.396	上限 中心 下限		627.88 540.723 465.665	2395.2 2062.55 1776.2	28.1525 24.2447 20.8795	714.03 614.977 529.66	57.7445 49.7289 42.826	2125.6 1830.54 1576.45	340.42 293.163 252.47	23.3645 20.1214 17.3285
DENMARK: DKK.	7.2858	上限 中心 下限	21.4747 18.4938 15.9266		442.968 381.443 328.461	5.2064 4.48376 3.8614	132.066 113.732 97.943	10.6792 9.19676 7.92014	393.105 338.537 291.544	62.9561 54.217 46.691	4.321 3.72119 3.2046
GERMANY: DEM.	1.91007	上限 中心 下限	5.63 4.84837 4.175	30.445 26.2162 22.575		1.365 1.17548 1.0123	34.625 29.8164 25.675	2.8 2.41105 2.076	103.058 88.7526 76.4326	16.505 14.2136 12.241	1.1328 0.975581 0.8401
SPAIN: ESP.	162.493	上限 中心 下限	478.944 412.461 355.206	2589.8 2230.27 1920.7	9878.5 8507.18 7326		2945.4 2536.54 2184.4	238.175 205.113 176.641	8767.3 7550.3 6502.2	1404.1 1209.18 1041.3	96.367 82.9927 71.469
FRANCE: FRF.	6.40608	上限 中心 下限	18.88 16.2608 14.005	102.1 87.9257 75.72	389.48 335.386 288.81	4.5778 3.94237 3.3951		9.3895 8.08631 6.964	345.65 297.661 256.35	55.3545 47.6706 41.0533	3.7992 3.27188 2.8177
IRELAND: IEP.	0.792214	上限 中心 下限	2.33503 2.0109 1.73176	12.6261 10.8734 9.36403	48.1696 41.4757 35.7143	0.56612 0.487537 0.4.9859	14.3599 12.3666 10.65		42.7439 36.8105 31.7007	6.84544 5.89521 5.07688	0.469841 0.40462 0.348453
NETHER-LANDS: NLG.	2.15214	上限 中心 下限	6.3434 5.46286 4.70454	34.3002 29.5389 25.4385	130.834 112.673 97.0325	1.53793 1.32445 1.1408	39.0091 33.5953 28.9381	3.1545 2.71662 2.339.2		18.5963 16.0149 13.7918	1.27637 1.0992 0.946611
AUSTRIA: ATS.	13.4383	上限 中心 下限	39.6089 34.1107 29.3757	214.174 184.444 158.841	816.927 703.55 605.877	9.60338 8.27008 7.122	243.588 209.773 180.654	19.6971 16.9629 14.6082	725.065 624.417 537.74		7.97 6.86356 5.91086
PORTUGAL: PTE.	195.792	上限 中心 下限	577.09 496.984 428	3120.5 2687.31 2314.3	11903.3 10250.5 8827.7	139.92 120.493 103.77	3549 3056.35 2632.1	286.983 247.145 212.838	10564 9097.55 7834.7	1691.8 1456.97 1254.7	
GREECE: GRD.	292.867										
ITALY: ITL.	2106.15										
UNITED KINGDOM: GBP.	0.788652										

(注) 1. ルクセンブルグ・フランとベルギー・フランは等価。
2. 変動幅は基準相場から上下各15%。ただし、ドイツ・マルク、オランダ・ギルダー間は2国間取決めにより、93年8月までの連動(上下各2.25%)を維持する。
93年8月までの変動幅は下記のとおり。
・DM.(NLG.100=):上限 90.77   下限 86.77
・NLG.(DM.100=):上限 115.235 下限 110.1674

(資料)東京銀行(当時)

新たな基準相場を設定し、それを維持するという制度だった。EMS創設後、欧州の為替相場は安定化したわけではなく、1987年までに11回の基準相場の再調整が発生し、特に1983年には全面調整が行われた。全面調整とは参加国通貨すべての基準相場の再調整を意味する。この間、西独マルクとオランダ・ギルダーはほぼリンクし、マルク・ギルダーグループと仏フラン・伊リラなどとの調整が主となり、マルクの切り上げ、フランやリラの切り下げという展開になった。対ECU基準相場でみると、マルクは上昇傾向、フランやリラは下落傾向となった。これは、西ドイツとフランス・イタリアの経済パフォーマンス（インフレ率など）の格差を反映したものだった。

しかし、1987年から1992年までは再調整は一度も発生せず安定が続いた。この間、参加国は西ドイツの金融政策に歩調を合わせ追随するようになった。さらに、制度安定を背景に、1989年6月にはスペイン、1990年10月にはイギリス、1992年4月にはポルトガルがERMに参加していった。

（2）欧州通貨危機

1987年からおよそ5年にわたって、EMSは再調整を行うことなく安定を維持したが、いわゆる**欧州通貨危機**が1992年9月に発生した。通貨危機は、ERMには参加せずECUにリンクして為替相場を固定していた北欧通貨への投機から始まり、結果的には、北欧3通貨はECUリンクからフロートへ、ポンドとリラは一時フロートへ、スペイン・ペセタとポルトガル・エスクードは切り下げが行われた。

1993年に入っても不安定な状況が続き、アイルランド、スペイン、ポルトガルの各通貨が切り下げとなった。1993年8月にERMの許容変動幅を一挙に**15％に拡大**（ワイダーバンド）することにより、ようやく欧州通貨は安定を取り戻した。ただし、ポンドはその後もフロートを続け、現在に至っている。

この背景には、①1990年のドイツ再統一後の高金利と欧州の景気低迷、②マーストリヒト条約批准問題（デンマーク否決など）、③マーストリヒト条約のEMU合意により、各国が切り下げに消極的な姿勢となり、基準相場調整の柔軟性が失われ、投機筋に投機の機会を与えた、などといった点が指摘された。

欧州通貨はワイダーバンドのERMのもとで安定推移し、1999年に共通通貨ユーロを導入することになった。

（補足）ドイツ再統一時の通貨統合について

　1989年11月のベルリンの壁崩壊後、東西ドイツの通貨統合は1990年7月に、ドイツ再統一は1990年10月に実現された。当時、東独産業の生産性は西独の4割程度と劣後しており、東独国民の購買力維持か東独産業の競争力維持かの政策的ジレンマが存在した。通貨統合においては、インフレ圧力の排除を重視するとともに、東独国民の購買力維持が重視された。

　通貨統合は以下のように行われた。

　　交換比率：①フロー部分（賃金）→ 1：1
　　（東独国民の購買力確保には有利だったが、東独産業にはダメージを与えた）
　　　　②ストック部分（金融資産）
　　　　　　個人金融資産：39％の部分→ 1：1
　　　　　　　　　　　　　61％の部分→ 2：1
　　　　　　　　　平均交換比率は1.44：1
　　　　　　法人・政府部門預金→ 2：1
　　　　　　総合計→ 1.81：1
　　　　　（4,466億東独マルクは2,460億西独マルクとなった）

　この通貨統合により、旧東独産業の崩壊が進み失業者が増大した。これを救済するための旧西独からの所得移転は、1991～1995年の間に6,260億マルクにのぼった。再統一に伴って発生した特需は92年前半には終わり、景気後退と財政赤字拡大が現実となった。しかし、インフレを懸念したドイツの金融引締は92年半ばまで続き、欧州全体の景気低迷を長引かせ、欧州通貨危機の発端となった。ドイツは1992年9月の通貨危機発生後にようやく金融緩和に転じた。

　旧東独と旧西独の格差（旧東独／旧西独）は、賃金で91年45％→94年67％、生産性は91年30％→94年35％と改善されたが、旧東独の雇用は、この間に3分の1に減少し、失業率は、1994年には統一ドイツ全体で9.2％、旧西独8.2％、旧東独13.5％と格差が発生した。

第33章

欧州通貨統合（EMU）

1．最適通貨圏の理論

　共通通貨の導入は、21世紀の国際通貨制度における画期的なできごとである。
　本章では、欧州の通貨統合の推移について述べるが、1960年代にマンデル、マッキノン、ケネンによって行われた最適通貨圏の議論は、通貨統合問題を先見的に考察したものとされているので、まず、そこから説明する。

（1）最適通貨圏
　最適通貨圏(optimum currency area)とは、ひとつの通貨を流通させることが適当な経済地域を言う。最適通貨圏は、国境によって区分されない概念である。言い換えると、国境をまたがっても共通通貨を流通させることが合理性をもつ経済地域のことであり、経済的な側面からの最適性を議論している。
　最適通貨圏に含まれる複数の経済については、同質性が重要であり、最適通貨圏内では、共通通貨ないしは固定相場制を採用し、最適通貨圏とそれ以外の地域間では変動相場制を採用するのが最適な通貨制度であるとする。

（2）最適通貨圏の条件
最適通貨圏の形成がふさわしくなる条件は、以下のようなものである。
①一定の経済規模
　最適通貨圏には一定の規模が必要である。通貨地域が小さく、通貨圏が多くなると不都合が生じる（これは通貨統合前の欧州を想定すればよい）。
　すなわち、以下のような問題がある。
　　イ．通貨機能の有効性
　　　計算単位・支払い手段・価値保蔵手段は、通貨が流通する範囲が広いほど有効に発揮される。通貨地域が狭いと、通貨の有用性は低下する。

ロ．取引量が小さいと投機が起こりやすい。

ハ．通貨地域が狭いと輸入依存度が高くなり、通貨変動が国内物価に与える影響が大きくなる。

②生産要素の流動性（factor mobility）

地域間の移動制限があると共通通貨は困難であり、流動性が高いことが必要になる。

③経済の開放性

国内総生産＝貿易財＋非貿易財、とした場合、経済の開放度＝貿易財÷国内総生産、であり、この比率が高ければ経済の開放度が高いと考える。開放度の高い経済においては、為替相場の変動は対外収支の調整手段としては適当とはいえなくなる。これは、非貿易財の価格にまで大きな影響を与えるためで、共通通貨が望ましい（これは欧州諸国にあてはまる）。逆に、開放度の低い経済においては、フロートのほうが望ましい。アメリカや日本は開放度の低い経済に該当し、両国の貿易額は非常に大きいが、GDP自体が大きいため、欧州の中小国に比べ開放度は低くなる。

④経済の多様性

多くの産業が存在し、経済の多様性が進んだ経済では交易条件を頻繁に変更する必要がない。すなわち、個々の製品の需要が変化しても全体の需要が相対的には安定しているため。また、ある生産物の需要減少により失業が発生しても全体的な失業増に直結しにくい。したがって、交易条件を変化させること、すなわち、為替相場の変更を頻繁に行う必要がなく、共通通貨が適する。

⑤金融的統合

金融市場の発展と統合、資本移動の自由が進んでいれば、地域間の収支調整機能が円滑に機能する。

（3）最適通貨圏参加のベネフィットとコスト

ある経済が最適通貨圏に参加することのベネフィットとコストは、以下のようなものになる。

ベネフィット（便益）

①通貨機能の有効性の増大

②為替投機の排除
　③外貨準備の節約
　④金融政策の安定化(一元的な金融政策が実施される)
　⑤財政政策の協調の促進
　　(独自に切り下げなどの為替相場政策をとることはできなくなり、財政政策を強調する必要性に迫られていく)
コスト(費用)
　①金融政策の独立性の放棄(各国が独自に金融施策をおこなうことはできなくなる)
　②財政政策の独立性(主権)の制限(ベネフィットの⑤に対応する)
　③為替レート調整による対外不均衡調整機能の放棄(国内経済の貯蓄・投資バランスを変化させる財政政策が必要となる)

2．欧州の通貨統合（EMU）

(1)ウェルナー報告

　欧州の通貨統合は EMU（Economic and Monetary Union)と呼ばれた。単なる通貨の統合ではなく、経済と通貨の統合という意味である。欧州の通貨統合のスタートはどこからとみるかはいろいろ見解があるが、具体的には、1969年に西独のシュミット首相が EMU 構想を提唱した時期に求められる。これに基づき、ウェルナー委員会が立ち上げられ、1970年10月に**ウェルナー報告**が提出された(ウェルナーは当時のルクセンブルグ首相)。

　ウェルナー報告は以下のように通貨統合を構想した。しかし、この構想は、1970年初頭のフロート移行の混乱により放置されることになった。

　①1971年から10年間で域内為替相場変動幅をゼロとする
　②資本移動の完全自由化と金融市場の統合を実現
　③10年間を三段階に分ける三段階アプローチをとる

（2）市場統合の推進とドロール報告

ECにおいては、1980年代に入って**市場統合**の気運が高まっていった。これは、1970年代の石油ショックやフロート移行にともなう混乱により、欧州経済が日米経済に比べ低迷しているという認識のもとで、低迷から脱していくために統合強化が必要と考えられたのである。

1985年の**域内市場白書**では、市場統合を実現するために撤廃すべき300項目以上の残存障壁を特定し、撤廃を推進していくことになった。障壁は、物理的障壁、技術的障壁、財政的障壁（税制の調和）に分類された。1986年に合意された**単一欧州議定書**では、1992年末までに市場統合を実現することがうたわれた。

ドロール報告は、このような気運のもとで、通貨統合について当時のEC委員長であったドロールが中心になってとりまとめたもので、1989年4月に提出された。ドロール報告は、ウェルナー報告を下敷きとして、経済同盟と通貨同盟の不可分性を重視し、以下のような三段階アプローチを想定した。

第一段階：経済収斂、資本移動の自由化
　　　　　全通貨のERM参加（1990年7月より）
第二段階：欧州中央銀行制度（ESCB）設立（1994年1月より）
　　　　　各国通貨の変動幅を縮小
第三段階：永久的な固定相場を採用し、単一通貨へ移行
　　　　　ESCBによる一元的な通貨・金融政策の実施

（3）マーストリヒト条約（欧州連合条約）

通貨統合にとって画期的な段階を迎えたのは、**マーストリヒト条約（欧州連合条約**、Treaty on European Union）である。1991年12月にオランダのマーストリヒトで合意され、1992年7月に調印、加盟国で批准の国民投票が実施され、ドイツの批准を最後に終えた後、1993年11月に発効した。この条約成立後、ECはEU（European Union）に呼称を変えた。

マーストリヒト条約は、ECの基本法であるローマ条約を基本的に見直した、重要な条約である。ドイツのコール首相とフランスのミッテラン大統領の協調のもとに、通貨統合の合意も形成され、以下のように具体的な内容が条約に盛り込まれた（表33-1参照）。

① 早ければ1997年、遅くとも1999年に通貨統合を実現する
② **経済収斂条件**の導入（表33-2 参照）
③ EMU第二段階（すべての通貨のERM参加）は1994年1月より開始し、ECUバスケットを凍結する
④ 欧州中央銀行制度の準備機関となる欧州通貨機構(EMI)の設立

表33-1　EMUおよび導入スケジュール

マーストリヒト条約の基本合意（1992年、太枠内）

①EMU第1段階（1990年7月より） ・域内資本移動の自由化
②EMU第2段階（1994年1月より） ・欧州通貨機構（EMI）の設置 ・通貨統合参加国の決定 ・欧州中央銀行（ECB）の設置 ・ユーロ紙幣、コインの生産開始
③EMU第3段階（1999年1月より） ・ユーロの導入 ・参加国通貨とユーロの交換レートを不可逆的に固定 ・ESCBによる一元的金融政策の開始
フェーズ3 遅くとも2002年1月1日 ・ユーロ紙幣・コインの流通および各国紙幣・コインの回収開始 遅くとも2002年7月1日 ・ユーロへの移行終了。各国通貨、法定通貨としての地位を失う

（資料）EMI "Annual Report"(1996年)等より作成

　通貨統合の合意はマーストリヒト条約で一気に進展したが、政治的な背景としては、当時統一ドイツが形成されており、フランスはドイツの強大化に警戒感を持ち、欧州の経済・金融で主導権を持つドイツの力を抑制するとともに、欧州の協調を図るという観点から通貨統合の合意を急いだという側面があった。ドイツも統一ドイツが欧州で受け入れられていく必要があり、協調が必要だったという側面がある。

　アメリカの経済学者**フェルドシュタイン**は、通貨統合は経済的合理性よりも政治的必要性からなされている、と批判的コメントを書いた。すなわち、フロート

のもとでも世界貿易は拡大を続け、欧州も発展してきており、経済合理性の観点からは、必ずしも通貨統合は必要ではなく、欧州が通貨統合を急ぐのは政治的必要性からだ、という見方だった。

その後のEUにおいては、ドイツ統一後の高金利により欧州の景気低迷が続き、マーストヒリト条約批准のための国民投票ではデンマークが否決、注目されたフランスでは僅差での可決となった。1992年秋に欧州通貨危機が発生し、1993年のERMのワイダーバンド化でようやく安定を回復した。以後、ユーロ導入までERMは安定を維持し、経済収斂は進展した。

欧州中央銀行制度(ESCB：European System of Central Banks)は、EU加盟国の中央銀行で構成され、**欧州中央銀行(ECB**：European Central Bank)は1998年6月に、ドイツのフランクフルトに設立された。政策理事会は各国中央銀行総裁から構成され、初代総裁にはオランダのドイセンベルクが就任した。

なお、同時期に欧州復興開発銀行(EBRD)がロンドンに設立されている。

(4)経済収斂条件

マーストリヒト条約においては、通貨統合に参加するための条件として、表32-2のような**経済収斂条件**(convergence criteria)が盛り込まれた。参加国の経済を共通通貨導入前の段階でできるだけ収斂させ、通貨統合を成功させることが目的であった。ただし、ユーロ導入時においては、条件が厳密に適応されたわけではなかった。

表33-2 経済収斂達成規準

項目	使用される指標・評価基準
①物価の安定	消費者物価指数。判定に先立つ12か月の上昇率が、上昇率の最も低い3か国の平均＋1.5％以内に収まっていること
②長期金利の安定	長期国債金利。判定に先立つ12カ月の平均上昇率が、物価上昇率の最も低い3か国の平均金利＋2％以内に収まっていること
③為替相場の安定	少なくとも、判定時に先立つ2年間、 ・厳しい緊張状態になく、ERM（為替相場メカニズム）の通常の変動幅に収まっていること ・他のどの加盟国の通貨に対しても切り下げられていないこと。
④政府財政の節度維持	政府（中央政府、地方政府、社会保障基金）の財政赤字が名目GDPの3％以内に収まっていること
⑤政府財政の節度維持	政府債務残高が名目GDPの60％以内に収まっていること

(資料)"Treaty on European Union"等より作成

3．ユーロの導入

共通通貨の名称については、当初 ECU が有力候補だったが、最終的にはドイツの主張(ECU はフランス語にあるため)でユーロとなった。各国通貨のユーロへの換算相場の決定については、当時の対 ECU 基準相場が最終的に採用された(表 33-3 参照)。ユーロ導入時には、各通貨との並行期間が設定され、この期間においては「強制せず、禁止せず」の原則が適用された。これは、ユーロの使用を強制せず、各国通貨の使用を禁止せず、という意味である。

1999 年 1 月にユーロは 11 カ国に導入された。並行期間において、ユーロは記帳通貨・計算通貨として用いられ、紙幣・硬貨の流通は行われなかった。2001 年 1 月 4 日にユーロの紙幣・硬貨の流通が開始され、各国通貨と置き換えられていった。同 1 月にギリシャがユーロを導入し、同年 2 月 28 日に各国通貨とユーロの併用期間が終了した。2015 年時点では 19 カ国がユーロを導入しており、ユーロが使用されている地域は、**ユーロ圏**と呼ばれている。

ユーロをあらたに導入するには、**ERM II** に従うことが条件である。ERM II は、ERM に代わって 1999 年から導入されており、ユーロ導入希望国は、ユーロに対して自国通貨の中心相場を決定し、導入前 2 年間は中心相場比上下 15% 以内に安定させる義務を負う。

イギリス、デンマーク、スウェーデンは**参加留保権**を持ち、国民投票により導入が可決されれば導入できる。イギリス、スウェーデンは欧州通貨危機以後フロートしており、デンマークは国民投票でマーストリヒト条約を批准できなかった経緯を持つ。なお、デンマークは参加留保権を持つが、ERM II を導入している。

4．国際通貨としてのユーロ

ユーロは、旧通貨(独マルクや仏フラン)以上に国際通貨として機能しているとみられる。世界の外貨準備においてはドルに次ぐ地位にある。貿易決済通貨としては、ユーロ圏内および隣接地域ではユーロが使われており、ユーロ圏からユーロ圏外への輸出においてはドルと並ぶ地位にあり、輸入についてはドルを多々下回る程度である。起債通貨としてもドルに次いでいる。国際貸出・国際預金にお

いても2割程度はユーロ建となっている。外国為替市場の取引高はドルに次ぎ、円やポンドを引き離している。ユーロ圏のGDPの規模からみて、今日世界はドル圏とユーロ圏という2大通貨圏からなる、と言えるが、グローバルなレベルでみれば、ドルが依然、国際通貨として主要な役割をはたしている。

表33-3　ユーロと参加国通貨の固定交換レート

```
EUR 1=DEM1.95583    (ドイツ・マルク)
    =BEF40.3399     (ベルギー・フラン)
    =ESP166.386     (スペイン・ペセタ)
    =FRF6.55957     (フランス・フラン)
    =NLG2.20371     (オランダ・ギルダー)
    =ATS13.7603     (オーストリア・シリング)
    =PTE200.482     (ポルトガル・エスクード)
    =ITL1936.27     (イタリア・リラ)
    =IEP0.787564    (アイルランド・ポンド)
    =FIM5.94573     (フィンランド・マルカ)
なお、ルクセンブルグ・フランはベルギー・フランと等価
```

第33章 欧州通貨統合（EMU）

図33-1 円の対ドル・対ユーロ為替レートの推移

(注) 対ドルはインターバンク相場(東京市場)スポット・レート、対ユーロは対ドルの円レートとユーロ・レートから算出
(資料) IMF, Principal Global Indicators (PGI)

（資料）同上（出所）社会実情データ図録HPより編集

第34章

世界の為替相場制度

1．IMFによる為替相場制度の分類

　今日世界では国によってさまざまな**為替相場制度**(exchange rate arrangement)がとられている。IMFは、加盟国の為替相場制度のサーベイランスを行う立場にある。その2014年年次報告では、以下のように為替相場制度を分類している。数字は制度を採用している国の数である。なお、IMFの分類自体も、実態に合わせてたびたび改訂されている。

(1)ハード・ペッグ (hard pegs)

　ペッグ(peg)とはそもそもは止め釘の意で、通貨を釘付けにする(固定する)ことで、**固定為替相場制度**を意味する。ペッグ制度は、ハード・ペッグとソフト・ペッグに分類されている。

　①**外貨が法貨として流通する為替相場制度**(no separate legal tender)：13カ国
　自国の法貨を持たず、外国通貨が唯一の法貨として流通するケースで、ドル化したパナマ、エクアドル、エルサルバドル、ユーロ化したモンテネグロなどが該当する。
　②**カレンシー・ボード**(currency board)：12カ国
　国内通貨は外貨建て準備資産によって裏付けられ発行される。香港ドルは米ドルの、エストニアとリトアニアはユーロのカレンシー・ボードである。

　従来の分類では、通貨統合のケースもハード・ペッグに分類されていた。これには、EMU（ユーロ圏）、WAEMU、CAEMC、ECCUといったケースがある。
　EMU：2014年時点では(3)フロート制の⑩に分類されている。

WAEMU：West African Economic and Monetary Union
　　　　CFAフラン(セーファーフラン)を使用。
　　　　CFAは「アフリカ金融共同体」の略である。
CAEMC：Central African Economic and Monetary Community
　　　　CFAフランを使用。
CFAフランはユーロを基軸通貨としてユーロに固定している。
1ユーロ＝656CFAフランである。WAEMUとCAEMCにおけるCFAフランは、通貨価値は同じだが、相互に流通はできない。いずれも、2014年時点では(2)ソフトペッグの③に分類されている。

ECCU：East Caribbean Currency Union
東カリブ通貨同盟で、東カリブドルを使用しており、2014年時点では②に分類されている。

(2)ソフト・ペッグ(soft pegs)
③従来型のペッグ制(conventional peg)：44カ国
外貨または通貨バスケットに自国通貨を公式的に固定する制度。為替相場は、少なくとも6カ月間、中心相場の上下1％（合計2％）以内に維持されなければならない。
④安定したペッグ制(stabilized arrangement)：21カ国
従来型のペッグ制に類似しているが、為替相場の変動幅は、少なくとも6カ月間、2％以内に維持され、安定が確証されなければならない。
⑤クローリング・ペッグ(crawling peg)：2カ国
指標の変化に応じて一定の率で為替相場が調整される制度。
⑥クローリングに類似した制度(crawl-like arrangement)：15カ国
少なくとも6カ月間、トレンドに対して2％以内に変動をおさえる。中国の人民元はこの分類に属している。
⑦変動幅を持つ固定制(pegged exchange rate with horizontal bands)：1カ国
固定された中心相場に対して上下1％以上の広い変動幅をもつ制度。デンマーク・クローネはERM Ⅱを採用しているが、実際には変動幅が上下1％以内と

なっており、IMFは従来型のペッグ制に分類している。
　⑧その他：18カ国
　フロート制などを含め、他のいずれの制度にも該当しないケース。

（3）フロート制（floating regimes）
　⑨管理フロート（floating）：36カ国
　為替相場は主として市場で決定されるが、市場介入によって変化率をおさえ、過度な変動を避けることがある。
　⑩独立フロート（free floating）：29カ国
　為替相場は主として市場で決定される。市場介入は例外的な場合のみで、6カ月間に最大3回に限られ、各回は3営業日以内、介入データはIMFに開示される。

　なお、前提となる各国の金融政策のフレームワークは、以下のように分類されている。
　　イ．**アンカー通貨**（exchange rate anchor）を設定する国：
　　　米ドル43カ国、ユーロ12カ国、その他（複合指標を含む）20カ国
　　ロ．**マネーサプライ・ターゲット**（monetary aggregate target）：25カ国
　　ハ．**インフレ・ターゲット**（inflation targeting framework）：34カ国
　　ニ．その他（アンカー通貨はなく、金融政策では種々の指標を監視）：43カ国

　イはペッグ制を採用するケースであり、イやロのケースは先進国にはなく、中国は⑥のロに分類される。日本やイギリスは⑩のハに、アメリカやユーロ圏は⑩のニに分類されている。

2．固定相場制か変動相場制（フロート）か

　発展形態からみると、主要国は、固定相場制から変動相場制へと変化してきている。国際収支の発展段階からみると、産業が発展段階で経常収支が赤字の段階では産業の為替相場変動への適応力は小さく、固定相場が望ましい。
　しかし、固定相場が常に望ましいわけではない。そもそも価格は経済情勢に応じて適切な水準にあることが必要であり、それに伴って価格は変化する。通貨の

価格である為替相場についても、その時点で適切な水準に変化していくことが望ましい。

　当初は適切な水準での固定相場制度をとり、国内産業や国際貿易の安定的な拡大を保護するが、経済発展とともに、固定相場は適切な相場水準と一致しない可能性が出てくる。例えば、わが国のブレトンウッズ体制下の1ドル＝360円という固定相場は、わが国経済の発展につれて割安となっていった可能性がある。フロート移行後の、1970年代の円高の急進展はそれを示唆している。

　これに対する対応としては、**固定相場のもとでの相場の小刻み調整や管理フロート**があるが、貿易自由化や資本自由化が進展していくにつれ、小刻み調整や政策管理では対応が難しくなり、フロートへの移行が必然化する。

　経常収支が黒字の段階においてはフロートへ移行するケースが多い。わが国は1970年代に経常収支黒字が定着したが、フロート移行は1973年だった。

　経済政策の自由度からみると、固定相場制よりもフロートが望ましい。なぜなら、固定相場制を維持するために金融政策を適用する必要があり、また、資本移動規制を設ける必要があったりするためである。

　自由化・グローバル化の進展した経済ではフロート、管理貿易・保護政策の行われる経済では固定相場制が適している、という言い方もできる。独立フロートをとっているのは、ほとんどが先進国である。

3．国際金融のトリレンマ

　国際金融のトリレンマ(impossible trinity)とは、オブストフェルトとアラン・テイラーが1998年に指摘したもので、これによれば、**①独立した金融政策**、**②固定相場**(＝為替相場の安定)、**③自由な資本移動**(資本取引に関する規制の撤廃)の3つを同時に達成することは不可能で、同時に実現できるのは3つのうち2つのみである。すなわち、以下のようになる。

　　①を採用→②か③のいずれかは実現できない
　　②を採用(＝固定相場制度)→①か③のいずれかは実現できない
　　③を採用→①か②のいずれかは実現できない

主要先進国は変動相場制を採用しており、①と③を実現、②を犠牲にしている。香港はカレンシー・ボード(固定相場制)を採用しており、②と③を実現、①を犠牲にしている。中国は固定相場制度に近い制度(ソフト・ペッグ)を採用しており、①と②を実現、③を犠牲にしている、という言い方ができる。大きく分類すれば、表34-1のようになる。

表34-1 国際金融のトリレンマ

	自由な資本移動	独立した金融政策	為替相場の安定
変動相場制	○	○	×
固定相場制(注)	○	×	○
資本規制(注)	×	○	○

(注) 固定相場制としては、金本位制、ブレトンウッズ体制、カレンシー・ボード制が含まれる。資本規制は多くの場合、発展途上国のケースである。

エマージング・マーケットは、資本規制のもとで固定為替相場と独立した金融政策を実現してきた。しかし、経済発展により資本規制を緩和する方向に動いた。このため、3つを同時達成することはできず、為替相場の安定が失われたのが1990年代の通貨危機である、ということができる。

4．為替相場政策の例

(1) 中国のケース

中国人民元についてみると、時代によって為替相場政策が大きく変化してきた。

① 1949-1971年：固定相場制

1948年に中国人民銀行(中央銀行)が設立された。朝鮮戦争によりアメリカとの国交が断絶したため、1953年から1972年まで英ポンドに固定した(1ポンド＝10元、1ドル＝2.5元程度)

② 1972-1980年：通貨バスケット制：元高の時代

1970年代に入ってアメリカとの国交が正常化され、中国は12カ国の通貨バスケットに人民元を固定した。1970年代後半には1ドル＝2.0元を割り込む元高に推移した。

③ 1981-1993年：二重相場制

鄧小平により改革・開放路線が推進され、元安政策が進められた。貿易以外

の取引に用いられる公定レートは1ドル5.8元とされ、1ドル＝2元比で、元は約65％下落した。貿易取引に用いられる実勢レート（上海外貨調整センターのレート）は1ドル＝8.7元とされ、同じく元は77％下落した。

④ 1994-1997年：管理フロート（二重レートの是正）

二重相場制の非合理性を改革し、公定レートを実勢レートに統合し1ドル＝8.7元となった。外国為替市場が発足した。

⑤ 1997－2005年：固定相場制（ドル・ペッグ制）

アジア通貨危機により、ドル・ペッグ制を採用し、1ドル＝8.276～8.280元に維持された。中国は2001年にWTO加盟、貿易黒字持続により、人民元切り上げ圧力が強まっていった。

⑥ 2005年以降：通貨バスケット（10通貨、非公表）による管理フロート制

1ドル＝8.11元に切り上げ（+2.1％）が実施された。

通貨バスケットはドルの比重が高く、実質的にドルに連動している。

2007年より前日比許容変動幅を0.3％から0.5％に拡大した。

（IMFの現在の分類では、ソフト・ペッグの一形態となっている）

（2）香港のケース

香港における発券銀行は、20香港ドル以上の紙幣についてHSBC（香港上海銀行）、スタンダードチャータード銀行、中国銀行が発行、10香港ドル紙幣について香港特別行政区政府が発行している。

香港は、1972年4月以前は1ポンド＝14.55香港ドルでポンドにペッグしており、ポンド圏の一員だった。ブレトンウッズ体制崩壊期にポンドがフロートした後、1972年7月に1ドル＝5.65香港ドルで米ドル・ペッグ制を導入、その後1974年11月にフロートへ移行した。

しかし、香港ドルが大幅下落し、1ドル9.6香港ドルにまで達したため、1983年10月に1ドル＝7.8香港ドルの米ドル・ペッグ制（**カレンシー・ボード**）を導入した。発券銀行が香港ドルを発行する際には相応のドルを預託する義務を持ち、2005年5月より目標相場圏制度導入が導入されている。2006年9月頃に、中国人民元は対米ドルで香港ドルと等価（1ドル＝7.8元）となり、現在では人民元＞香港ドルと逆転している。

(3) アルゼンチンのケース

アルゼンチンにおいては、**ハイパーインフレーション**の発生により、以下のようにデノミネーション(デノミとも略称される)が何度も実施され、通貨名称も変更されてきた。

1970年1月 1日　「ペソ・モネダ・ナシオナル」→「ペソ・レイ」
　　　　　　　　3.5ペソ・レイ＝1／100×ペソ・モネダ・ナシオナル
1983年6月 1日　「ペソ・レイ」→「ペソ・アルヘンティーノ」
　　　　　　　　11.5ペソ・アルヘンティーノ＝1／10,000×ペソ・レイ
1985年6月15日　「ペソ・アルヘンティーノ」→「アウストラル」
　　　　　　　　0.85アウストラル＝1／1,000×ペソ・アルヘンティーノ
1992年1月 1日　「アウストラル」→「ペソ」
　　　　　　　　1ペソ＝1／10,000×アウストラル

1992年1月に、アルゼンチンは1ペソ＝1／10,000アウストラルとするデノミを実施し、**カレンシー・ボードを導入し、1ドル＝1ペソに固定した**。国内ではドルとペソが公的に流通し、ペソはドルに兌換できる通貨兌換制がとられた。ドル建て資産は銀行預金の5割、貸出の7割にのぼり、ペソ発行時には必ず見返りとなるドル資産を保有しなければならず、政府の保有するドル残高は公表された。

この通貨制度改革で、アルゼンチン経済は軌道に乗った。しかし、10年が経過した後、2002年1月に再びペソの切り下げが実施され、フロートへ移行した。ペソは1ドル＝3ペソ前後へ下落した。

この背景には、ドルに固定したことにより、当時ドルが堅調推移したことで、ペソも他通貨に対し上昇傾向となり、この結果、やがて国際競争力が悪化し、輸出が伸びず国内景気の低迷につながったことがある。この教訓は、固定相場はいつまでも適切な水準にあるというわけではないということである。

第35章 累積債務問題

　ここ30年間の主な国際金融問題は、為替相場変動や通貨統合といった先進国の関係する問題以外では、1980年代の累積債務問題、1990年代のエマージング・マーケットの通貨危機、21世紀に入ってからは、リーマン・ショック(サブプライム・ローン問題)や欧州のソブリン危機(国家債務問題)があげられる。ここでは、累積債務問題を説明する。

1. 国際シンジケート・ローン

(1) シンジケート・ローン

　シンジケート・ローン(syndicated loan、協調融資)とは、1件の融資を複数の銀行がシンジケート団を組成して融資する融資形態である。国際シンジケート・ローンは1970年代に先進国の民間銀行の有力な融資案件として流行した。借り手は、発展途上国の政府や公的機関など信用の高い借り手であり、**ソブリン・ローン**(sovereign loan)とも呼ばれた。融資期間が長く、金額は大型(10億ドル以上、参加行50行以上の案件もあった)で、無担保融資が多く、金利は、短期のユーロ貸出金利(LIBOR)をベースとし、スプレッドを上乗せして貸し出す変動金利方式が多かった。

　貸手側のメリットは、①借り手が信用リスクの小さな国や公的機関である、②シンジケート団による融資なのでリスクが分散される、③幹事行となれば手数料収入が入る、④一般参加行(participant)としての金融機関にとっては、国際優良融資案件に参加でき、かつ事務負担が小さい、といった点があった。

　借手側のメリットは、①債券発行に比べ、組成が迅速で柔軟な借り入れ条件(期間・金利等)を実現できた、②単一の取引で巨額の資金調達が可能である、③既存の銀行取引の有無にかかわらず低コストの資金調達を実現できる、という点があった。

(2)国際シンジケート・ローンの仕組み

ローン組成のプロセスは以下のようなものであり、やりとりは電信を用いて迅速に行われた。

①借入人はインビテーション(invitation)を送付
　(いくつかの主要銀行にファイナンスの条件を求める)
②借入人はもっとも有利なものを選択、マンデート(mandate)を交付[注1]
③銀行(アレンジャー)はシンジケート団(協調融資団)の組成を行う
④融資契約書の作成(ドキュメンテーション、documentation)
⑤借入人と銀行団の調印式
⑥融資実行(ディスバースメント、disbursement)
⑦ローンの事後管理(返済事務・金利受入など)をエージェントが実施

　主幹事団(lead manager)の組成においては、単独銀行、複数銀行の場合もある。代表主幹事(筆頭幹事)はエージェント(agent)と呼ばれ、通常、マンデートを獲得した銀行が就任し、シンジケーションのとりまとめや融資事務を行う。

　主幹事団は全額引き受けを行うが、もちろん、引き受け能力が必要であり、一流の国際銀行が主幹事団を構成した。金額が大きい場合にはさらに参加銀行をつのり、一般参加行(participant)のシンジケーションが行われる。借り手とシンジケート団の調印式の後、墓碑銘広告(ツームストーン広告)[注2]が行われる。

[注1] マンデートを交付する(マンデートを得る)とは、借入者が主幹事銀行を指名する(主幹事銀行に指名される)ことである。融資契約書はローン・アグリーメントと呼ばれる。シンジケート組成に関わる手数料は、融資総額に対し一定の割合で支払われ、アレンジメント・フィーないしエージェント・フィーと呼ばれる。

[注2] ローン実行後に、借入者、借入金額、借り入れ条件、融資銀行リストを並べて新聞に出す広告で、墓碑銘に似ていることからこう呼ばれる。株式や社債の引受などにおいてもシンジケート団が組まれた場合に行われる。

(3)国際シンジケート・ローン活発化の背景

　国際シンジケート・ローン活発化の背景には、①**オイル・ダラー**の発生とリサイクル、②発展途上国の資金需要、があった。

　①については、石油ショック後、産油国に蓄積された**オイル・ダラー**(オイル・マネー)はユーロ市場で運用され、民間銀行の融資によって発展途上国へ融資された。②については、1970年代以前は、発展途上国向け資金フローは、公的資金が大半だっ

たが、発展途上国はいわゆる**輸入代替政策**(国内産業の保護育成により輸入依存から脱却し輸出を拡大していこうとする政策)のもとに経済発展を進めようとしており、国内の資金不足から対外借り入れへの資金需要が膨らんでいた。石油ショック後、民間銀行の途上国向け融資残高は、1970年当時の36億ドルから1980年1,239億ドル、1990年2,574億ドルと急速に増加した。特に、非産油途上国の対外債務合計でみると、1973年の1,300億ドルから、1980年4,895億ドル、1982年6,552億ドルと急増していた。

　ユーロ市場を通じたソブリン・ローン(国や公的機関への融資)においては、借り手の信用度の高さにより融資が容易に組成され、融資実行が比較的短期間で行われた。先進国有力銀行の融資競争は拡大し、貸出条件、審査・リスク判断は徐々に甘くなっていった。この分野の融資実績(件数や金額)は金融誌によって世界ランキングが公表されていた。当時わが国の主要銀行も積極的に関与し、外国為替専門銀行の東京銀行は専門部署を設置し、1978年と1980年には世界トップの組成実績をあげていた。

2．累積債務問題の発生

　累積債務問題とは、1970年後半に先進国の民間銀行から融資されたラテン・アメリカの中所得国へのシンジケート・ローンが**デフォルト(債務不履行)**ないしそれに近い状況となったものである。1982年8月、メキシコが正式にデフォルト宣言を行った。対外債務は800億ドル超で、うち民間銀行債務は500億ドル(35％米銀、20％弱邦銀)であった。1983年にはブラジル、アルゼンチンがデフォルト宣言を行った。デフォルトまでには至らなかったケースも含め、中南米を中心に、一部の東欧諸国・東アジア諸国を含め、40カ国近い国で債務問題が発生したのである。以後10年くらいにわたって発展途上国向け融資の不良債権化問題が国際金融の懸案事項となった[注]。

　問題の複雑性は、融資案件が多数で、公的融資・民間融資の両方があったこと、融資先が国・公的機関であること、シンジケート・ローンのため関係銀行が多数にのぼったこと、などがあった。当時、融資の3割以上は米銀によるもので、米銀は自己資本の200～300％の貸出を行っていた。

注)　1982年の世界銀行の World Debt Table によれば、
　　　累積債務 7,600億ドル(100％)
　　　　うち中長期債務：5,610億ドル(74％)
　　　　うち民間銀行：3,590億ドル(64％)
　　　　米銀37％、日英各15％、独仏加各8％で全体の90％を占めた。

3．累積債務問題の背景

問題発生の背景には、①借入国(中南米諸国)の経済運営失敗、②アメリカの金融政策の変化、③融資銀行の審査の甘さ、があげられる。

①については、借入国は、輸入代替政策推進のもとで、投資の7割を外資に依存していた。借入資金の管理が十分ではないという問題や節度のない国内投資があり、また、短期借入の比率が増大する傾向があった。過剰投資と過剰消費に加え、一部には政府の不正(不正蓄財等)があり、所期通りの経済発展は実現せず、経常収支(貿易収支)は改善しなかった。

②についてみると、第一次石油ショックの後、1970年代後半には金利が低下し途上国の借入意欲は強まったが、第二次石油ショックによるスタグフレーションのもとで、アメリカは金融引締政策へ大きく転換し、ボルカーFRB議長のもとで高金利政策がとられた。市場金利は上昇し、プライム・レートは1981年には18％台となった。発展途上国向け銀行融資は、ほとんどがLIBOR＋スプレッドの変動金利であったため、借入国の返済負担は急激に高まり、借入国の輸出に対する元利金返済額の比率、**デット・サービス・レシオ**(後述)は悪化した。

③については、貸し手側の銀行をみると、ソブリン・ローンであるがゆえに審査は甘くなっていた。当時は、ソブリン・リスクに関するリスク管理体制は十分ではなかった。

4．累積債務問題への対応

債務問題発生後の対応のプロセスは、国や条件によりケース・バイ・ケースではあったが、一般的に言えば、以下のように展開していった。

①**モラトリアム**(moratorium)：債務の一時的支払猶予
②**リスケジュール**(reschedule)：リスケとも略称され、金利や支払期間など融資条件の変更による債務返済の繰り延べ(つなぎ融資も含む)
③**ニューマネー**：新規資金の供与(IMF・世銀や民間銀行)
④債務国の**経済構造改革**：IMF・世銀の指導による。
⑤**債務削減**：免責債券、債務の株式化(デット・エクィティ・スワップ)等の金融技

　　　　術が用いられた
⑥**債権放棄・損失計上と債務の証券化**：最終的な決着として行われた

（1）流動性対策とリスケジュール

　1982年8月にメキシコがデフォルトを宣言すると、同月に関係する115行の銀行代表がニューヨークに参集した。当初は、短期的な流動性不足と楽観的に認識されたが、その後、問題国は40カ国に拡大し、債務問題は深刻化した。

　IMFの対応は、緊縮的財政政策をコンディショナリティとして流動性支援のための資金サポートを実施する、というものだったが、IMFのコンディショナリティは厳しく、借り入れ国との合意は難しく、融資中断が生じた。

　債権銀行の立場は、以下のようなものだった。
　　イ．IMFの指導に協力する
　　ロ．債務国別に銀行諮問委員会(Bank Advisory Committee)を設置
　　　　短期的には返済猶予、書き換え、つなぎ融資で対応
　　　　長期的にはリスケジュール、ニューマネー供与で対応
　　ハ．債権国政府(特にアメリカ)に協力を求める
　　ニ．二次市場(流通市場)の利用

　その後、IMFの提示した金融・財政の緊縮策で解決するのは困難との声が債務国側から出て、経済構造改革が必要との認識が強まった。

（2）ベーカー・プラン

　ベーカー・プラン(Baker Plan)とは、1985年1月のソウルでのIMF世銀総会でアメリカのベーカー財務長官が提案したもので、以下のように、ニューマネー供与による中長期の成長路線による解決を目指した。

　①債務国：総合的な構造調整政策の実施
　　　　　（市場主義、税制改革、市場開放、自由化の推進）
　②IMFなどの国際金融機関：向こう3年間で270億ドルの融資実行
　③民間銀行：債務国15カ国に向こう3年間で200億ドルの新規融資実行

　ベーカー・プランでは多年度リスケや構造調整融資(IMF)の実行が求められたが、

公的部門の関与が盛り込まれず、民間銀行はニューマネー供与には消極的だった。1986年7月にはメキシコで再び債務危機が発生、1987年2月、ブラジルがモラトリアム宣言を行った。1987年9月にはベーカー・プランの再提案が行われ、**メニュー・アプローチ**による解決が目指された。

メニュー・アプローチには、以下のような対応が含まれた。
①**免責債券**(Exit Bond)：融資債権を市中相場でディスカウントして政府の保証付き債券に肩代わりする手法
②**デット・エクィティ・スワップ**(Debt Equity Swap、DES)：債権を減額したうえで、債務国への直接投資に切り替える手法

デット・エクィティ・スワップとは、債務と株式を交換する取引であり、債務の資本化(debt conversion)とも呼ばれた。累積債務問題における対応としては、債務国が借入金返済のかわりに債権国の企業に株式を発行することを通じて、債務の削減を目指した。

このスキームを仮設例で説明すれば、以下のようなものである。
①債権銀行(米国銀行)はメキシコ政府に100（ドル建）の融資債権を保有
②メキシコ企業が100（ペソ建）の株式を発行
③メキシコ政府が100（ペソ建）の資金をメキシコ企業に供与
④アメリカ企業が株式を取得し、メキシコ企業へ経営参加
⑤アメリカ企業は、株式取得代金60（ドル建）を債権銀行へ支払う
⑥債権銀行は債権100のうち60を回収、40を放棄する
⑦メキシコ政府は対外債務100（ドル建）が消滅する

図35-1は、日産自動車が、1986年に、債権銀行の対メキシコ政府債権(60百万ドル)をシティ・コープの仲介で購入、それをメキシコ政府に転売して受領したペソ建代金を現地子会社日産メヒカーナの増資資金に充当したケースである。このような手法を日米欧の企業が参加していくつかの国で実行した。

もちろん、このような手法で債務全体を処理できるわけではなく、シティ、モルガンなどの有力米銀は引当金積み増しに動き、債権放棄の感触を債務国へ与えることになった。

図35-1 日産自動車が日産メヒカーナの増資にDESを利用したケース
(シティ・コープが仲介)

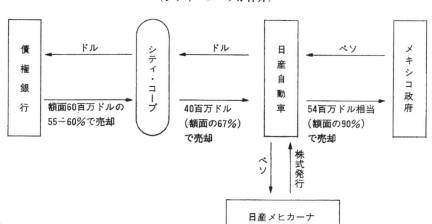

(資料)東京銀行月報1987年9月号

(3)ブレイディ構想

ブレイディ構想(Brady Initiative)とは、ベーカー財務長官を引き継いだブレイディ財務長官が1989年3月に提出したもので、1989年4月に新債務戦略として合意され、債務元本削減に移行することになった。主な内容は以下の通りである。

① IMFの指示に沿った経済調整を行う
②債務国経済の自由化推進(規制緩和や市場主義の採用)
③メニュー・アプローチの推進
④資本逃避への対策実施
⑤債務元本削減

民間銀行に対しては、債務削減、利子の軽減、ニューマネーの供与、さまざまな金融技術を使ったメニュー・アプローチを推奨し、債務国の自助努力を促した。メニュー・アプローチは12カ国で適用されたが、成功は一部にとどまった。元本削減について、削減率は30%台を中心に協議され、米銀は20%を主張したが、二次市場での証券化の50%の中間をとり、35%に決着した。債務の証券化は進んだ。

1989年7月に提出されたメキシコ救済策は、以下の通りである。

① IMF（36億ドル）、世銀(15億ドル)の新規融資
② 債権銀行は債務元本の35%を削減、金利を10.5%から6.25%へ引き下げ、融資残高の25%を限度に新規融資を実行
③ メキシコ政府は債務元本の65%に相当する30年物国債を発行、銀行の債権と変換する(証券化)
④ メキシコ政府は米・日の発行する30年期限のゼロクーポン債を購入し、これをメキシコ政府の担保とする

1990年2月に、メキシコ政府は中長期債務485億ドルを対象として、日米欧の民間銀行と債務削減及び利払い負担軽減に合意した。

なお、累積債務問題を通じて、以下の用語が使われるようになった。ひとつは、**カントリー・リスク**であり、貿易・海外投融資を行う際、相手国の政治・経済・社会情勢の変化により不測の損失を被るリスクを意味し、債務国のデフォルト、内乱・革命、インフレーション、外資規制・為替政策、国有化など、さまざまな要因がある。もうひとつは、**デット・サービス・レシオ**(DSR：Debt Service Ratio)であり、以下のような式となる。外貨を獲得できる輸出に対してどれくらい債務負担があるかを示す指標であり、20%を超えると債務負担が重くなるとみられる。カントリー・リスクの評価基準のひとつとなった。非産油発展途上国の対外債務は、1982年には6,124億ドル(対外債務／GDP＝34.7%、DSR＝32%)であったが、DSRは1996年には26%に低下した。

DSR（債務負担比率）＝元利金支払い(デット・サービス)÷輸出×100（%）

国家の対外債務問題は、21世紀に入ってからも消滅しているわけではない。累積債務問題以後、発展途上国への民間銀行融資は下火になったが、1990年代から21世紀に入っても、国の対外債務に関わるデフォルトやデフォルト危機は発生し続けている。リーマン・ショック以後でみれば、ギリシャ、スペイン、ポルトガルなどEU加盟諸国や中東欧諸国において債務不履行発生のリスクが報道されており、**ソブリン危機**ないし**ソブリン・リスク**という言葉が使われるようになっている。

第36章
エマージング・マーケットの通貨危機

1990年代に入ると社会主義体制は崩壊し、市場経済への移行国が出現し、中南米では累積債務問題を乗り越え、発展を示す国が現われ、**エマージング・マーケット**(emerging market)という言葉が生まれた。しかし、1990年代には**通貨危機**と呼ばれる現象がこの地域で頻繁に発生することになった。

通貨危機とは、短期間に大幅な通貨の下落が発生するもので、固定相場制における切り下げ、ないしフロートにおける小刻みな変動とは異なるタイプのものであった。さらに、それはその国の経済・金融へ大きな悪影響をもたらすばかりではなく、他国へ伝播したことが特徴であり、コンテージョン(contagion、伝染)と呼ばれたりもした。

1. 1990年代の通貨危機

1990年代に通貨危機が発生した国や地域は、以下の通りである。

① 1992年：欧州通貨危機
② 1994年12月：メキシコ通貨危機
③ 1997年：アジア通貨危機
　　　　　タイ、インドネシア、韓国、マレーシア、フィリピンなど
④ 1998年8月：ロシア通貨危機
⑤ 1999年1月：ブラジル通貨危機

先進経済地域で発生した欧州通貨危機を除くと、エマージング・マーケット通貨危機の構図は、経済発展による金融・資本市場の規制緩和と自由化、それにともなう先進国からの資本の流入が、何らかの問題の発生により急速な資本流出に転じ、通貨の大幅な下落が発生するというものだった。

2. メキシコ・ペソ危機

　1994年12月20日、メキシコ・ペソ(当時クローリング・ペッグ)は15.27％切り下げ、22日にフロートに移行した。1ドル＝3.5ペソから最終的には1ドル＝7.5ペソまで下落した。これにより、1995年1月に、アメリカによる528億ドルの国際金融支援パッケージが組まれた。

　メキシコからの資金流出が通貨危機をもたらしたが、この背景にあったのは、①債務問題解決のための方策を通じて資本市場が発展し、メキシコが対外借り入れから短期ドル建国債(テソボノス)の発行による資金調達を行うようになっており、経常収支赤字のファイナンスが短期資金に依存するようになっていたこと、②1994年のNAFTA（北米自由貿易協定）の発効により、アメリカからの投資が増加していたこと、③チアパス州での武装蜂起発生により、メキシコへの信認が一気に低下したこと、があげられる。

3. アジア通貨危機

(1) アジア通貨危機

　アジア通貨危機(アジア通貨・金融危機とも呼ばれる)は、1997年7月から98年初めにかけての連鎖的なアジア通貨の急落を指す(図36-1参照)。中南米諸国と異なり、1980年代から1990年代にかけて、東アジアではNIES、ASEAN諸国が高成長を実現し、先進国からの資本が流入していたが、資本流出による通貨の大幅な下落を通じて、金融機関の不良債務問題や企業経営の悪化が拡大した。通貨の下落幅は、インドネシア80％、タイ・マレーシア・フィリピン・韓国30〜40％、台湾・シンガポール20％程度であり、中国・香港にはほとんど影響はなかった。円は一時的に影響を受けたものの、1999年にかけて通貨危機以前の水準に回復した。

(2) タイ

　アジア通貨危機は1997年7月、タイ・バーツの下落により始まった。タイでは、1978年以降通貨バスケット方式(事実上ドル・ペッグ)の為替相場制度が採用されていたが、アジア通貨危機により、1997年8月に管理フロートへ移行した。

図36-1 アジア各国通貨の対ドル相場推移

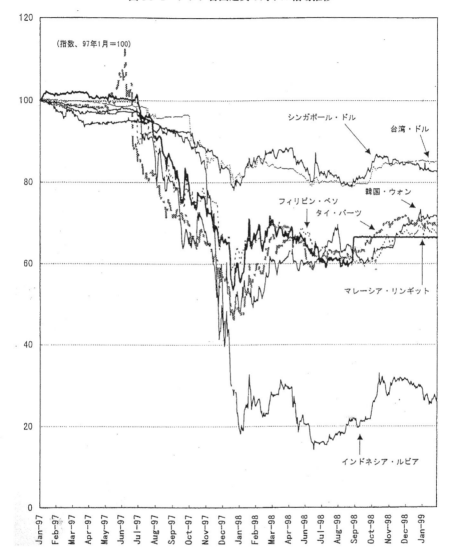

通貨の下落はタイのみにとどまらず、他のASEAN諸国通貨および韓国にも飛び火し、この現象は「伝染」(contagion)と呼ばれた。

タイが経済発展を実現するなか、**バンコク・オフショア市場**(BIBF：Bangkok International Banking Facilities)と呼ばれるオフショア市場が1993年3月に創設された。これはタイへの資本流入を促進することが目的であ

り、タイ国内の預金準備率・金利規制の対象外で、通常30％の法人税が10％に軽減された。「外－外」取引だけでなく、「外－内」取引も可能であり、このため、タイの金融機関（主としてファイナンス・カンパニー）はこの市場を通じてドルの短期資金の調達を行い、バーツ建の国内長期貸出で運用していた。したがって、そもそも調達と運用における通貨と期間のミスマッチがあった。この通貨危機により58社のファイナンス・カンパニーが営業停止命令を受け、金融問題に発展した。1998年末時点での不良債権額は、商業銀行（2.4兆バーツ）とファイナンス・カンパニー（0.3兆バーツ）を合わせ2.7兆バーツ、不良債権比率は45.9％（商業銀行43.9％、ファイナンス・カンパニー70％）に達した。8月に合意されたIMF等による金融支援総額は172億ドルにのぼった。IMFのコンデディショナリティは、金融システムの改革を厳しく求めるものになり、タイ政府は1年以内に、①破綻金融機関の公的管理、②金融機関の財務内容の透明性向上のための会計基準導入、③比較的健全な金融機関に対する公的資金の注入を含めた財務体質の強化、といった措置を打ち出した。

　通貨下落が発生した背景には、タイ経済の発展と自由化による先進国（主としてアメリカ）から投資（特に短期資金）急増があり、そこにバーツの過大評価の観測や資本規制導入の憶測などから、この時に短期資本が急速に流出し、市場規模が大きくないため、外為市場に大きな動揺を与えたということになる。

（3）インドネシア

　インドネシアでは、タイ・バーツに連鎖したルピアの大幅な下落により、1997年8月に管理フロート制から完全フロートへ移行した。下落幅は他の諸国に比べて極めて大きくなり、引締政策による燃料価格の引き上げが引き金となってインフレが発生し、インフレ率は最大58％まで上昇した。

　1968年以来30年間以上続き、腐敗の進んでいたスハルト独裁体制に対する批判は強まった。1998年3月にスハルト大統領は7選をはたしたものの、国民の暴動が発生して、5月には大統領を辞任し、スハルト体制は崩壊した。当時独立運動を進めていた東ティモールは1999年に住民投票によりインドネシアの占領から解放され、2002年に独立を達成することになった。この意味で、インドネシアは、政治・経済両面で通貨危機の影響をもっとも深刻に受けた国となった。

商業銀行貸出総額513兆ルピアに占める不良債権額は360兆ルピア(不良債権比率は70%)にのぼると推定され、タイや韓国を大きく上回り、商業銀行全体で債務超過に陥ったとみられる。

政府はインドネシア銀行再建庁(IBRA)を新設し、銀行制度の再構築を図り、1998年8月時点では、最大の民間銀行であるサリム財閥のバンク・セントラル・アジアを含む、合計31行を国有化ないし営業停止処分とした。1997年11月に合意されたIMF等による金融支援は342億ドル超となっていたが、政府のリストラ政策のもとで金融・銀行システムに対する信認は崩れ、1998年に入ってからもルピアは下落を続けた。その後、1999年7月の時点で、国営銀行は7行から3行へ、民間銀行は160行から85行に統合・再編され、銀行産業のリストラが一段落した。

(4)マレーシア

マレーシア・リンギは1973年までシンガポール・ドルに1対1で連動していたが、1975年9月より通貨バスケット方式を採用していた。アジア通貨危機後一時的にフロートしたが、1998年9月にドル=3.8リンギで固定相場制を実施して為替管理強化を強化し、通貨危機の影響をくいとめた。2005年7月より、貨バスケット方式による管理フロートへ再び移行した。

(5)韓国

韓国は1988年にソウル・オリンピックを開催し、1996年にはOECD加盟を実現、GDPは世界第11位となり、先進国の仲間入りを実現していた。1990年より市場平均相場制(前営業日の市場取引相場の加重平均値を翌営業日中心相場とし、特定の変動幅内(2.25%)に維持する制度)が実施されていたが、少し遅れて通貨危機が伝染し、韓国ウォンは急落、1997年12月にフロートへ移行した。

通貨危機前の韓国の外貨準備は330億ドル程度であり、1997年末時点の対外債務は1,530億ドル(長期債務726億ドル、短期債務802億ドル、対外債務に占める銀行の対外借入は1,000億ドル程度)であり、通貨下落により、韓国では対外債務の負担が大きくなった。また、タイのケースと同様に、金融会社(ファイナンス・カンパニー)においては短期調達・長期運用の割合が高く、経営が悪化し14社が営業停止となった。

通貨危機により、財閥第8位の起亜グループが破綻、その後も中堅財閥グループの破綻が発生した。10大財閥グループの収益は大きく悪化、現代・三星・金星(LG)といった主要財閥グループでも新規事業凍結・事業分野の統合や絞り込みなど、大幅なリストラが行われた。

銀行の不良債権比率は当時30％にのぼり、不良債権問題が噴出した。ただし、IMFや主要国等による金融支援枠は総額570億ドルにのぼり、債務不履行発生は回避された。IMF融資のコンディショナリティには、①金融引締と財政収支均衡、②金融改革の推進(不良債権処理・金融機関の再編など)、③規制緩和、④企業構造改革(国際基準の会計制度導入、政府支援廃止、系列企業間の相互支払保証制度の見直しなど)が盛り込まれた。通貨危機直後に大統領に就任した金大中氏は、IMFのコンディショナリティを受け入れ、1998年2月に、自己資本比率が8％に達しない大手銀行14行に対して業務改善命令を行い、このうち5行が整理された。また、銀行間で合併・提携が進んだ。

4. 通貨危機への対応策と危機発生の背景

タイ、インドネシア、韓国はIMFに支援を要請、それぞれ巨額の金融支援プログラムが組まれた。これら諸国では、経済の一層の高度化と民主化、市場規律の徹底、国際間の金融協力などが要請されることになった。

アジア通貨危機には、以下のような共通の背景が存在し、このために通貨危機が伝染したと考えられる。

①アジア通貨の対米ドル実質固定と物価上昇による過大評価の可能性

通貨危機当時、危機の発生した通貨は米ドルに実質的に固定され、それが維持されていたために、固定されていた期間の物価上昇により、過大評価が発生していたとみられる。

②経済構造の問題

これら諸国では、国内貯蓄投資バランスは、高い投資率＞高い貯蓄率の状態にあり、この差を埋めていたのが海外からの資本流入(借入または自律的な資本流入)であった。また、金融制度やその監督制度が経済発展に対応して十分に整備されてはいなかった。

③国際金融のトリレンマの観点

固定相場（ドルリンク）、独立した金融政策、資本移動の3つの項目につき、かつては規制されていた資本移動の自由化が進展していた。国際金融のトリレンマとは、これら3つを同時に達成できないというもので、資本移動自由化の裏返しとして固定相場維持について破綻が生じた、と考えられる。

5．ロシア通貨危機とブラジル通貨危機

ロシアでは、1998年8月に対外債務のデフォルト（90日間の支払い停止）が発生し、ルーブルが下落し資本逃避が発生した。

この背景には、アジア通貨危機の余波というべきものがあり、また、景気悪化と原油価格下落により財政が悪化していた（ロシアは輸出の80％が天然資源のモノカルチャー経済である）。1998年1月にデノミ（1新ルーブル＝1,000旧ルーブル）が実施され、キリエンコ首相は150％の高金利政策により資本の流出をくいとめようとしていた。しかし、外貨準備は不足傾向となった。1998年7月にアメリカのルービン財務長官は、226億ドルの緊急支援を発表していたものの、くいとめることはできなかった。ロシア通貨危機の余波を受け、巨大**ヘッジ・ファンド**であったアメリカのLTCMが破綻したことが注目された。

ブラジルでは、1994年7月1日に**レアル・プラン**が発表され、デノミを行い、クルゼイロ・レアルからレアルへ移行していた（1レアル＝2,750クルゼイロ・レアル）。ロシア通貨危機以降、ブラジルから資金流出が始まり、1998年11月にアメリカとIMFは415億ドルの支援パッケージを発表した。1999年1月6日にデフォルト（90日間の連邦債務の返済停止）が発表され、1月13日にレアルは9％切り下げられ、1ドル＝1.20〜1.32レアルへ下落、18日にフロートへの移行が発表されたが、その後もレアルの下落が続いた。

6．通貨危機への事後的対応策

1990年代の通貨危機の教訓から、政策当局が推進した対応は以下のようなものであった。

　①中央銀行間の協力の強化

②中長期資金の一層の導入
　③市場の着実な整備と拡大
　④適切な為替相場政策や管理フロート
　⑤リスク管理とプルーデンシャル規制
　　（ドルで資金を借り入れ、自国通貨で国内企業に融資するという、銀行の調達・運用の脆弱性の改善）

　また、アジア通貨危機後、東アジアの地域金融協力の形成・強化が行われ、域内の資金供与ファシリティ、域内の政策対話とサーベイランス、為替政策協調が進められた。日本は、1998年に新宮沢構想により、合計300億ドルの資金支援をコミットした。
　2000年5月のアジア開発銀行年次総会において、ASEAN10＋3（日本・中国・韓国）により、**チェンマイ・イニシアティブ**が合意された。これは、ASEAN10＋3（日本、中国、韓国）の中央銀行間のスワップ協定であり、国際収支危機の際、自国通貨と交換に日本円などの交換性の高い外貨を調達することができる制度が形成された。総額は2007年時点で830億ドル相当にのぼった。

7．累積債務問題と通貨危機の比較

　累積債務問題が「**経常収支危機**」であったのに対して、1990年代の通貨危機は、「**資本収支危機**」と言われる（表36-1参照）。
　「経常収支危機」とは、経常収支悪化によって債務返済が好転せず、債務問題が発生し、国内経済が悪化するという、いわば古典的な危機である。これに対して、「資本収支危機」とは、規制緩和のもとでのリスク・テーキング・マネーの国際的流出入（例えば、ヘッジ・ファンドなどが収益性の高い高金利の地域に資金を投下するが、これを一挙に引き上げるといったこと）によって発生した。すなわち、経常収支とは直接関係のない資本のフローにより、通貨危機や経済危機が発生するという構図だった。欧州通貨危機もヘッジ・ファンドの投機が危機をもたらしたと言われている。「経常収支危機」は昔からあったが、「資本収支危機」は1990年代以降の現象であり、金融のグローバリゼーションのあらわれである。

表36-1　アジア通貨危機と累積債務問題の比較

	累積債務問題	アジア通貨危機
問題の構図	「経常収支危機」	「資本収支危機」
発生時期	1980年代初頭（1982年）	1990年代後半（1997年）
地域	中南米の中所得国中心（メキシコ・ブラジル・アルゼンチンなど）	アジアNIES・ASEAN諸国
内容	対外借入について債務不履行（デフォルト）発生（リスケジュール実施は40カ国）	通貨の大幅な下落で経済・金融悪化（特に、タイ・インドネシア、韓国で深刻）
背景	1970年代に成長・開発政策のもとで対外借入増大。先進国によるシンジケート・ローン（オイル・ダラーのリサイクルの側面。変動金利主体で短期融資の比率上昇）。輸入代替政策など国内開発・成長政策不成功。経常収支好転せずデット・サービス・レシオ上昇。1970年代末からの米国の金融引締め政策により債務返済負担増大。	1980年代の経済の高成長→経常・資本取引の自由化推進→高収益を求める外資（主として短期資金）が積極的に流入。しかし、自由化に対応した国内経済・金融システムの整備や民主化不十分。事実上、対ドルペッグの相場制度により各国通貨過大評価の水準にあるとの見方。
展開	1989年頃まで、各国政府・IMF・世銀・民間銀行を巻き込み、リスケや構造改革等の対応。この間、ベーカー・プラン（成長政策と新規融資）、ブレイディ構想（債務削減と債務の株式化などのメニュー・アプローチ）の提示。最終的には先進国民間銀行の元本削減や債権放棄・損失計上。	資本の急激なアウトフローにより金融機関の経営が急速に悪化、国内で融資を受けていた企業も苦境におちいる。IMF・世銀・先進国による支援パッケージ合意（タイ:172億ドル、インドネシア342億ドル、韓国584億ドル）。東アジアにおける通貨安定維持のための協調政策の協議。
教訓	先進国銀行は高い利回りを得られるカントリ・ローンを安易に実行。資金を供与した先進国銀行におけるリスク認識・管理の重要性。カントリー・リスクの重要性認識。	収益性が高いとみられた成長国へ資本が流入、それが一挙に流出するという展開。資本受入国におけるリスク認識・管理の重要性。アジア各国の政策協調の重要性認識。

第37章

サブプライム・ローン問題と証券化

　最後に、21世紀に入ってからの国際金融問題として最初に発生した**サブプライム・ローン問題**について述べる。これは、2007年頃からアメリカで発生した住宅ローンの破綻増加が、その証券化商品の信認喪失をもたらしたもので、投資していた世界中の投資家に損失をもたらす世界的な金融問題となった。アメリカの株価は2008年中に約40％下落して日欧市場にも波及し、景気は悪化した。2008年9月にアメリカの名門投資銀行リーマン・ブラザーズが破綻したことにより、**リーマン・ショック**とも呼ばれる。

1．サブプライム・ローンと証券化

　証券化(セキュリタイゼーション、securitization)とは、狭義には貸出債権を証券の形に変換して投資家に販売することを言う。アメリカでは証券化が極めて一般的に行われており、住宅ローン債権、自動車ローン債権、クレジット・ローン債権などの証券化が行われている。サブプライム・ローン問題は、この住宅ローンの証券化の問題である。

　アメリカの住宅ローン残高は10兆ドルを超えており、商業銀行・貯蓄銀行、モーゲージ・カンパニー、S&L（貯蓄貸付組合）などによって提供されているが、モーゲージ・カンパニー（住宅金融会社）がその3分の2を占めている。ちなみに、住宅ローンは**モーゲージ**(mortgage)と呼ばれる。

　何らかの資産が証券化された証券を**資産担保証券**(ABS：asset backed security)と呼び、このうち不動産を裏付けとした証券を**不動産担保証券**ないし**モーゲージ証券**(MBS：mortgage backed security)と呼ぶ。住宅ローンを証券化したMBSは7兆ドル強ほどあった。すなわち、住宅ローン残高の7割から8割が証券化されていたのである。

　証券化を行う機関は、金融機関から住宅ローン債権を買い取り、証券化を行っ

ている。これは、準公的金融機関である **GSE**（政府支援企業）[注]と証券会社が中心であり、証券化の8割を準公的機関が、残りの2割を証券会社が行っていた。GSE の**ファニー・メイ**（Fannie Mae、米連邦住宅抵当金庫）と**フレディ・マック**（Freddie Mac、連邦住宅貸付抵当公社）は信用度の高い住宅ローン債権の証券化を行っており、**ジニー・メイ**（Ginnie Mae、連邦政府抵当金庫）はその保証業務を行っていた。これまで、ファニー・メイやフレディ・マックの発行する証券は、米国債なみの信用力をもつものとして格付けされてきた。

注) GSE（Government Sponsored Enterprises）
民間が株式を保有する上場企業であるが、連邦法によって設立されており、公的な役割を持って金融業務を行う。銀行ではないため、FRB の監督下にはなく、連邦住宅金融公社監督局が監督を行っていた。ジニー・メイは GSE ではなく、政府機関の位置づけである。

　サブプライム・ローン（subprime loan あるいは subprime lending）とは、信用度の低い人々（過去に債務不履行の経験のある人々など）を対象として最優遇金利よりも高い金利でローンが実施される住宅ローンのことで、その証券化はもっぱら証券会社（投資銀行）によって行われ、証券化における保証業務はモノラインと呼ばれる民間保証会社によって行われてきた。

　MBS は、さらにそれを担保とし、レバレッジをきかせた**債務担保証券**（**CDO**：collateralized debt obligation）のようなものにも形態を変え、世界中の投資家に販売されていた。サブプライム・ローンを証券化した証券は、もともとのローン金利が高いことから証券の利回りも高くなり、投資家にとっては、信用リスクの問題を無視すると、魅力的な投資対象となったわけである。

　しかし、2007年頃からアメリカの住宅投資ブームが終わって、アメリカの住宅市況が悪化した。返済能力の低い人々のローン返済に債務不履行が続発し、これを担保に発行されていた証券、さらには、証券化商品全体に対する信認が揺らぎ、証券会社・銀行・投資ファンドなどの投資家に評価損が発生し、世界的な金融不安を引き起こした。この問題が発生した当時、証券会社の MBS 組成に占めるサブプライム・ローンの割合は4割にのぼっていたとみられている。いうなれば、アメリカにおける安易な証券化とリスクを軽視したリターン重視の投資が世界的な金融不安を引き起こしたわけである。

2. アメリカにおける対応

アメリカでは、2008年にはリーマン・ブラザーズ、ベア・スターンズ、AIG、ファニー・メイ、フレディ・マックなどが経営危機に陥った。2008年10月には緊急経済安定化法が成立、7,000億ドルの不良資産救済プログラムが設けられた。最大の支援となったのは保険会社AIG（American International Group）で、基金から678億ドルが注入され、その他、米主要銀行にも相当額の公的資金が注入された（その後、公的資金は返済された）。迅速な対応により、2010年頃には、アメリカにおける金融危機は欧州に先がけて収束傾向となった。

GSEであるファニー・メイとフレディ・マックについてみると、2008年に住宅・経済再生法が成立して救済が実施された。2機関の債務額は合計で6.6兆ドルと、米国債の民間保有額を上回る規模にのぼり、2008年に新設された連邦住宅金融庁（**FHFA**：Federal Housing Finance Agency）により国有化され、1,300億ドルの公的資金が注入され、FRBは、2機関が保証していたMBSおよび政府機関債1.25兆ドル以上を公開市場操作で買い入れた。2010年6月に2機関は上場廃止となった。

2010年7月には、リーマン・ショックを教訓として、**ドッド・フランク法**（Dodd-Frank Wall Street Reform and Consumer Protection Act、わが国では金融改革法とも呼ばれる）が成立し、1933年銀行法（グラス・スティーガル法）以来となる金融規制強化の大きな改革が行われた。同法には、①**金融安定監督評議会**（FSOC：Financial Stability Oversight Council）の設置、②ボルカー・ルール（自己勘定取引の原則禁止など）、③FRB改革、④消費者金融保護局設置、⑤連邦保険局設置、⑥デリバティブ規制、⑦コーポレート・ガバナンス強化、⑧モーゲージ市場の投資家保護、⑨ヘッジファンドの透明化、⑩信用格付機関の監督、といった広範な改革が含まれた。

3. わが国の住宅ローン

わが国の証券化の規模は、アメリカに比べて極めて小さかった。わが国の住宅ローンをみると、従来、証券化はほとんど行われておらず、金融機関は貸出債権

としてバランスシート上に保有してきた。また、わが国には**住宅金融公庫**という公的金融機関が存在し、財政投融資資金(公的資金)を投入し、民間金融機関とタイアップして低利で住宅ローンを提供してきた。

　アメリカの証券化の場合は、GSEは証券化業務を行うだけであり、当初、貸出を行った金融機関も期間のミスマッチによるリスクを持たずにすむ(通常の商業銀行業務では資金調達は短期資金である一方、住宅ローンは小口の長期金融である)。したがって、アメリカの住宅ローン市場では、海外からの投資も含めて、民間資金によって住宅ローンの金融仲介が行われてきたという点に違いがある。

　ちなみに、わが国では、公的金融機関の改革により、住宅金融公庫は2007年に**住宅金融支援機構**に衣替えし、従来のようには住宅ローンを行ってはいない。その基本業務は、民間金融機関の住宅ローンを買い入れて証券化する「フラット35」と称する証券化支援業務であり、平成26 (2014)年度には1兆6,722億円の買取実績があり、買取債権は11兆6,393億円の残高となっている。

参考文献

1．ウェブサイト

　わが国の財務省・日本銀行・金融庁、IMF・BIS・世界銀行等の国際金融機関や各国の中央銀行、民間金融機関・金融諸団体等のHPを通じて、さまざまな情報を閲覧でき、統計データを入手することができる。一次接近として重要である。

2．書籍

　最近刊行され入手が容易な書籍（和書）に限定して、以下のようなものがある。なお、外国書籍や論文は割愛する。

〈わが国の金融編〉

　以下のような日本銀行関係者による金融のテキスト・書籍が刊行されている。
　中島　真志「金融読本」東洋経済新報社　2014年
　中島　真志「入門企業金融論」東洋経済新報社　2015年
　黒田　晁生「入門金融」東洋経済新報社　2011年
　白川　方明「現代の金融政策―理論と実際」日本経済新聞出版社　2008年
　翁　邦雄「金融政策のフロンティア　国際的潮流と非伝統的政策」日本評論社　2013年
　島村　高嘉「戦後歴代日銀総裁とその時代」東洋経済新報社　2014年
　吉野　俊彦「歴代日本銀行総裁論　日本金融政策史の研究」講談社学術文庫　2014年

本書の内容に関連した書籍にはそれ以外に以下のようなものがある。
　滝沢　武雄「日本の貨幣の歴史」（日本歴史叢書）吉川弘文館　1996年
　三上　隆三「円の誕生　近代貨幣制度の成立」講談社学術文庫　2011年
　高橋　亀吉・森垣淑「昭和金融恐慌史」講談社学術文庫　1993年
　玉置　紀夫「日本金融史」有斐閣選書　1994年
　落合　功「入門日本金融史」日本経済評論社　2008年
　全国銀行協会金融調査部「図説わが国の銀行」財経詳報社　2013年
　三菱東京UFJ銀行円貨資金証券部「国債のすべて」金融財政事情研究会　2012年
　ジョン・K・ガルブレイス「大暴落1929」（村井　章子訳）日経BP社　2008年
　　（アメリカの大不況期に関しては多くの書籍が刊行されている）

宮崎 義一「複合不況」中公新書　1992年
相沢 幸悦「平成金融恐慌史　バブル崩壊後の金融再編」ミネルヴァ書房　2006年
伊藤 隆敏「インフレ目標政策」日本経済新聞出版社　2013年
その他、日経文庫の経済・金融に関する刊行物

〈国際金融編〉

神田 眞人「図説国際金融」(2015-2016年版) 財経詳報社　2015年
日本銀行国際収支統計研究会「入門国際収支—統計の見方・使い方と実践的活用法」東洋経済新報社　2000年
三菱東京UFJ銀行国際業務部「貿易・為替入門—その仕組みと実務—」2006年（行内用非売品）
三菱UFJリサーチ＆コンサルティング「貿易と信用状—UCP600に基づく解説と実務」中央経済社　2010年
国際通貨研究所「国際金融読本」東洋経済新報社　2004年
高木 仁「アメリカの金融制度—比較社会文化による問題接近を目指して」東洋経済新報社　2006年
久保田 勇夫「新しい国際金融」有斐閣ブックス 2006年
小川 英治・川崎健太郎「MBAのための国際金融」有斐閣　2007年
久保田 哲夫「国際金融論入門」昭和堂　2008年
　「国際金融理論　新・国際金融テキスト1」有斐閣　2008年
　「国際金融史　新・国際金融テキスト2」有斐閣　2007年
　「現代国際金融　新・国際金融テキスト3」有斐閣　2008年
小林 正宏・安田 裕美子「サブプライム問題とアメリカの住宅金融市場」住宅新報社　2008年
藤田 勉「グローバル金融制度のすべて」金融財政事情研究会　2012年
深尾 光洋「国際金融論講義」日本経済新聞社出版部　2010年
高木 信二「入門国際金融」日本評論社　2011年
国際銀行史研究会編「金融の世界史」悠書館　2012年
加野 忠・村井 睦男「国際金融と外国為替」大学教育出版　2010年
勝 悦子「新しい国際金融論—理論・歴史・現実」有斐閣　2011年
その他、日経文庫の外国為替・国際金融に関する刊行物

索引

数字

1県1行主義……108
2.26事件……107
1933年銀行法……166

アルファベット

A

Adjustable Peg……263
ATM……92

B

BIS……128
BIS規制……128
BIS自己資本比率規制……128

C

CAEMC……293
CD……63, 92
CDO……317
CFR……182
CIF……182
CMA……120
CME……244
COSO……165
CP……41

D

DVP決済……90

E

ECB……288
ECU……278
EMS……277
EMU……285, 292
ERM……279
ERM Ⅱ……289
ESCB……288

F

FAS……182
FDIC……166
FHFA……318
FOB……182
FRA……247
FRB……49
FSA……154
FSOC……318
FX……248
FXA……247

G

GHQ……110
GSE……317

I

IMF……111
IMF8条国……114, 264
IMF方式……191
IMFリザーブポジション……266
IS-LM分析……238
ISバランス論……231

J

JETRO……173
JPモルガン・チェース……157

L

LIBOR……82, 249
LTCM……313

323

M

M1……63
M2……63
M3……64
MBS……316
MMF……120
MOF 勘定……226
MRF……160

N

NYSE ユーロネクスト……47

P

PBR……144
PER……144
PPP……212

Q

quota……264

R

RCC……154

S

S&L……128
SDR……269
SNA……12, 22
SWIFT……171

T

TIBOR……82
Tier I 資本……130
Tier II 資本……130

U

UFJ 銀行……156

W

WAEMU……292

かな

あ

アービトレージ……244
相対市場……38
アウトライト取引……195
アカウンタビリティ……54
アジア通貨危機……308
アジャスタブル・ペッグ……263
後払い……174
アブソープション・アプローチ……232
アメリカの大不況……148
アメリカンタイプ……251
アンカー通貨……278, 294
暗黒の木曜日……138
安定したペッグ制……293

い

イールド……80
イールド・カーブ……75
域内市場白書……286
石橋湛山……106
磯田一郎……141
委託介入……198
一次市場……44
一覧払手形……176
一般資金……265
一般的受容性……50, 254
一般物価……54
伊藤博文……95
井上準之助……103, 106
岩戸景気……69
イングランド銀行……49, 255
インサイダー情報……168
インサイダー取引……168
インターネット証券……160
インターネット・バンキング……93, 162
インターバンク・ディーラー……196
インパクト・ローン……126
インフレ・ターゲット……55, 71, 294
インフレ・ターゲティング……71

う

ウェルナー報告……285
失われた 10 年……70, 148
売りオペ……51, 56
売り現先……40
売り持ち……202

え

エクスポージャー……202
エマージング・マーケット……307
撰銭令……8
エロア……226
円・銭・厘の十進法による貨幣制度……94
円高不況……69
円建契約……206
円転規制の撤廃……126

お

オイル・ダラー……300
欧州中央銀行……288
欧州中央銀行制度……288
欧州通貨危機……281
欧州通貨制度……278
欧州連合条約……286
大口融資規制……116, 163
大隈重信……96
オーバー・シューティング・モデル……217
オーバーボロウィング……115
オーバーローン……101, 102, 115
オフサイトモニタリング……164
オフショア市場……42
オプション……244, 251
オプション・プレミアム……251
オペレーショナル・リスク……133
オペレーション……51, 56
オリンピック景気……69
オンライン……92

か

カーター・ボンド……274
カード社会……162
買いオペ……51, 56
外－外……219
外貨準備……235
外貨準備増減……221
外貨建……189
外貨預金……126
外貨割当制……226
買い現先……40
外国為替円決済制度……90

外国為替及び貿易管理法……125
外国為替及び外国貿易管理法……114, 125, 194, 226
外国為替及び外国貿易法……159, 194
外国為替管理法……107
外国為替銀行……193
外国為替公認銀行……125
外国為替資金特別会計……198
外国為替市場……193
外国為替証拠金取引……159, 248
外国為替専門銀行……97, 125
外国為替専門銀行法……111
外国為替相場……184
外国送金……174
外国貿易乗数……237
会社型投資信託……160
解釈基準インコタームズ……182
外為市場……193
外為売買益……126
買い持ち……202
価格条件（建値）……182
格付機関……84
確定給付年金……162
貸し渋り……147
貸しはがし……147
カスタマー・ディーラー……196
金余り……146
カバー取引……204
株価指数先物……247
株価収益率……144
株価純資産倍率……144
株式市場……44
株式売買手数料……160
株式含み益……132
株式持合……116, 117
貨幣乗数……67
貨幣流通高……67
借入資金……265
ガリオア……226
カレンシー・ボード……292, 297, 298
為替操作……205
為替相場……184

為替相場制度……292
為替相場の先物予約……247
為替ディーラー……196
為替手形……89, 174, 175
為替平価……99
為替持高……202
為替持高表……203
為替リスク……173, 202
元金均等償還方式……84
間接金融……116
間接貿易……173
関東大震災……103
カントリー・リスク……306
かんぽ生命……36
元利均等償還方式……84
管理通貨制度……10, 107
管理フロート……294

き

機関投資家……34
企業間貿易……173
企業グループ……116
企業集団……116
企業内貿易……173
基軸通貨……261, 267
基準貸付利率……51, 60, 71
最後の貸し手……51
基準割引率ないし基準貸付利率……71
規制緩和……120
ギニー金貨……255
規模拡大競争……118
逆イールド……75, 79
キャッシュ・カード……92, 162
キャピタル・マーケット……44
業態別子会社方式……125
協調介入……198
共同フロート……277
業務隔壁……168
業務停止命令……152, 153
業務範囲……121
協和銀行……109
居住者と非居住者……219

金解禁……262
金貨本位制……255
金為替本位制……255, 260
金銀比価……9
金銀複本位制……254, 255
キングストン合意……273
金現送点……257
銀行……112, 113
銀行条例……101
銀行等保有株式取得機構……117
銀行取引停止……89
銀行の銀行……50, 98
銀行類似会社……96
金解禁……106, 262
金銀比価……9, 95
金現送点……257
金地金本位制……255, 262
金準備法……262
金属貨幣……4
金ドル交換性停止……271
金ドル本位制……263
金プール協定……271
金ブロック……262
金平価……99, 254, 256
金本位制……99, 254
銀本位制……254, 255
金本位法……255
金融安定化法……153
金融安定監督評議会……318
金融監督庁……154, 159
金融危機……308
金融機能早期健全化法……154
金融検査マニュアル……164
金融健全化勘定……154
金融再生委員会……153, 154
金融再生勘定……154
金融再生法……154
金融市場……38
金融商品……121
金融商品取引法……159
金融政策決定会合……54
金融仲介業務……28

索引

金融庁……159
金融庁検査……164
金融的統合……284
金融の自由化……120
金融派生商品……126
金融ビッグ・バン……158
金融持株会社……157, 159
金輸出……107
金利……121
金利先物……245
金利スワップ……249

く
クーポン……80
クォータ……264
グラス・スティーガル法……112, 120, 166
グラム＝リーチ＝ブライリー法……158
クレジット・カード……162
クレジット・デフォルト・スワップ……250
クレジット・トランシェ……265
グレシャムの法則……9
クローリング・ペッグ……293
クロス相場……190
クロスボーダー取引……199
クロス・レート……190
黒田東彦……72

け
経済構造改革……302
経済収斂条件……287, 288
経済政策の自由度……295
経済調整プログラム……265
経済の開放性……284
経済の多様性……284
経済ファンダメンタルズ……211
傾斜生産方式……110
経常移転収支……220
計数貨幣……5
計量経済モデル……217
決済手段……63
決済制度……86
決済リスク……86
月利……83

気配値……184
現金決済……174
現金通貨……63
検査から監査へ……165
現先……40
原産地証明書……181
原資産……244
原則禁止……114
原則禁止、例外自由……194, 125
原則自由、例外禁止……194, 126

こ
公開市場操作……51
交換経済……3
広義流動性……63
航空運送状……181
考査……164
公社債市場……44
皇朝十二銭……7
公定歩合……101
公的金融機関……111
公的準備……235, 269, 276
高度成長期……115
購買力平価……212
神戸銀行……109
コール・オプション……251
コール市場……39
コール・マネー……39
コール・レート……39
コール・ローン……39
小切手……87, 174
国際化……120
国際協力銀行……36
国際金本位制……254
国際金融のトリレンマ……295
国際決済銀行……128
国債先物取引……246
国際収支の天井……227
国際商工会議所……181
国際通貨……199, 260, 261
国際通貨制度……254
国際投資ポジション……224

327

国際流動性……269
国内送金……90
国民金融公庫……111
国民経済計算……12, 22
国立銀行……95
国立銀行条例……95
誤差脱漏……221
個人型確定拠出年金……162
護送船団方式……163
国庫金……51
国庫短期証券……41
小包郵便受取証……181
固定為替相場制度……292
固定金利……249
固定相場……295
固定相場制……210
コルレス勘定……171
コルレス契約……171
コルレス預金……171
コンディショナリティ……265, 303, 312

さ
サービス収支……220
債券現先……40
債券先物……246
債券市場……44
債券レポ……40
最高発行額制限制度……108
最後の貸し手……51
最終目標……55
財政投融資……36
財政融資基金……36
埼玉りそな銀行……29
最低基準……128
裁定取引……79, 95, 188, 244, 258
最適通貨圏……283
財テク……138
在日外国銀行……31
債務削減……302
財務省国際局……164
債務担保証券……317
債務の証券化……303

債務不履行……301
差額決済……86, 244
先物アウトライト取引……195
先物為替相場……187
先物為替の実需原則の撤廃……126
先物持高……203
先物予約……206
さくら銀行……156
佐々木直……69
サブプライム・ローン……317
サブプライム・ローン問題……316
サムライ債……44
三貨制度……8
参加留保権……289
産業組合法……99
残存期間……75
三和……116, 118
三和銀行……108

し
地上げ……138
シカゴ・マーカンタイル取引所……244
直物持高……203
直物取引……184
資金援助機能……166
資金援助方式……166
資金繰り……39
資金決済制度……86
資金操作……205
自己管理型……134, 135
自己資本比率……128
自己資本比率規制……128
事後的措置……163
資産担保証券……316
市場型取引……38
市場規律型……134, 135
市場規律型行政……163
市場相場……184
市場統合……286
市場リスク……133
システミック・リスク……86
事前的措置……163

索引

市中消化の原則……52
私鋳銭……7
実質為替相場……217
実質金利……74
実需取引……196
支店銀行主義……101
時点ネット決済……86, 88
ジニー・メイ……317
シニョレッジ……5
支払確約書……178
支払完了性……50
支払準備……66
支払猶予令……103
渋沢栄一……95
資本移動の完全性……239
資本収支……220
資本収支危機……314
資本保全バッファー……135
ジャパンマネー……138
住宅金融公庫……111, 319
住宅金融支援機構……36, 319
自由な資本移動……295
従来型のペッグ制……293
重量・容積明細書……181
受信超過……115
出資額……264
順イールド……75
準備預金制度……60
準備預金積立期間……62
準備率操作……61
少額貯蓄非課税制度……117
償還差益……80
商業送り状……180
商業銀行……28
証券……112
証券化……316
証券決済制度……86
証券総合口座……160
証券取引法……111, 112
証券の分離……112
証券のペーパーレス化……91
証券保管振替機構……91

商工組合中央金庫……33, 109
証拠金……244
乗数……237
乗数理論……236
昭和2年恐慌……105
昭和前期……105
ショーグン債……44
所得収支……220
所要準備……61
白川方明……72
新BIS規制……133
人為的低金利政策……113
新円切替……264
新貨条例……94
新銀行法……106
信金中央金庫……32
シティ・グループ……157
信託……112
信託会社……103
信託銀行……32, 113
信託の分離……113
新日銀法……159
新日本銀行法……54
信用金庫……32
信用金庫法……111
信用組合……33
信用状……173, 174, 178
信用乗数……66
信用状統一規則……181
信用状発行銀行……178
信用創造……11, 66
信用リスク……131
信用割当……60

す

スーパーリージョナル・バンク……158
スクエア……202
鈴木商店……105
スターリング・ブロック……262
スタグフレーション……275
スタンダード＆プアーズ……84
スタンドバイ取極……265

329

スティープ・イールド……79
ストック経済化……141
ストライク・プライス……251
スネーク……277
スペキュレーション……244
スポット取引……184
スミソニアン合意……192, 272
スミソニアン体制……272
澄田智……70
住友……101, 116, 118
住友銀行……101, 141, 152
スワップ……244, 249
スワップ協定……198, 314
スワップ取引……195

せ

正貨準備……95, 102
正貨準備発行……98
税関用送り状……180
制限外発行……98
政策委員会……111
政策の有効性……241
生産要素の流動性……284
政府系金融機関……36
政府集中制……226
政府の銀行……98
生命保険会社……34, 103
整理回収機構……153, 154
世界恐慌……262
世界銀行（世銀）……111, 263
セキュリタイゼーション……316
説明責任……167
ゼロ金利政策……70
全額決済……86, 248
全額保護……166
全銀システム……90
全国銀行データ通信システム……92
全国信用協同組合連合会……33
全国地方銀行協会……108
専門銀行制度……113

そ

早期是正措置……154

総合口座……92
総合持高……203
相互銀行……31
相互銀行法……111
操作目標……55
総需要抑制政策……69
贈与経済……3
即時グロス決済……86
ソックス法……167
その他資本収支……221
「その他の銀行」……31
ソブリン危機……306
ソブリン・リスク……306
ソブリン・ローン……299
ソブリン金貨……255
損害保険会社……34, 103

た

ターム・プレミアム……73
第一勧業……116, 118
第一勧業銀行……118
第一次 S&L 危機……128
第一次所得収支……222
第一次石油ショック……69, 119
対外資産負債残高……224
対顧客相場……184
太政官札……94
第二次 S&L 危機……129
第二次所得収支……222
第二地方銀行……31
太陽神戸銀行……118
太陽神戸三井銀行……156
台湾銀行……100, 105
高橋是清……107
兌換銀行券条例……98
兌換紙幣……10
兌換制度……254
竹中平蔵……154
多国間通貨調整……272
田中角栄……69
為銀……126
為銀主義……126, 159, 193

単一欧州議定書……286
単一為替レート……111
短期金融市場……38
短期プライムレート……82, 122
短資会社……36
単店銀行……101
単独介入……198
単利……83

ち

チェンマイ・イニシアティブ……314
畜銭叙位令……7
地方銀行……28, 30, 108
チャイニーズウォール……168
中央銀行……49
中国銭ないしは渡来銭……8
中間目標……55, 68
鋳造貨幣……5
超過準備……62
長期金融市場……38
長期資本収支……227
長期信用銀行……32
長期信用銀行法……111
長期プライムレート……82
調整可能な釘付け制度……263
朝鮮銀行……101
長短金融の分離……113
長短金利の逆転現象……79
直接貿易……173
貯蓄銀行……99

つ

通貨オプション……206, 207, 251
通貨危機……307
通貨供給量……63
通貨乗数……67
通貨スワップ……250
通常資金……265
積み期間……62

て

ディーリング・ルーム……196
定額貯金……123

定額貯金制度……109
定額保護……166
帝国銀行……109
ディスインターミディエーション……121
ディスインフレ……69, 137
ディレギュレーション……120
手形……87, 174
手形交換……87
手形交換所……87
適合性の原則……167
デット・エクイティ・スワップ……251, 304
デット・サービス・レシオ……302, 306
デノミ……298
デノミネーション……298
デビット・カード……162
デフォルト……301, 313
デフォルト・リスク……74, 75
デフレ状況……70, 147
デリバティブ……244
テレックス……171
電子マネー……91, 162

と

東海銀行……109
投機……202
投機取引……196, 244
東京オフショア市場……42, 126
東京外国為替市場……193
東京銀行……110, 117, 124, 126, 301
東京証券取引所……47
東京第一国立銀行……95
東京三菱銀行……156
投資銀行……28
投資収支……220
投資信託委託会社……35
同時払い……174
統制売り……107
透明性……54
ドキュメンツ……178
特殊銀行……96
特別業務勘定……153
特別国際金融取引勘定……42

331

特別引出権……269
独立した金融政策……295
独立性……54
独立フロート……294
都市銀行……28, 124
土地ころがし……138
ドッジ・ライン……111
ドッド・フランク法……318
富田鉄之助……98
取立……174
取立統一規則……182
トリフィンのジレンマ……268
ドロール報告……286
トンネルの中のヘビ……277
トンネルを出たヘビ……277

な

内国為替制度……90
内－内……219
内部格付……134
内部監査……164
内部統制……165
仲値……184
中山素平……117
名寄せ……92

に

荷為替手形……173, 178
ニクソン・ショック……119, 271
日銀当座預金……67
日銀特融……51
日銀ネット……86, 92
日銀引き受けによる国債発行……107
日米円ドル委員会……121
日本開発銀行……111
日本興業銀行……100, 109, 111, 116
日本債券信用銀行……111, 154
日本勧業銀行……100
日本銀行……49, 97
日本銀行券発行高……67
日本銀行当座預金……51
日本銀行法……108
日本政策金融公庫……36

日本政策投資銀行……36
日本長期信用銀行……111, 154
日本貯蓄銀行……109
日本取引所グループ……47
日本版401k……162
日本版金融ビッグ・バン……158
日本貿易保険……173
日本輸出入銀行……111
ニュース分析……217

ね

ネッティング……208
年利……83

の

農業協同組合……34
農林中央金庫……34, 109
野村銀行……109
野村証券……103
ノンシステム・システム……273
ノンバンク……36

は

バーゼルⅡ……133
バーゼルⅢ……135
バーゼル合意……130
ハイパーインフレーション……74, 215, 298
ハイパワード・マネー……67
バイラテラル・ネッティング……208
派生的預金……66
発券……66
発券業務の独占……49
発券銀行……50, 98
発行市場……44
発生主義……219
バブル……137
バブル経済……70
速水優……70
バランス・シート規制……128
パリティ・グリッド……279
パリティ・グリッド方式……277
バンク・オブ・アメリカ……157
バンコク・オフショア市場……309

索 引

犯罪収益移転防止法……168
藩札……9, 94

ひ

ビークル・カレンシー……201
ピール銀行条例……255
引受シンジケート団……119
ビッグ・バン……158
必要準備……61
日歩……83
表面利率……80
秤量貨幣……5

ふ

ファーム・バンキング……92
ファイアウォール……168
ファイナリティ……50
ファニー・メイ……317
フィッチ・レーティングス……84
プーリング……209
フェルドシュタイン……287
フォワード……244, 247
不換紙幣……10
福井俊彦……71
複合運送書類……181
複式計上方式……219
福田赳夫……69
複利……83
富士……118
富士銀行……103
不胎化介入……198
双子の赤字……232
普通銀行……28, 96
物価・正貨流出入機構……258
復興金融金庫……110
プット・オプション……251
物品貨幣……4
歩積……113
不動産担保証券……316
歩留まり率……67
船積主義……174
船荷証券……181
フューチャーズ……244

芙蓉……116
プラザ合意……69, 138, 275
ブラック・ショールズの公式……251
ブラック・マンデー……70, 138
フリードマン……210
プリペイド・カード……162
不良債権問題……70, 147
不良債権比率……154
プルーデンス政策……163
ブレイディ構想……305
フレディ・マック……317
ブレトンウッズ体制……111, 263
プレミアム……217
フロート……210
フロート移行……69, 119
不渡り……89

へ

ペイオフ……166
ペイオフ解禁……155
ベース・マネー……50
ベースマネー……57, 67
ヘッジ……202
ヘッジ・ファンド……313, 314
ベンチャー企業……160
変動金利……248, 249

ほ

貿易外収支……227
貿易収支……220
邦貨建……189
包装明細書……181
法令遵守……164
ポートフォリオ・バランス・アプローチ
　　……217
ホーム・トレード……162
ホーム・バンキング……93
保険証券……181
保険料率……161
ポジション……202
保証発行……98, 260
保証発行屈伸制限法……98
保証発行限度……107

333

北海道拓殖銀行……100
ボラティリティ……211
ボルカー議長……130
本位貨幣……254
本源的預金……66
本人確認義務……168
本両替……6

ま

マーシャルのK……55, 68, 146
マーストリヒト条約……286
前受け……174
松井証券……160
松方デフレ……97
松方正義……97
松下康雄……70, 156
窓口指導……62
窓販……119
マネーサプライ……63
マネーサプライ・ターゲット……55, 294
マネーサプライ統計……64
マネーストック統計……64
マネーローンダリング……167
マネタリーベース……50, 57, 67, 68
マネックス証券……160
マリー……206, 207
マルチラテラル・ネッティング……208
マル優制度……117
満州事変……107
マンデル……273
マンデル・フレミング・モデル……238

み

三重野康……70
ミスアラインメント……211
みずほ……28
みずほフィナンシャル・グループ……156, 159
三井……101, 116
三井銀行……6, 96, 103, 107, 109, 118
三井財閥……6
三井住友……28
三井住友銀行……156

三井両替店……6
三菱……101, 116, 118
三菱銀行……101, 116
三菱東京UFJ銀行……28, 156
三野村利助……98

む

ムーディーズ……84
無尽業法……103
無制限介入……279

め

名目金利……74
メインバンク……116
メガバンク……29, 157
メニュー・アプローチ……304
メロン家……6
免責債券……304

も

モーゲージ……316
モーゲージ証券……316
持株会社……29
モバイル・バンキング……93, 162
モラトリアム……103, 302
モラル・ハザード……132
森永貞一郎……69
モルガン家……6

や

約定金利……248
約束手形……89, 175
安田……101
安田銀行……103
安田善次郎……98

ゆ

融資条件……265
有担保原則……114
ゆうちょ銀行……36
郵便貯金……98
ユーロ円……43
ユーロ圏……289
ユーロ市場……43

ユーロ・ドル……43
ユーロネクスト……47
輸入関数……237
輸入代替政策……301
ユビキタス社会……162

よ

ヨーロピアンタイプ……251
預金業務……66
預金通貨……63, 66
預金保険機構……153, 165
預金保険制度……165
横浜正金銀行……96, 107, 109, 110
吉原重俊……98
与信超過……115
予防的介入……279

ら

ラップ口座……160
ランダム・ウォーク……211

り

リーズ・アンド・ラグズ……206, 207
リーマン・ショック……135, 316
利益相反……168
利金……80
リクスバンク……49
リザーブ・トランシェ……265
リスク……217
リスク加重資産……131
リスク計測の精緻化……134
リスクコントロール……164
リスクベース監査……165
リスク・ヘッジ……244
リスケジュール……302
リストラ……147
りそな……29
りそな銀行……29, 155
リフレーション政策……107
利回り……80
利回り曲線……75
流通現金……67
流通市場……44

流動性ジレンマ……268
流動性プレミアム……73
領事送り状……180
両建……113
量的緩和政策……70, 71
量的競争……118
臨時金利調整法……110
リンバース……172

る

累積債務問題……129, 299

れ

レアル・プラン……313
例外禁止……126
例外自由……114
レーガノミックス……232
レギュレーションQ……121
連邦準備制度理事会……49

ろ

ロスチャイルド家……6
ロックフェラー家……6

わ

和同開珎……7
ワンセット主義……116

■著者略歴

茂木　克昭（もぎ　かつあき）

1955年宮城県生まれ。1978年一橋大学経済学部卒業後、東京銀行（現三菱東京UFJ銀行）に入行。横浜支店、渋谷支店、調査部、ロンドン支店、国際通貨研究所、東銀リサーチインターナショナル等を経て2007年に退職。2007年以降、石巻専修大学経営学部教授。

連絡先：kmogi@jcom.zaq.ne.jp

主要論文：「アメリカの債務国化と投資収益」
　　　　　「アメリカ当局の外為市場介入—1979〜1987年—」
　　　　　「拡大EUと今後のEMU」
　　　　　「信用金庫の漸減傾向と今後の展望について」等

【カバー写真出所】
（上列左）日本銀行：http://wheatbaku.exblog.jp/16310651/
（上列中）FRB：wikipediaによる（©Agnostic Preachers Kids, taken in 2008）
（上列右）イングランド銀行：wikipediaによる（Taken by Adrian Pingstone in November 2004 and released to the public domain.）
（下列左）三井本館：http://blog.goo.ne.jp/midorigf2/e/2deeda44bede4d02b2a82706fca6ad8e
（下列中）東京第一国立銀行：http://besankosyashin.blog56.fc2.com/blog-entry-404.html
（下列右）横浜正金銀行：wikipediaによる（© <https://ja.wikipedia.org/wiki/user:663highland> 663highland, taken 24 March 2007）

初学者のための　金融論入門

2016年2月24日　第1刷発行

著　者　茂木　克昭　© Katsuaki Mogi, 2016
発行者　池上　淳
発行所　株式会社　現代図書
　　　　〒252-0333　神奈川県相模原市南区東大沼2-21-4
　　　　TEL　042-765-6462（代）　　　　FAX　042-701-8612
　　　　振替口座　00200-4-5262　　　　ISBN　978-4-434-21669-5
　　　　URL　http://www.gendaitosho.co.jp　　E-mail　info@gendaitosho.co.jp
発売元　株式会社　星雲社
　　　　〒112-0012　東京都文京区大塚3-21-10
　　　　TEL　03-3947-1021（代）　　　　FAX　03-3947-1617
印刷・製本　モリモト印刷株式会社

落丁・乱丁本はお取り替えいたします。　　　　　　　　　　　Printed in Japan
本書の内容の一部あるいは全部を無断で複写複製（コピー）することは
法律で認められた場合を除き、著作者および出版社の権利の侵害となります。